本书的出版获得了燕山大学经济管理学院学术著作出版基金的资助

高管薪酬与公司绩效非对称性研究

王玉坤　著

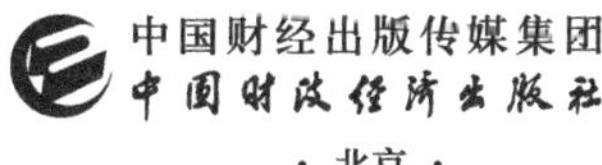

中国财经出版传媒集团
中国财政经济出版社
·北京·

图书在版编目（CIP）数据

高管薪酬与公司绩效非对称性研究 / 王玉坤著. --北京：中国财政经济出版社，2024.6

（燕鸣经管学术前沿系列丛书）

ISBN 978-7-5223-3089-1

Ⅰ.①高… Ⅱ.①王… Ⅲ.①企业-管理人员-劳动报酬-关系-企业绩效-研究 Ⅳ.①F272.92②F272.5

中国国家版本馆 CIP 数据核字（2024）第 081196 号

责任编辑：叶 彤　　　　责任校对：胡永立

封面设计：兰卡绘世　　　　责任印制：党 辉

高管薪酬与公司绩效非对称性研究

GAOGUAN XINCHOU YU GONGSI JIXIAO FEIDUICHENXING YANJIU

中国财政经济出版社 出版

URL：http：//www. cfeph. cn

E-mail：cfeph@ cfeph. cn

社址：北京市海淀区阜成路甲 28 号　邮政编码：100142

营销中心电话：010-88191522

天猫网店：中国财政经济出版社旗舰店

网址：https：//zgczjjcbs. tmall. com

中煤（北京）印务有限公司印刷　各地新华书店经销

成品尺寸：170mm×240mm　16 开　15 印张　211 000 字

2024 年 6 月第 1 版　2024 年 6 月北京第 1 次印刷

定价：78.00 元

ISBN 978-7-5223-3089-1

（图书出现印装问题，本社负责调换，电话：010-88190548）

本社质量投诉电话：010-88190744

打击盗版举报热线：010-88191661　QQ：2242791300

前 言

高层管理人员作为企业的核心决策层，担负着包括战略管理、筹资、投资、运营等一系列重大决策的制定职责，是企业发展的中枢。高管薪酬设计是公司治理领域的核心内容之一，股东通过高管薪酬契约来引导高管经营行为、设定目标方向并最终提升公司业绩。高管激励制度设计是激发公司这一市场主体活力的重要环节。目前，关于高管薪酬与公司绩效之间关系的研究，尚未形成统一的结论。相关研究大多从公司特征和治理机制等角度展开，忽视了薪酬制度背景下高管心理和行为因素的影响。另外，现有研究一般不区分薪酬变动方向的差异性，默认薪酬增加和薪酬减少的影响程度是同等的，这与奖赏与惩罚、加薪与减薪等心理学研究成果以及现实感知存在差异。因此，从高管心理和行为角度出发，区分薪酬变动方向的差异性，进而研究高管薪酬如何影响公司绩效成为理论界和实务界共同关注的重要主题。

本书在委托代理理论、管理层权力理论、前景理论和自我决定理论的基础上，运用规范研究法和实证研究法，以我国 2007—2021 年沪深两市 A 股上市公司为样本，理论分析并实证检验了高管薪酬对公司绩效的非对称影响，以及风险承担和产权性质在其中的中介效应和调节效应。

首先，基于现实环境和理论背景的分析，确定本书的研究主题，系统梳理国内外研究成果，提出本书的研究契机。对核心概念进行界定，在阐述委托代理理论、管理层权力理论、前景理论、自我决定理论等理论的基础上，搭建本书的理论分析框架，为后续研究提供理论支撑。

其次，分析并检验了高管薪酬对公司绩效影响的非对称性。将前景理论、自我决定理论等心理学理论引入公司治理研究领域，通过区分薪酬变动方向，分别研究薪酬增加和薪酬减少对公司绩效影响的差异性，提出高管薪酬对公司绩效存在非对称影响的研究假设，并运用上市公司面板数据进行实证检验。研究发现，高管薪酬变动能够引起公司绩效同向变化，且薪酬减少所引起的公司绩效下降幅度显著大于等量薪酬上升所引起的公司绩效上升幅度。在进一步研究中，分别探索了在薪酬增加和薪酬减少两种状态下，高管薪酬与公司绩效的非线性关系，并对影响机理进行了分析与验证。

然后，分析并检验了风险承担在高管薪酬对公司绩效影响中的中介效应及其非对称性。从行为财务学角度出发，分析了风险承担在高管薪酬对公司绩效影响中的中介作用，并进一步探究了薪酬增加和薪酬减少两种状态下风险承担中介效应的差异性。

接着，分析并检验了产权性质对风险承担中介效应的调节作用及其非对称性。从公司治理角度出发，引入了有调节的中介效应模型，分析了国有企业和非国有企业在高管薪酬—风险承担—公司绩效这一影响路径上的调节作用，并进一步探究了薪酬增加和薪酬减少两种状态下产权性质调节效应的差异性。研究结果表明产权性质调节了风险承担在高管薪酬对公司绩效影响中的中介效应，并且其调节效应在薪酬增加和薪酬减少两种状态下存在显著差异。

最后，基于上述研究结果，就如何优化高管薪酬机制提升公司绩效，从宏观和微观两个层面提出对策建议。在宏观层面，继续完善职业经理人市场，加强资本市场监管，加大国有企业人事制度改革力度；在微观层面，建立多元化高管激励体系，提高公司治理水平，提升高管风险承担意识。

本书的创新之处在于：（1）在前景理论和自我决定理论的理论基础

上，从薪酬变动方向的研究视角出发，提出并检验了高管薪酬对公司绩效影响的非对称性，并在进一步研究中发现加薪对公司绩效影响呈现倒“U”型结构，且小幅加薪受心理预期的影响而存在阈值效应，减薪对公司绩效影响呈现“U”型结构；（2）从委托代理理论和自我决定理论出发，利用中介模型，提出并检验了风险承担在高管薪酬对公司绩效影响中的中介效应及其非对称性；（3）从公司治理角度出发，利用有调节的中介效应模型，提出并检验了产权性质在高管薪酬—风险承担—公司绩效这一影响路径中的调节作用及其非对称性。以上非对称性，总体表现为薪酬减少时的负面效应量显著大于等量薪酬增加时的正面效应量。

本书受到河北省高等学校人文社会科学重点研究基地经费资助（课题编号 JJ2319）。

燕山大学经济管理学院

燕山大学区域经济发展研究中心

王玉坤

2024 年 2 月

目　录

司的管理和运作。现代财务理论认为，公司经营的总体目标是公司价值最大化。公司管理层作为股东在公司的代理人，其决策目标也应该是公司价值最大化。然而，由于人的自利性特性，代理人往往按照自身利益最大化原则行事，从而可能发生损害股东利益的情况，即产生所谓的代理问题。代理问题产生的根源在于信息不对称，管理层的行为不可能被股东完全观测和监督，这类代理问题也被称为道德风险问题。设立高管薪酬激励计划的主要目标就是解决管理层的道德风险问题。激励计划将支付给高管的薪酬与公司绩效联系起来，公司绩效越好则高管得到的薪酬越高，从而激励高管采取能够提高公司价值的行动。激励计划的用意在于使高管利益与股东利益相一致，避免二者不一致所造成的代理问题。但是在实际执行中，由于专业知识限制和信息不对称，董事会和股东无法完全决定和有效监督高管薪酬契约的设计和执行，并且由于高管控制权和自利行为的存在，导致高管薪酬并未与公司绩效有效匹配，甚至出现“薪绩倒挂”的现象（孙林等，2016；肖土盛等，2019）[5,6]。在高管薪酬与公司绩效的关系问题研究上，研究公司绩效影响高管薪酬相对较多，而研究高管薪酬影响公司绩效的相对较少（钟晓红，2019；Zoghlami，2021）[7,8]。

目前，关于高管薪酬与公司绩效之间的关系，理论界和实务界尚未形成统一的结论。现有关于高管薪酬与绩效的相关性研究大多是从公司特征和治理机制等角度展开的，忽略了制度影响下高管心理和行为因素的影响。实际上，人的决策并非完全理性的，常常受到情绪、情感、情境以及偶然因素的影响（洪永淼等，2021）[9]。社会认知理论认为外部环境会通过影响个体的心理认知进而影响个体行为（Schunk 和 DiBenedetto，2020）[10]，那么高管对薪酬激励的认知同样会反映在其决策行为上，最终会影响公司绩效水平。因此，相较于薪酬制度本身而言，薪酬制度影响下高管个体的心理因素是公司绩效更近端的构想。薪酬激励是否会通过管理者的某种心理因素而作用于公司绩效呢？截至目前，从心理学角度研究高管薪酬激励与公司绩效之间作用机制的研究还相对较少。高管薪酬对公司绩效影响机理尚属于研究的“黑箱子”，薪酬激励相当于一种外部刺激，公司绩效相当于最后的结果，从刺激到结果之间，尚不清楚其传导机制。根据心理学的刺激—有机体—反应模型（SOR 模型），外界环境刺激影响了人们的心理状态，通过一系列心理反应过程，接受者会对刺激采取内在或行为反应，进而产生影响结果。

根据委托代理理论，合理的高管薪酬契约能够实现高管和股东风险偏好的趋同。与股东对于风险的态度是更偏向于中性相比，公司高管更倾向于风险规避，因为他们无法通过多元化投资来降低自身风险。股东为了获得更高的收益而希望高管承担更大的风险，通过调整高管薪酬来影响高管的风险承担水平。增加高管薪酬，可以促使高管承担更大的风险，进而增加研发支出和资本支出，有利于公司的技术进步和资本积累，进而提高公司的价值和业绩。

另外，不同于西方国家的制度背景和文化环境，中国企业的管理控制系统、业绩评价和激励机制的设计及其作用效果与西方企业存在差异。例如，Merchant 等（2011）研究发现，与美国和荷兰企业相比，中国企业更可能提供激励性奖金，而中国企业的奖金计划大多基于主观评价而非固定公式，更多体现了平均主义，且经理获得奖金时对收入的满意度更高[11]。这些发现与我国“效率优先、兼顾公平”的收入分配原则相符，也体现了“不患寡而患不均”的传统文化。因此，中国企业的激励机制并非完全与西方管理理论相符，其还受到制度背景与人文环境的影响。

党的二十大报告明确提出构建高水平社会主义市场经济体制。坚持和完善社会主义基本经济制度，毫不动摇巩固和发展公有制经济，毫不动摇鼓励、支持、引导非公有制经济发展，充分发挥市场在资源配置中的决定性作用。我国新时代社会市场经济正处于由高速增长阶段转向高质量发展阶段，但是当前市场体系还存在市场激励不足、要素流动不畅、资源配置效率不高、微观经济活力不强等问题。如何使不同产权性质的企业在当前市场经济环境下协同发展是一个重要的研究内容。

本书将心理学相关理论纳入高管薪酬激励有效性研究中，从薪酬增加和薪酬减少两个角度研究高管薪酬对公司绩效影响的非对称性，探索风险承担水平在这一过程中的中介作用，在此基础上进一步分析产权性质的调节效应，从而揭示高管薪酬激励对公司绩效的影响结果、中介效应和调节效应。

1.1.2 研究意义

1.1.2.1 理论意义

（1）丰富公司高管激励的理论基础。

本书将心理学理论纳入高管薪酬对公司绩效影响的研究之中，拓展“理性经济人”假设。现有财务领域中高管薪酬与公司绩效相关性研究，绝大部分以“理性经济人”假设为基础，再根据委托代理理论进行分析和验证。现实世界中，“理性经济人”假设面临着诸多挑战，每个人都有其“非理性”的一面，从“社会人”的角度研究高管薪酬激励这一问题，可能更具有理论价值。本书整合了心理学的相关理论与观点，将高管动机引入薪酬激励效果研究中，考虑非完全理性状态下高管薪酬激励对公司绩效的影响，有助于拓宽现有高管激励的理论基础，提供更广泛的理论适用性。

（2）细化公司高管薪酬研究视角。

本书通过区分薪酬增加和薪酬减少，从薪酬变动角度研究其对公司绩效影响的差异性。现有文献关于高管薪酬与公司绩效相关性，尚未形成统一认识，不同的制度背景、模型设计、数据采集会导致不同的研究结果，而现有研究较少考虑薪酬变动方向所带来的不同影响。前景理论认为，个人的知觉感知与相对差异的评估相协调，而不是绝对数量的评估，应该使用参照点来评估收益或损失。也就是说，高管薪酬的效用函数应该关注薪酬水平的相对变化，而不是薪酬水平的绝对数量。因此从薪酬变动角度出发，研究高管薪酬对公司绩效影响更具有现实适用性。本书区分薪酬增加和薪酬减少两个不同薪酬变动方向，分别对高管薪酬与公司绩效相关性进行研究，为高管薪酬激励理论提供更多证据。

（3）拓展理论模型的适用范围。

本书使用有调节的中介效应模型，分析和验证薪酬变动对公司绩效的影响路径和调节因素。现有文献较多研究了高管薪酬影响公司绩效的边界问题，较少关注高管薪酬到公司绩效的路径及其影响因素。本书利用上市公司面板数据，构建有调节的中介效应模型，探索高管薪酬—风险承担—公司绩效之间的传导机制，部分揭示高管薪酬对公司绩效影响这一“黑箱子”，为公司高管薪酬激励有效性研究提供数据支持。

1.1.2.2 现实意义

（1）为促进公司供给侧改革提供实践方向。

薪酬作为公司高管工作的外在激励因素，具有二元性特征——控制性和信息性特征，会对高管的内在动机产生不同程度的影响，一味地提高高管薪酬不一定能带来预期的效果。高管薪酬从财务角度对于公司来说，既是一种投入，又是一项成本或费用。从动机角度研究高管薪酬对公司绩效的影响，破解薪酬激励的效果之谜，找到外在激励和内在动机的平衡点，有助于公司在控制成本的基础上，进行高管薪酬供给侧改革，提高全要素生产率。

（2）为提升公司绩效提供经验证据。

本书从动机角度出发，从薪酬增加和薪酬减少两个视角分别研究高管薪酬如何影响公司绩效，探寻正向激励和负向激励效果差异的路径及原因，发掘公司高管工作的内在动机和外在动机，充分认识高管在公司经营发展中的作用和价值，进而改进高管薪酬政策，提升其工作的主动性和创造性，激发高管工作潜力，为公司创造更大的价值。

（3）为完善国有企业分配制度提供参考意见。

“十四五”规划明确提出，推动国有企业完善中国特色现代企业制度。作为国有企业制度的重要组成部分，高管薪酬制度是国有企业改革的重要内容。由于高管在公司中占据重要地位和作用，在国有企业薪酬制度改革中，高管薪酬改革是其关键要素。发掘国有企业高管工作的内在动机，掌握不同激励措施影响结果，有助于真正发挥薪酬的激励作用，为国有企业改革提供参考意见。

1.2 国内外研究现状

1.2.1 国外研究现状

1.2.1.1 薪酬激励与公司绩效关系研究

从广义上讲，薪酬包括货币薪酬、股权激励和在职消费等形式。现就不同的薪酬形式，分别进行文献回顾。

（1）高管货币薪酬与公司绩效关系研究。

自20世纪30年代开始，国外学者就开始探究公司高管货币薪酬的激励问题。尤其是20世纪90年代以后，就高管货币薪酬与公司绩效相关性进行了大量实证研究，不同时期的结论也存在较大的差异。

早期的研究表明，高管货币薪酬与公司绩效之间不相关或弱相关，近期也有少量学者得出同样的结论。Jensen和Murphy（1990）进行了开创性实证研究，以1974—1986年1 295家美国公司为样本进行分析和验证，研究结果显示CEO货币薪酬与公司绩效呈弱相关关系[12]。Andjelkovic等（2002）以新西兰1997年49家上市公司数据为样本，研究结果显示CEO货币薪酬和公司绩效之间没有显著的相关关系，CEO货币薪酬多少主要取决于公司规模[13]。Gregg等（2005）研究了1994—2002年英国公司高管货币薪酬与公司绩效之间的关系，研究结果表明货币薪酬与公司绩效之间几乎没有关系[14]。Fernandes（2008）以葡萄牙上市公司为样本进行研究，结果显示高管货币薪酬与公司绩效没有显著的相关性，薪酬对绩效的弹性小于0.10，与零无显著差异[15]。Ozkan（2007，2011）分别以不同时期英国公司数据为样本，研究了CEO货币薪酬与公司绩效之间的关系，得出了同样的结论[16, 17]。Krauter和de Sousa（2013）以2006年巴西44家工业公司为样本进行多元回归分析，结果显示高管货币薪酬与公司绩效之间不存在显著的正相关关系[18]。Dittrich和Srbek（2016）研究了美国基础材料和消费品行业公司74家上市公司CEO薪酬、公司绩效和董事会之间的关系，结果无法证实公司绩效与 CEO 薪酬之间存在相关关系[19]。Acero 和 Alcalde（2020）研究了西班牙上市公司高管中董事的薪酬影响因素，数据显示董事的货币薪酬与公司绩效不存在显著的相关关系[20]。Abudy 等（2020）基于以色列的一项准实验研究表明，高管薪酬契约的制定无法实现公司价值最大化[21]。就高管货币薪酬与公司绩效不相关的原因，有学者认为，高管薪酬本身就是代理问题的一种表征，而不是问题的解决方法，其被公司高管所操纵，而董事会的监督是无效的（Bebchuk 和 Fried，2003）[22]。此外，Bebchuk 和 Fried（2006）提出，公司高管的过度薪酬可能会稀释和扭曲公司激励政策，从而损害公司绩效，给股东带来大量成本[23]。一些实证研究为高管薪酬与公司绩效之间的负相关关系提供了证据。Duffhues 和 Kabir（2008）以 1998—2001 年 750 份荷兰上市公司年报为样本分析 CEO 货币薪酬与公司绩效的关系，结果显示 CEO 货币薪酬与公司绩效之间存在显著的负相关关系[24]。Aslam 等（2019）以 2009—2016 年巴基斯坦上市公司为样本，建立平衡面板数据，使用系统广义矩估计 GMM 方法对公司高管薪酬和公司绩效关系进行了研究，结果表明，公司业绩与高管薪酬之间存在较弱的双向关系，CEO 货币薪酬与公司未来绩效呈负相关关系，而 CEO 非货币薪酬与公司未来业绩呈正相关关系[25]。

另外，一些学者通过研究得出高管货币薪酬与公司绩效之间存在显著的正相关关系，这方面的文献相对较多。Murphy（1985）对美国制造业公司进行研究，结果表明高管货币薪酬与公司绩效显著正相关[26]。Carpenter 和 Sanders（2002）研究发现对公司高管实施货币薪酬激励能有效地提高以 *ROA* 和托宾 Q 衡量的公司绩效[27]。此外，Mcknight 和 Tomkins（2004）也发现高管货币薪酬与公司绩效存在正相关关系[28]。Kato 和 Long（2006）对 1998—2002 年中国上市公司的研究发现，高管货币薪酬与公司绩效存在正相关关系，但是国有产权性质削弱了这一联系[29]。Sigler（2011）以 2006—2009 年 280 家美国上市公司为样本，考察了 CEO 薪酬与公司绩效的关系，研究发现 CEO 货币薪酬与以股本回报率衡量的公司绩效之间存在显著的正相关关系[30]。Conyon 和 He（2011）研究了中国上市公司的高管薪酬和公司治理，结果表明，中国上市公司高管货币薪酬与公司绩效存在显著的正相关关系，国有产权性质和股权集中度起到调节作用[31]。Balafas 和 Florackis（2014）研究了 CEO 货币薪酬和股权激励对企业未来绩效的影响，研究发现 CEO 货币薪酬与未来财务业绩正相关[32]。Raithatha 和 Komera（2016）以印度上市公司为样本，使用系统广义矩估计 GMM 方法考察了公司高管薪酬与公司绩效关系，结果表明，在公司规模较大的样本中，公司的高管货币薪酬与公司绩效之间存在显著的正相关关系[33]。Broye 等（2017）以法国上市公司为样本，研究结果表明 CEO 货币薪酬与公司绩效显著正相关，研究结果倾向于支持最优契约理论[34]。Amarou 和 Bensaid（2017）同样以法国上市公司为样本，研究了高管薪酬与公司绩效之间的关系，研究结果表明，高管货币薪酬与公司绩效存在显著的正相关关系，高管薪酬随着绩效的提高而增加[35]。Smirnova 和 Zavertiaeva（2017）以欧洲上市公司数据为样本，研究发现 CEO 货币薪酬与以 *ROA* 衡量的公司绩效显著正相关[36]。Sheikh 等（2018）对巴基斯坦公司 CEO 薪酬进行的一项研究发现，当年和上一年的会计绩效指标 *ROA* 对 CEO 薪酬有显著的正向影响，而股票绩效指标不存在显著影响[37]。Zoghlami（2021）以 2009—2018 年 155 家法国上市公司为样本，调查公司 CEO 薪酬对公司绩效的影响，结果显示，CEO 总薪酬与公司绩效正相关，高管货币薪酬的增加可以提高公司绩效，而不是导致公司工资支出的增加，表明 CEO 薪酬作为公司治理工具的重要激励作用[8]。Aabo 等（2021）分析了媒体报道对 CEO 薪酬契约的影响，结果表明，CEO 薪酬与公司绩效显著正相关，而自恋型 CEO 可能为了获得更多媒体报道而降低 CEO 薪酬[38]。Boubaker 等（2021）考察了组织资本与高管薪酬激励的关系，结果表明，CEO 薪酬提升了公司业绩，而组织资本起到显著调节作用[39]。Chukwuma 等（2021）利用动态面板数据使用 GMM 方法对高管薪酬与公司绩效之间的关系进行研究，结果表明，高管薪酬与公司绩效正相关，而国企改革对两者之间的关系起到了正向调节作用[40]。Chen 等（2021）从文化和社会价值观角度研究了盎格鲁—撒克逊国家与其他国家的外国 CEO 薪酬差异，结果表明，CEO货币薪酬与公司绩效显著正相关，而CEO的国籍并不能解释当前和未来公司的财务业绩[41]。Kweh等（2022）研究了存在财务约束公司的业绩与CEO薪酬的关系，结果表明，CEO货币薪酬与公司绩效显著正相关，而财务约束负向调节了这一关系[42]。

（2）高管股权激励与公司绩效关系研究。

对于股权激励与公司绩效之间的关系，大部分国外文献认为两者之间存在显著的相关性，但是其方向因为不同的理论假说而不同，主要存在"利益汇聚"和"管理者防御"两种理论假说来解释两者的关系。

Jensen和Meckling从最优契约理论出发，提出了"利益汇聚假说"（也称"利益趋同效应假说"），认为对公司高管实施股权激励，能够使高管和股东利益协调一致，激励高管站在股东角度做出经营决策，减少代理成本，改善公司绩效[43]。Palia（2001）使用工具变量和面板数据对高管股权激励与公司绩效进行实证检验，结论表明高管股权激励与公司绩效处于正向相关的均衡状态[44]。Sun等（2009）的研究表明，CEO股权激励与公司未来绩效的关系呈显著正相关，且随着薪酬委员会的质量提升而提高[45]。Flammer和Bansal（2017）使用断点回归模型研究股权激励与公司价值的关系，研究表明，给予公司高管股权激励计划可以提高公司长期战略的投资，进而提高公司绩效[46]。Tai（2018）研究了限制性股票的股权激励与公司业绩的关系，结果表明，对公司高管实施了限制性股票激励的公司，其未来业绩会得到有效改善[47]。Zolotoy等（2018）研究了社会规范如何影响CEO股权激励与公司绩效的关系，结果表明，CEO股权激励对公司绩效存在正向影响，而当地的宗教社会规范减弱了这一影响程度[48]。Chen等（2019）研究发现，对高管实施股权激励可以减少内幕交易和盈余管理，进而提升公司绩效[49]。Zhu等（2021）研究发现，对高管实施股权激励后，公司绩效有显著改善，就激励类型而言，限制性股票比股票期权在提升公司绩效方面更为有效[50]。

另一些学者从管理层权力理论出发，提出"管理者防御假说"（也称"堑壕效应假说"），认为股权激励体现了高管的控制权，较高的股权激励并不一定会协调高管与股东利益，高管可能会利用控制权为自身牟利，侵害公司的利益（Jensen 和 Meckling，1976）[51]。Morck 等（1988）以 1980 年 371 家财富 500 强公司的数据，研究了管理层股权激励与公司价值之间的关系，首次发现了非单调关系，随着高管持股比例增加，企业价值先增加，然后下降，最后再小幅上升[52]。McConnell 和 Servaes（1990）以 1976 年的 1 173 家公司和 1986 年的 1 093 家公司为样本，利用二次方程法检验高管持股与公司绩效的关系，研究发现二者存在曲线相关，当高管持股比例在 40%—50% 时，二者正相关；在其他区间时，二者负相关[53]。Kim 和 Lu（2011）、Coles 等（2012）的研究支持这一结论，公司 CEO 持股与公司业绩之间呈现倒"U"型关系[54, 55]。Fabisik 等（2021）以 1988—2015 年的 50 000 个公司年度数据检验了公司价值与高管持股的关系，发现了强有力的证据表明公司价值与高管持股之间的关系是负向的而不是正向的[56]。Shen 和 Zhang（2013）以 1995—2006 年的 843 个公司样本，研究了 CEO 股权激励如何通过研发支出影响公司业绩，结果表明，实施 CEO 股权激励的公司，研发支出增加，但是公司的股票回报和经营业绩会下降，证实了股权激励与公司业绩呈负相关关系[57]。Balafas 和 Florackis（2014）研究发现，CEO 股权激励与未来公司绩效之间存在着显著负相关关系，并且支付 CEO 过高薪酬的公司获得风险调整后的收益率明显偏低[32]。Roger 和 Schatt（2016）研究发现家族企业的高管持股比例越高，高管越能掌控企业，股权激励可能成为高管获取私人利益的手段，股权激励的实施降低了公司绩效[58]。

（3）高管在职消费与公司绩效关系研究。

国外学者主要从代理理论和效率理论这两个理论视角研究高管在职消费与公司绩效的关系。

代理理论认为，在职消费是股东与高管之间的一种代理成本，会对公司绩效产生负面影响。Jensen 和 Meckling（1976）指出，在职消费是高管与股东之间委托代理机制不完备的产物，是代理成本的一种外在表现形式，在职消费过高会降低企业价值[43]。Yermack（2006）使用 1993—2002

年 237 家美国公司为样本进行分析，发现公司在其委托书中披露私人使用公务机后，公司股东的回报会下降 4% 以上[59]。Andrews 等（2017）发现，公司治理薄弱的公司更有可能向高管提供在职消费[60]。Grinstein 等（2017）也认为，在职消费是降低公司价值的代理成本，加强监管可以降低在职消费，但是样本公司在职消费的减少被更高水平的薪酬成本所抵销[61]。Chen 等（2019）认为，在职消费损害了公司股东的利益，大型非国有投资者入股可以减缓这一代理问题[62]。Ren 等（2020）认为中国国有企业的在职消费是一种代理成本和腐败象征，会从有价值的投资项目中分流公共资金，损害了公司价值[63]。

效率理论认为，在职消费是一种隐性激励方式，可以潜在地影响高管努力工作，从而提升公司绩效。Alchian 和 Demsetz（1972）从信息成本角度分析了高管在职消费的内生性问题，认为消除在职消费是得不偿失的[64]。Fama（1980）认为在职消费是一种补偿方式，可以通过调整工资或其他形式的薪酬来抵消[65]。在职消费可以激励高管努力工作，如果公司可以通过提供在职消费而不是额外薪酬以更低成本产生激励，那么在职消费可能是使管理者与股东利益保持一致的方式。Rajan 和 Wulf（2006）对 1986—1999 年的 300 家美国上市公司进行分析，他们认为高管在职消费对于公司而言是符合成本效益原则的，在职消费是高管在公司“地位的象征”，在给高管们带来荣誉感的同时，可以促使高管提高公司的运营效率[66]。Caserta 等（2020）分析了在职消费在激励合同中的作用，结果表明，在职消费水平与代理人薪酬金额相关，委托人允许在职消费可能是对其有利的[67]。

1.2.1.2 薪酬绩效敏感度的影响因素研究

薪酬绩效敏感性（也称薪酬绩效敏感度）是指高管薪酬随着公司绩效变化而变化的程度，用于衡量高管薪酬与公司绩效之间变化的强弱。较高的薪酬绩效敏感度意味着高管薪酬随着绩效的变化而发生大幅度的改变，反之则表示高管薪酬不易受到公司绩效影响。Lambert 和 Larcker（1987）基于委托代理理论分析表明，高管薪酬是会计收益和股票收益的函数[68]。

由此，学者们从公司治理结构、公司特征和会计信息质量等角度，对高管薪酬绩效敏感度进行了研究。

（1）公司治理结构的影响。

①董事会特征的影响。

董事会规模的影响。Jensen（1993）研究表明董事会规模增大会降低其治理效率，规模精简的董事会治理效率更高，随着公司董事人数的增加，每位董事的监管职责变得模糊不清，从而降低董事会对高管的监管水平[69]。Yermack（1996）以1984—1991年452家美国工业公司为样本研究董事会规模的影响，研究发现公司董事会的规模越大，高管薪酬与公司绩效之间的敏感度越低[70]。Seo（2017）以1998—2005年726家美国制造业上市公司为样本，从董事会信息处理能力和监控复杂性方面验证了董事会规模对CEO薪酬绩效敏感度的负向影响[71]。

独立董事和薪酬委员会的影响。独立董事的设立，可以提高董事会的独立性，限制公司高管与内部董事的行为，保护中小股东利益，使公司的运作更加市场化，从而增强高管薪酬与公司绩效的敏感度。但是，也有学者对独立董事的作用提出了质疑，认为其并没有真正发挥应有的作用，其更容易受到管理层控制，增加管理层在董事会的影响力，进而操纵薪酬与绩效的关系。Sun和Cahan（2009）研究了薪酬委员会对CEO货币薪酬与绩效之间关系的影响，研究发现，薪酬委员会的存在对绩效敏感度有积极的影响[72]。Kent等（2018）对澳大利亚1 156家上市公司进行研究，也得出同样的结论，拥有独立薪酬委员会的公司具有更强的薪酬绩效敏感度[73]。Kanapathippillai等（2019）检验了澳大利亚上市公司数据，也得到了相同的结论[74]。Ntim等（2019）以2003—2012年291家南非上市公司为样本对薪酬绩效敏感度影响因素进行研究，结果发现，在拥有更多声誉、创始和持股CEO、机构投资者以及独立薪酬委员会的公司中，薪酬绩效敏感度更高，而拥有更大董事会、任期更长CEO的公司中，薪酬绩效敏感度更低，也就是说薪酬绩效敏感度受到高管权力和公司治理结构的显著影响[75]。

②管理层权力的影响。

Newman 和 Mozes（1999）研究发现，公司 CEO 薪酬绩效敏感度受到管理层权力的影响[76]。Duffhues 和 Kabir（2008）也证实了前者的观点，他们的研究表明公司高管的权力越大，其薪酬绩效敏感度越低，甚至会导致高管薪酬与公司绩效不相关[24]。Florackis 和 Ozkan（2009）的研究同样证实管理层权力会导致更大的代理成本，进而影响到薪酬绩效敏感度[77]。

（2）公司特征的影响。

①公司规模的影响。

出于政治上的考虑，公司规模越大，高管薪酬绩效敏感度越低。由于规模效应的存在，公司规模越大，边际生产率越高，公司的业绩表现也相对较好，其与管理者努力程度的联系也就相对较弱，从而导致薪酬绩效敏感度下降（Baker 和 Hall，2004）[78]。Schaefer（1998）、Cichello（2005）也发现薪酬绩效敏感度与公司规模呈负相关关系[79, 80]。

②公司风险水平的影响。

Aggarawal 和 Samwick（1999）发现薪酬绩效敏感度与业绩度量指标的方差显著负相关，股价波动最小公司的高管薪酬绩效敏感度比股价波动最大公司的高管薪酬绩效敏感度高了一个数量级[81]。Dee 等（2005）以 55 家互联网公司为样本进行研究，得出相同的结论[82]。Kweh 等（2022）研究了财务约束对薪酬绩效敏感度的影响，结果表明，财务约束对薪酬绩效敏感度产生负向影响，原因可能在于存在财务约束公司的现金流不足而风险水平较高[42]。

（3）会计信息质量的影响。

会计信息质量在高管薪酬契约发挥着重要的作用。在设计高管薪酬契约时经常通过会计业绩指标考察高管的努力程度，因此会计业绩指标的测量误差将直接影响高管薪酬的高低和偏误程度。而会计业绩指标不仅与公司基本面有关，还受到会计信息质量的影响，只有当会计信息中包含高管努力程度的增量信息较多时，基于会计业绩的薪酬契约才能更好地发挥激励作用。已有文献从会计信息质量出发，考察了会计信息的稳健性（Iyengar 和 Zampelli，2010）、可靠性（Bushman 和 Smith，2001）和可比性（Choi 和 Suh，2019）等质量特征对薪酬绩效敏感度的影响，发现会计信息质量与薪酬契约有效性之间存在显著的正相关关系[83-85]。

1.2.2 国内研究现状

1.2.2.1 薪酬激励与公司绩效关系研究

相比国外学者，国内学者对高管薪酬与公司绩效关系的研究起步较晚，而且研究结论也尚未统一。

（1）高管货币薪酬与公司绩效关系研究。

国内研究初期，大部分研究成果显示高管货币薪酬和公司绩效的相关性并不显著。周业安（2000）通过综述国外有关高管薪酬与公司绩效关系的研究成果，发现受到政治和非货币化因素的影响，CEO 货币薪酬激励效果普遍不好[86]。魏刚（2000）通过对 1998 年 813 家 A 股上市公司数据进行分析，研究发现我国上市公司高管货币薪酬和持股水平均偏低，高管货币薪酬与公司经营业绩不存在显著的相关性[87]。李增泉（2000）同样以 1998 年上市公司数据为样本进行研究，结果也显示高管货币薪酬与公司绩效并不相关，而与公司规模关系更加密切[87]。之后，张小宁（2002）、朱德胜和岳丽君（2004）分别以我国上市公司数据进行研究，也得出高管货币薪酬与公司绩效不相关的结论[89,90]。吴育辉和吴世农（2010）研究显示，高管薪酬仅与公司总资产收益率正相关，与资产获现率和股票收益率关系不显著。高管薪酬并没有降低公司代理成本，反而提升了代理成本[91]。扈文秀和穆庆榜（2011）研究了金融类上市公司高管薪酬与公司绩效关系，结论显示我国金融类上市公司高管货币薪酬与公司绩效基本无关[92]。李文昌和王春雷（2017）以 2010—2015 年 1 361 家沪深两市国有控股上市公司数据为样本，构建"高管薪酬激励—代理成本—公司绩效"中介效应模型进行研究，结果显示，货币薪酬与公司绩效无显著关系[93]。张昊民和何奇学（2017）将个体心理因素纳入高管薪酬激励研究体系，通过引入高管过度自信验证薪酬激励与组织绩效的关系，结果表明高管货币薪酬并不能有效促进组织绩效提升，原因可能在于高管过度自信，在薪酬激励与组织绩效之间存在遮掩效应[94]。李建刚和张智霞（2020）研究了商业银行高管薪酬与公司绩效的关系，结果表明高管货币薪酬与公司绩效负相关，原因可能在于商业银行对高管薪酬的约束能力较差[95]。张文锋等（2021）研究了国有上市公司显性激励对公司绩效的影响，结果表明政府下辖国有企业高管货币薪酬对公司绩效无显著影响[96]。

随着中国资本市场的不断发展以及上市公司治理机制的逐渐完善，越来越多的研究结论支持高管货币薪酬与公司绩效之间存在显著的正相关关系。

张晖明等（2002）以2000年沪市593家上市公司数据为样本，研究了高管薪酬与公司绩效的关系，研究发现公司绩效与高管货币薪酬呈显著正相关[97]。刘斌等（2003）以1997—2000年沪深两市76家上市公司数据为样本，研究结果显示增加CEO薪酬对提高股东财富有一定的促进作用，说明我国上市公司CEO薪酬具有一定的激励效果[98]。李长江等（2004）研究发现高管货币薪酬与公司绩效显著正相关，实施年薪制的公司激励效果更佳[99]。杨大光等（2008）分析了我国上市商业银行高管薪酬与公司绩效的关系，研究表明，高管薪酬与商业银行的盈利性水平呈现显著正相关关系[100]。之后，张栋和杨兴全（2015）也验证了高管薪酬与银行净利润、市场价值显著正相关[101]。李燕萍等（2008）同样发现高管货币薪酬对公司绩效存在显著的正向作用，而战略并购重组在二者之间起到了部分中介作用[102]。毕艳杰（2009）研究了家族企业高管薪酬与公司绩效的关系，结果表明，当家族企业引入职业经理人后，高管薪酬激励对公司绩效影响显著[103]。之后，李前兵（2011）同样发现家族上市公司高管货币薪酬对公司绩效影响显著，且家族企业影响程度高于非家族企业[104]。周仁俊等（2010）从是否为国有产权性质角度研究了高管激励与公司业绩的关系，结果表明高管货币薪酬与公司经营业绩正相关，且相关程度在非国有控股上市公司更为显著[105]。

刘绍娓和陈超凡（2012）以2006—2010年沪深两市633家上市公司数

据为样本，采用动态面板误差修正模型研究高管薪酬与公司绩效关系，结果表明，高管货币薪酬与公司绩效存在长期稳定的因果关系，高管货币薪酬与公司绩效之间存在显著正向相互影响[106]。谢获宝等（2013）研究发现，竞争性高管薪酬结构，即 CEO 年度薪酬高于其他高管年度薪酬，对提升公司绩效具有正向作用[107]。李博等（2019）以 2005—2017 年辽宁省国有上市公司为样本，考察了高管薪酬水平对公司绩效和创新投入的影响，研究显示高管货币薪酬与公司绩效和创新投入均显著正相关[108]。葛广宇等（2021）研究了 2015—2019 年服装行业上市公司高管薪酬激励与公司绩效的关系，实证研究表明，提升高管货币薪酬起到有效的激励作用，能够对服装企业绩效产生积极正向影响[109]。白智奇等（2021）利用 2010—2017 年上市公司并购相关数据，研究高管薪酬契约的参照效应，结果表明，高管货币薪酬激励强度能够有效缓解代理问题，显著提升公司绩效[110]。

张瑞君等（2013）研究了风险承担在高管薪酬与公司绩效之间的中介效应，结果表明，高管货币薪酬的增加能够提升高管风险承担水平，而风险承担水平的提高能够促进公司绩效的改善，风险承担在高管薪酬与公司绩效之间发挥了中介作用[111]。之后，高磊（2018）也证实了风险承担在高管货币薪酬与公司绩效之间是中介效应的存在[112]。唐松和孙铮（2014）以 2001—2011 年 A 股上市公司为样本，研究了政治关联对高管货币薪酬的影响，结果显示，由政治关联导致的国有企业高管超额薪酬与公司未来经营业绩显著负相关，而非国有企业则显著正相关，表明政治关联的非国有企业高管薪酬具有补偿和激励效果[113]。孙红梅等（2015）以 2008—2012 年 A 股上市公司为样本，研究了机构投资者持股、高管薪酬和公司绩效三者之间的关系，结果表明，上市公司的高管货币薪酬与公司绩效显著正相关，并且机构投资者能够通过作用于高管薪酬激励机制而影响公司绩效[114]。黄贤环（2016）以 2010—2014 年 A 股上市公司数据为样本，从内部控制有效性视角研究了高管薪酬激励与公司绩效的关系，结果显示，高管货币薪酬与公司业绩显著正相关，内部控制有效性起到部分中介作用[115]。盛明泉和车鑫（2016）研究发现高管货币薪酬与公司业绩存在显著正相关关系，说明最优契约理论在我国仍具有一定的有效性[116]。陈晓珊（2017）、张静（2017）分别以民营企业、房地产行业上市公司为样本研究了社会责任对高管货币薪酬与公司绩效关系的影响，结果均显示，高管货币薪酬与公司绩效正相关，社会责任在两者之间起到调节效应[117, 118]。马惠娴和佟爱琴（2019）研究了融资融券制度对高管薪酬契约的影响，研究表明，高管货币薪酬与公司绩效显著正相关，而卖空机制显著提升了高管薪酬绩效敏感度[119]。郭雪萌等（2019）从资本结构的角度研究了高管薪酬激励与公司绩效的关系，研究发现，高管货币薪酬对公司绩效存在显著正向影响，而资本机构调整发挥了中介作用[120]。邱雪林和刘豪（2019）从管理者能力视角研究高管薪酬激励与公司绩效的关系，结果表明，高管货币薪酬有助于提升公司绩效，而管理者能力起到正向调节作用[121]。李辰颖（2019）从环境规制的角度研究高管薪酬契约，结果表明，高管货币薪酬与公司绩效显著正相关，且内部控制强化了高管薪酬与公司绩效的敏感度[122]。孙诗璐和汪文生（2020）从资本市场开放角度分析了高管薪酬与公司绩效的关系，研究发现，高管货币薪酬与公司绩效显著正相关，而资本市场的进一步开放显著增强了高管薪酬绩效敏感度[123]。史金艳等（2019）从高管强制性变更角度研究了高管薪酬对公司绩效的影响，研究发现，高管货币薪酬对公司绩效存在显著正向影响，而高管强制性变更与货币薪酬对公司绩效的影响存在替代效应[124]。孙世敏等（2020）从股权结构角度分析了高管薪酬契约有效性，结果表明，高管货币薪酬与公司绩效显著正相关，其中低控股与相对控股公司的高管薪酬契约有效性较强[125]。王欣和欧阳才越（2021）研究了公司战略对高管薪酬契约有效性的影响，研究结果表明，公司绩效表现越好，高管薪酬水平就越高，而公司战略越激进，公司绩效和高管薪酬的联系也就越弱[126]。彭华和王东方（2021）使用倍差法研究国有产权比例对上市公司高管薪酬结构的影响，结果表明，公司绩效与高管货币薪酬显著正相关，而国有产权调节了薪酬绩效敏感度[127]。

（2）高管股权激励与公司绩效关系研究。

国内研究主要有两种观点：一种观点认为股权激励与公司绩效间不存在显著的相关关系，高管持股没有达到预期的激励效果，仅仅是一种福利制度安排。此观点相对较早，而且此时股权激励研究以高管持股数量或比例为衡量方式，存在一定的局限性。魏刚（2000）的研究显示，高管持股与公司经营业绩没有显著的相关关系，高管持股没有达到预期的激励效果，仅仅是一种福利制度安排[87]。李增泉（2000）、张小宁（2002）、谌新民和刘善敏（2003）、俞鸿琳（2006）也提出类似结论，公司高管持股没有发挥应有的激励作用[88, 89, 128, 129]。李长江等（2004）研究表明股权激励效果不好，原因可能在于样本公司的股权激励并非现实所得且数量太少，影响其激励效果[99]。李燕萍等（2008）发现高管持股对公司绩效没有显著的直接影响，部分原因可能在于战略并购重组影响抵消了两者的关系[99]。扈文秀和穆庆榜（2011）发现我国金融类上市公司绩效与高管持股比例基本无关，既不存在区间效应，也不存在显著正相关关系[92]。之后，李建刚和张智霞（2020）就商业银行的数据，也得到相同的结论[95]。李前兵（2011）对家族上市公司的研究表明，家族企业高管持股比例对公司绩效影响不显著[104]。陈文哲等（2022）研究发现，当股权激励作为一种福利性激励安排时，限制性股票可能成为高管牟利的工具，降低了公司绩效[130]。

另一种观点认为我国实施股权激励较晚，高管股权激励效应还处在“利益汇聚假说”阶段，股权激励与公司绩效之间显著正相关。在2006年我国上市公司正式实施股权激励制度后，此观点被越来越多的文献所证实，而且股权激励衡量方式也逐渐由管理层持股转为真正的股权激励计划。

张晖明等（2002）研究发现公司绩效与高管持股比例存在显著的正相关关系[97]。周建波和孙菊生（2003）以2001年34家上市公司数据为样本进行研究，结果表明，实施股权激励后公司绩效与高管持股数量存在显著的正相关关系[131]。李维安和李汉军（2006）研究了民营上市公司高管持股对公司绩效的影响，结果表明，当第一大股东持股比例在20%—40%之间时，高管股权激励发挥了显著作用[132]。叶建芳和陈潇（2008）研究了高科技行业上市公司的高管持股情况，结果表明高管持股比例对企业价值具有显著的正向影响[133]。黄洁和蔡根女（2009）、王传彬等（2013）分别研究了股权激励制度实施、股权分置改革后上市公司股权激励效果，实施高管股权激励对于公司绩效具有明显积极作用，且国有企业实施效果优于非国有企业[134, 135]。而周仁俊等（2010）以高管持股衡量股权激励进行研究，虽然也证实了股权激励与公司经营业绩正相关，但是得出了非国有上市公司更为显著的结论[105]。顾湘和朱丹（2011）分析了中小板上市公司股权结构与公司绩效的关系，结果表明，中小板上市公司相比主板公司具有较高的管理层持股比例，高管持股对公司绩效具有显著正向影响[136]。李博等（2019）以2005—2017年辽宁省国有上市公司为样本，考察了高管薪酬水平对公司绩效和创新投入的影响，研究显示高管持股比例对公司绩效和创新投入均存在显著正向影响[108]。

林大庞和苏冬蔚（2011）从盈余管理角度进行研究，结果表明，股权激励与公司绩效呈正相关关系，盈余管理减弱了这一关系[137]。之后，罗婷和何云（2017）、刘柏和卢家锐（2019）也证实了盈余管理这一调节效应的存在[138, 139]。

李文昌和王春雷（2017）采用多元回归建立路径模型研究代理成本在高管薪酬和公司绩效之间是否存在中介效应，研究发现，股权激励对公司绩效具有显著的正相关关系，第一类代理成本起到了部分中介作用[93]。高磊（2018）以2006—2015年沪市A股上市公司为样本，从风险承担角度检验了高管持股与公司绩效的关系，结果表明，高管持股与公司绩效正相关，股权激励长期效果更为明显，而风险承担起到了部分中介作用[112]。戴璐和宋迪（2018）从内部控制视角研究了股权激励合约设计有效性问题，研究表明，股权激励有助于提升公司绩效，而股权激励合约设定的业绩目标能够通过改善内部控制，来推动绩效目标的实现[140]。史金艳等（2019）从高管强制性变更角度研究了股权激励对公司绩效的影响，研究发现，股权激励对公司绩效存在显著正向影响，而高管强制性变更与股权激励对公司绩效的影响存在替代效应[124]。

周菲和杨栋旭（2019）基于内生视角研究了高新技术企业的研发投入、薪酬激励和公司绩效的关系，结果表明，股权激励与公司绩效显著正相关[141]。许娟娟和陈志阳（2019）从盈余管理的视角研究了股权激励模式对公司绩效的影响，研究发现，相比于限制性股票，股票期权更有助于提升公司绩效[142]。周云波和张敬文（2020）采用双重差分法研究了高管股权激励与公司价值的关系，结果表明，高管股权激励可以通过改善公司经营业绩、吸引机构投资者持股和留存员工三种路径提升公司价值[143]。付强等（2020）研究了高管股权激励对公司未来盈余定价的影响，研究发现，高管股权激励能够缓解高管与股东之间信息披露的代理问题，提高了公司绩效[144]。倪艳和胡燕（2021）对股权激励与公司绩效的关系进行检验，结果显示股权激励强度与公司绩效显著正相关，相比于限制性股票，股票期权的激励效果更佳[145]。

（3）高管在职消费与公司绩效关系研究。

国内学者对高管在职消费研究结论较多支持“代理观”，认为在职消费是高管获取私人利益的手段，属于代理成本，对公司绩效有负向影响。

陈冬华等（2005）研究了国有企业的薪酬管制与在职消费问题，结果表明，在职消费内生于国有企业的薪酬管制约束，国有企业高管在职消费对公司绩效有显著的负面影响[146]。之后，周仁俊等（2010）研究同样表明，高管在职消费与公司绩效显著负相关，且在国有企业更为明显[105]。卢锐等（2008）运用2001—2004年上市公司数据检验了管理层权力对在职消费激励效果的影响，结果表明，管理层权力越大，高管在职消费越多，公司绩效越差[147]。孙晓燕和于沛然（2015）检验了股权激励视角下的高管在职消费与公司绩效的关系，结果表明，高管在职消费对公司绩效有负面影响[148]。李文昌和王春雷（2017）研究发现高管在职消费对公司绩效存在显著的负向影响[93]。郝颖等（2018）从外部监管的角度研究了高管在职消费和公司绩效的关系，研究发现，央企、国企高管在职消费的下降显著提升了公司绩效，而监管政策显著抑制了公司过高的在职消费[149]。赵乐和王琨（2019）研究了薪酬管制的经济后果，结果表明，薪酬管制加剧了高管在职消费，降低了公司绩效[150]。姬霖和魏书媛（2020）从媒体监督视角研究了高管在职消费的经济后果，结果表明，高管超额在职消费与公司绩效显著负相关，媒体监督起到了调节作用[151]。褚剑和陈骏（2021）从审计监督的角度研究了国有企业高管超额在职消费经济后果，结果表明，超额在职消费是公司代理成本的体现，导致了国有企业价值减损，而地方审计机关的监督缓解了这一关系[152]。

也有部分文献结论支持在职消费的“效率观”，认为在职消费作为公司高管显性激励的替代性制度安排，能够发挥激励作用，提升公司绩效。

梁彤缨等（2012）以2004—2009年上市公司数据为样本，采用固定效应回归模型研究了金字塔结构对高管在职消费程度的影响，结果表明，当终极控制人对上市公司的金字塔控制层级多于控制链条数时，高管在职消费与公司绩效负相关，反之在职消费与公司绩效显著正相关[153]。黎文靖和池勤伟（2015）认为国有企业的高管在职消费是一种代理问题，与公司绩效无显著关系，而非国有企业的高管在职消费是一种政府关系资本投资，与公司绩效显著正相关[154]。吴成颂等（2015）将高管在职消费区分为正常和超额两部分进行研究，结果表明，超额在职消费会显著损害公司绩效，而正常在职消费则能显著提升公司绩效[155]。陈怡秀等（2017）从高管异质性角度检验了在职消费经济效应，结果表明，高管在职消费整体上表现出“效率观”，能够起到补充激励作用，而职业生涯阶段、学历、两职合一、性别、政府背景等高管异质性特征起到了调节作用[156]。庄明明等（2019）认为在职消费具有隐性激励效应，抑制在职消费可能会导致国有企业业绩下降，但是有利于国有企业整体价值提升[157]。

也有学者提出折中的观点，认为在职消费具有双重属性，既是高管的隐性薪酬，具有激励作用，也是代理成本，会对公司绩效产生负面影响。陈晓珊（2017）以2003—2015年我国A股上市公司为样本对在职消费激励效果进行了检验，结果显示，高管在职消费与公司绩效之间存在显著的倒“U”型关系，其表明在职消费的“代理观”和“效率观”同时存在[158]。匡卫华等（2019）研究发现，在职消费是管理层权力和货币薪酬共同作用的结果，是“代理观”和“效率观”的有机统一[159]。李健欣等（2021）认为在职消费观点差异的原因在于“度”的问题，如果高管在职消费“正常”，那么可以替代货币薪酬的不足，可以发挥薪酬契约有效性，而如果高管在职消费“过高”，则更多表现为代理成本，会降低公司价值[160]。

1.2.2.2 薪酬绩效敏感度的影响因素研究

（1）公司治理结构的影响。

①董事会特征的影响。

肖继辉和彭文平（2004）研究表明，总经理的两职合一、董事身份和董事任期对薪酬绩效敏感度有着显著影响[161]。张必武和石金涛（2005）研究发现，独立董事制度建立、董事长与总经理两职合一能够显著提高薪酬绩效敏感度[162]。刘艳（2007）研究发现董事会规模越小和独立董事比例越高，高管薪酬绩效敏感度越高[163]。赵息和杜玉鹏（2009）检验了公司治理特征对高管薪酬绩效敏感度的影响，大股东持股、高管持股与高管薪酬绩效敏感度负相关，薪酬委员会的设置提高了高管薪酬绩效敏感度，而并未发现独立董事与薪酬绩效敏感度的相关性[164]。蔡地和万迪昉（2011）研究发现，对地方国有企业而言，独立董事比例与薪酬绩效敏感度负相关[165]。

薪酬委员会的目标之一是为上市公司制定良好的薪酬制度，使经理层与股东利益一致，从而提升公司价值。但是沈小燕和王跃堂（2014）研究发现，薪酬委员会的强制设立在短期内并未对提升高管薪酬绩效敏感度发挥作用[166]。

盛明泉和伍岳（2016）检验了高管年龄与高管薪酬绩效敏感度的关系，研究发现，在非国有企业中，高管年龄会显著削弱其薪酬绩效敏感度[167]。张行和常崇江（2019）研究了CEO任期对薪酬结构的影响，结果表明，CEO任期对高管薪酬绩效敏感度有显著影响，随着任期的增强，

CEO 对薪酬激励的敏感度会下降[168]。李洋等（2019）考察了连锁董事网络对高管薪酬绩效敏感度的影响，结果表明，董事网络中心度越高，高管薪酬黏性越弱，董事联结程度起到了调节作用[169]。张耀伟等（2020）研究了董事会内部运作机制与高管薪酬契约有效性的关系，研究显示，董事会非正式层级对高管薪酬绩效敏感度有显著的负向调节作用[170]。马香品（2020）研究了国有企业高管的公管职业经历对高管薪酬绩效敏感度的影响，结果表明，公管职业经历对高管薪酬绩效敏感度具有显著的负向调节作用[171]。

②管理层权力的影响。

根据管理层权力理论，公司高管可以根据公司业绩增减情形不同影响薪酬契约，从而实现自身利益最大化。当公司业绩增长时，高管薪酬与公司业绩的关联程度增强；而业绩下滑时，这种关联程度减弱。卢锐（2008）以 2001—2004 年上市公司为样本，检验了管理层权力与薪酬绩效敏感度的关系，结果表明，管理层权力越大，薪酬与盈利业绩的敏感度越高，与亏损业绩的敏感度越低，说明管理层权力是影响薪酬激励的重要因素[172]。之后，杨向阳和李前兵（2013）以 2007—2010 年民营上市公司为样本进行检验，结论与卢锐（2008）一致，并且民营企业与国有企业同质化[173]。徐细雄和刘星（2013）将高管腐败引入到管理层权力研究范畴，研究表明 CEO 的权力越大，公司发生高管腐败可能性越大，进而对公司绩效产生消极影响[174]。盛明泉和车鑫（2016）研究发现，管理层权力对高管薪酬的激励效果具有显著的抑制作用，较大的管理层权力会减弱高管薪酬绩效敏感度，原因可能在于高管会利用其拥有的权力影响其薪酬的制定或者谋求更多的在职消费[116]。陈晓珊和匡贺武（2018）从管理层权力的角度检验“两职合一”对高管薪酬业绩敏感性的影响，结果表明，“两职合一”显著降低了高管薪酬业绩敏感性，支持了管理层权力理论[175]。

③机构投资者的影响。

机构投资者的介入，能够缓解公司小股东“搭便车”问题，防止管理层权力过大，有效监督管理层行为，协调管理层与股东之间的利益冲突。

李豫湘和米江（2016）研究发现，机构投资者持股能够显著提高公司高管薪酬以及薪酬绩效敏感度[176]。

（2）公司特征的影响。

①公司规模的影响。

一般来说，规模较大的公司具有较高的边际生产率，其业绩的提升更多是由于规模效应而不是管理者自身的因素，因此公司规模会影响高管薪酬绩效敏感度。高文亮和张正勇（2010）、郝以雪等（2011）、李瑞等（2011）研究了高管薪酬绩效敏感度的影响因素，结果均表明，企业规模对高管薪酬绩效敏感度存在显著影响[177-179]。

②公司风险水平的影响。

蔡明剑（2010）实证结果表明，高管薪酬绩效敏感度与风险呈显著正相关关系，即薪酬绩效敏感度随着风险的上升而提高[180]。与之相反，王甲（2013）、廖惠甜（2018）的研究支持风险对薪酬绩效敏感度有显著负向影响[181, 182]。

③公司资本结构的影响。

资本结构是高管薪酬的重要影响因素。一方面，当债务风险较高时，高管薪酬绩效敏感度较高，公司高管就会越倾向选择与股东利益一致的高风险投资项目，将风险转移给债权人。另一方面，过高的债务水平会被认为是财务困境的表现，公司绩效增长面临较大压力，就越需要高管加倍努力，对薪酬激励的强度要求越高，公司的负债水平会导致薪酬绩效敏感度增大（李瑞等，2011；郭雪萌等，2019）[120, 177]。

（3）会计信息质量的影响。

李芮萱和王善平（2018）研究了会计信息披露质量对高管薪酬契约的作用，结果显示，会计信息披露质量能够显著提高薪酬契约的有效性，披露质量越高，薪酬绩效敏感度越强[183]。唐雪松等（2019）以2006—2016年上市公司为样本，检验了会计信息质量与高管薪酬绩效敏感度的关系，结果表明，会计信息可比性与高管薪酬绩效敏感度存在显著的正相关关系，且在非国有企业更为显著[184]。张列柯等（2019）也同样发现，会计信息可比性的提高增加了高管薪酬绩效敏感度，而在国有企业影响较弱[185]。洪昀等（2020）研究了融资融券制度对高管薪酬契约有效性，结果表明，融资融券制度显著提升了高管薪酬绩效敏感度[186]。

1.2.3 国内外研究现状评述

1.2.3.1 研究现状总结

通过整理国内外关于高管薪酬和公司绩效关系的相关研究，可以发现，由于对象选取、变量定义、指标设计、研究方法等不同，研究结果存在着较大的差异，大体可以归纳为以下四点结论：

第一，对于高管货币薪酬和公司绩效关系的研究结论，根据研究时间的早晚，大致可以分为早期和近期。在早期，相关研究表明高管薪酬与公司绩效之间不存在相关关系或者存在微弱的相关关系；在近期，越来越多的研究表明高管薪酬与公司绩效存在显著的正相关关系。

第二，对于高管股权激励和公司绩效关系的研究结论，主要有“利益汇聚假说”和“管理者防御假说”两种观点。“利益汇聚假说”认为对公司高管实施股权激励可以使得高管利益和股东利益协调一致，促使高管从股东角度出发，作出有效的经营决策，提高公司绩效。“管理者防御假说”认为对公司高管实施股权激励会提高高管在公司的控制权，高管可能利用所获得的权力追求自身利益，而损害公司和股东利益。国内的研究明显经历了股权激励计量方法的转变，由早期的“高管持股”转为近期的“股权激励计划”，开始验证真正意义上的股权激励内容，目前国内研究成果大多支持“利益汇聚假说”。

第三，对于高管在职消费和公司绩效关系的研究结论，主要有“代理论”和“效率论”两种观点。“代理论”认为，在职消费作为私人收益，是一种代理成本，实质上是高管对公司资源的一种侵占方式，会对股东利益和公司绩效产生不利影响。“效率论”认为，在职消费可以作为货币薪酬激励不足的替代性激励方式，可以提升高管的工作效率和积极性，从而提高公司绩效。我国学者的研究成果大多支持“代理论”的观点。

第四，对于薪酬绩效敏感度的研究，现有文献主要从公司特征及公司治理特征方面研究调节效应，例如，产权性质、内部控制、行业性质、管理层权力、董事会特征、薪酬管制、薪酬委员会结构等方面。

最优契约理论、管理层权力理论以及其他基于经济学的理论，都是建立在公司高管作为股东代理人的基础上，无论哪一方拥有更多的权力，都存在相异的利益诉求，而薪酬激励是协调这些利益冲突的重要手段。方军雄（2012）研究指出，高管薪酬的持续上升和超额薪酬的出现，并不意味着最优契约理论的破产和管理层权力理论的胜利，最优契约理论仍然具有很强的适用性[187]。

1.2.3.2 现有研究不足和未来研究方向

综上所述，关于高管薪酬与公司绩效关系的研究，经过文献梳理，可以发现以下内容尚需进一步研究：

（1）高管薪酬如何影响公司绩效尚未形成统一结论。

现有对于高管薪酬如何影响公司绩效的研究中，高管薪酬的计量方式采用绝对指标的较多，采用相对指标的较少；高管薪酬对公司绩效的影响路径还在进一步探索。虽然现有文献越来越多地证明了高管薪酬和公司绩效之间存在相关关系，也有较多文献研究了影响两者关系的调节因素，但是对于高管薪酬通过何种机制影响公司绩效，即对中介效应的研究还相对较少，存在一定的研究空间。有学者呼吁对高管薪酬如何影响未来绩效以及内部组织约束如何影响其效能进行更加细致、深入的研究（Nyberg 等，2016）[188]。

（2）不同学科研究高管薪酬和公司绩效关系的理论基础和研究角度存在差异。

关于高管薪酬和公司绩效关系的研究大多是建立在代理理论、管理层权力理论等经济学和管理学理论基础之上，心理学和社会学理论相对较少(Schwering 等，2021)[189]。而这些学科之间关于薪酬和绩效关系的研究结论差异较大，心理学理论对高管薪酬治理具有重要意义，与之相关的许多研究结论与管理学的代理理论和激励理论的核心假设相矛盾，例如，对

128 项关于激励、动机和绩效的实验研究进行元分析，表明有形回报对绩效的净影响为负[190]，这一结论与管理学中薪酬激励与绩效之间正相关关系的结论形成了鲜明对比。Maltarich 等（2017）研究指出单独使用管理学或心理学方法来研究绩效薪酬关系面临着挑战，而整合两者的努力可以带来新的理论见解，从而更好地理解绩效薪酬的因果机制[191]。薪酬激励与大多数管理工具一样，本质上既不是万能的，也不是一无是处，关键在于所处的环境和实施的条件。心理学和管理学的绩效理论在各自条件下均有适用性，理论和实践的挑战是如何使其发挥应有的价值。

（3）相关研究较少区分薪酬变动方向的差异性。

现有关于高管薪酬对公司绩效影响的研究中，绝大部分研究所使用的模型无论是线性模型还是非线性模型，一般不区分薪酬变动方向的差异性，默认薪酬增加和薪酬减少的影响程度是相同的，这与奖赏与惩罚、加薪与减薪等心理学研究成果以及现实感知存在差异。尤其是，直接考察高管薪酬减少如何影响公司绩效的国外文献极少，部分原因在于美国上市公司高管货币薪酬通常只占其总薪酬的 10%～20%，货币薪酬减少对高管总体薪酬影响很小，进而不会对公司绩效产生重大影响（Loureiro 等，2020）[192]。而我国上市公司高管薪酬结构明显与西方不同，国内上市公司高管薪酬还是以货币薪酬为主，股权激励只在一小部分公司采用（谢获宝等，2013；张瑞君等，2013；方军雄等，2016）[107，111，193]。对高管的货币薪酬进行调整，必然会对高管心理和行为产生影响，因此考察高管货币薪酬减少的影响后果，对于我国上市公司高管薪酬激励机制研究具有重要的现实意义。现有研究中，随着我国国有企业薪酬管制政策的出台，学者们开始关注薪酬管制带来的经济后果，但是大多数研究主要分析薪酬管制背景下薪酬减少单一情境的政策效应，很少就薪酬增加和薪酬减少两种不同情境进行对比分析，这些方面是否存在差异尚需进一步研究。

（4）相关研究较少探索中介机制的调节因素。

现有研究中，高管薪酬对公司绩效影响的调节因素分析已经较多，而对其中影响路径的调节因素分析，即对中介效应的再调节研究文献很少。

在我国，公司高管薪酬政策显然受到产权性质的影响，国有企业高管薪酬受到政府的影响较大，相对而言，非国有企业的高管薪酬更加市场化。产权性质不同，高管薪酬对公司绩效影响路径是否存在差异，以及薪酬增加和薪酬减少不同情境下，产权性质的调节作用是否存在差异，这些方面尚需进一步研究。

1.3 研究内容与研究方法

1.3.1 研究内容

本书的理论框架和研究视角如图1-1所示。委托代理理论和管理层权力理论为本书研究高管薪酬对公司绩效影响提供了理论基础。前景理论为本书的研究提供了新的视角，从薪酬变动以及由此引起的非对称性视角研究高管薪酬激励与公司绩效的关系。本书依据自我决定理论，从动机角度出发，提出风险承担在薪酬激励与公司绩效之间的中介效应。同时，根据委托代理理论和管理层权力理论，从公司治理因素出发，提出产权性质在高管薪酬—风险承担—公司绩效这一中介效应中的调节作用。

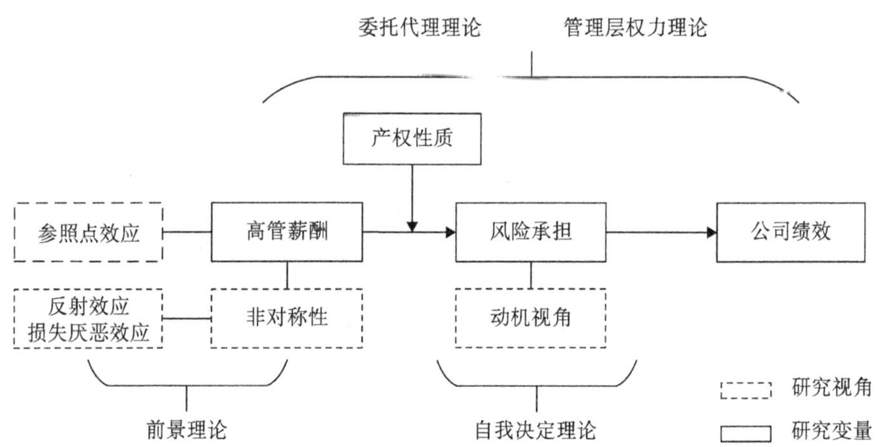

图1-1 理论框架和研究视角

本书从高管薪酬与公司绩效的关系入手，深入分析两者之间的内在联系。根据前景理论，将薪酬变动的非对称性影响引入研究框架，作为关键视角进行分析；从自我决定理论角度，引入风险承担水平这一中介路径，分析高管薪酬、风险承担水平和公司绩效之间的内在关系。然后，以产权性质为调节变量，研究在不同公司治理水平下，风险承担在高管薪酬对公司绩效影响中的差异性。利用实证模型通过上市公司数据对上述关系进行检验，最终揭示高管薪酬对公司绩效的作用机制。本书研究内容可以分为以下六个部分：

第一，对现实环境和理论背景进行分析，确定本书的研究主题。针对研究问题，提出本书研究的理论意义和现实意义。按照高管货币薪酬与公司绩效关系、高管股权激励与公司绩效关系、高管在职消费与公司绩效关系、薪酬绩效敏感度影响因素的研究思路对国内外研究现状进行综述，总结现有研究的成果与不足，确定本书所要研究的内容和使用的方法。

第二，阐述本书的核心概念和基础理论。通过对高管薪酬、公司绩效、薪酬绩效敏感度、风险承担等核心概念的界定，明确本书的研究对象。通过对高管薪酬形式、公司绩效表征、风险承担分析为下文分析奠定研究基础。简要阐述委托代理理论、管理层权力理论、前景理论、自我决定理论等理论的核心内容，为后续研究提供理论支撑。

第三，分析并检验高管薪酬对公司绩效影响的非对称性。将前景理论、自我决定理论等心理学理论引入公司治理研究领域，通过区分薪酬变动方向，分别研究薪酬增加和薪酬减少对公司绩效影响的差异性，以我国2007—2021年沪深两市A股上市公司数据为样本，分析并检验了高管薪酬对公司绩效的非对称性影响。在进一步研究中，分别从薪酬增加和薪酬减少两个视角分析和检验了高管薪酬对公司绩效影响的差异性。分组检验结果表明，加薪对公司绩效影响呈现倒“U”型结构，且加薪的效应受到高管心理预期影响而存在一定的阈值，只有超过特定阈值的加薪才会有激励效果；而减薪对公司绩效影响呈现“U”型结构。

第四，以风险承担为中介变量，分析并检验高管薪酬对公司绩效非对称影响的路径和机制。通过上市公司数据，证实了分别以投资规模（包括研发支出、资本支出、并购支出）、收益波动性为衡量指标的风险承担，在高管薪酬与公司绩效之间存在显著的中介效应。然后，进一步检验了风险承担中介效应在薪酬增加和薪酬减少两种状态下存在显著差异，风险承担中介效应同样存在非对称性。

第五，对于上述风险承担中介效应的调节因素进行分析和检验。建立以产权性质为调节变量的有调节的中介效应模型，利用上市公司数据检验了产权性质在高管薪酬通过风险承担影响公司绩效中的调节作用。然后，进一步检验了产权性质的有调节的中介效应在薪酬增加和薪酬减少两种状态下存在显著差异，产权性质的有调节的中介效应同样存在非对称性。

第六，基于上述研究结论，就如何优化高管薪酬机制以提升公司绩效，从宏观和微观两个层面提出对策建议。

1.3.2　研究方法

本书注重不同专业间的学科交叉，尤其是管理学、经济学、心理学、统计学等学科之间的交叉。本书所采用的研究方法力求实现规范分析和实证研究的结合，规范分析为本书引出问题、认识问题、理解问题奠定基础，而实证研究则为进一步剖析问题、解决问题提供了依据。

1.3.2.1　规范研究方法

规范研究是依据一定的价值标准和行为准则，按照事物内在联系和逻辑关系，从理论上进行演绎推导得出研究结论的研究方法。本书主要采用规范研究中的文献研究法进行研究。文献研究是在对某一问题所在研究领域的文献进行广泛阅读和理解的基础上，对该研究领域的研究现状，包括主要学术观点、前人研究成果和结论、争论焦点、存在问题等方面进行综合分析、归纳整理和评论，并提出自己的见解和研究思路。本书采用文献研究法，通过查阅高管薪酬与公司绩效关系的相关文献，对两者关系的主要理论及其解释逻辑，进行深入的梳理和剖析，为理论推演和研究假设的提出进行理论铺垫。

1.3.2.2 实证研究方法

实证研究是管理学研究中常用的定量研究方法，主要是在对客观现实的分析观察、前人研究成果的总结归纳基础上，概括出一些基本的研究假设作为逻辑分析的起点，然后进行逻辑演绎提出理论模型，在此基础上通过对研究对象的调查、观测获得数据和资料，从而进行统计分析，最后论证理论模型中变量之间相互关系和演变规律。本书所采用的数据主要是中国上市公司年报披露的数据，来源于国泰安数据库。本书实证研究中，所使用的具体方法和模型包括参数检验与非参数检验、面板数据固定效应模型、中介效应模型、有调节的中介效应模型。

参数检验和非参数检验是推断统计的重要组成部分，二者均为对变量样本分析进行假设推断，可以用于判定样本间是否存在差异。本书在第3章和第5章内容中，使用参数检验和非参数检验对薪酬变动、产权性质分类的子样本进行差异检验。

面板数据是指具有时间序列和截面两个维度观测值所构成的样本数据，可以解决遗漏变量问题，提供更多个体动态行为的信息，扩大了样本容量，可以提高估计的精确度。面板数据固定效应模型可以剔除不随时间或个体变化且不可观测的混杂因素的影响。本书在第3、4、5章均使用面板数据固定效应模型进行检验。

中介效应模型用于检验某一变量是否是中介变量以及发挥何种程度中介作用的重要方法，在心理学、组织行为学等研究领域得到大量应用。本书在第4章使用中介效应模型检验了风险承担在高管薪酬对公司绩效影响中的中介机制。

有调节的中介效应模型可以用于检验中介变量的中介效应是否受到调节变量的影响。本书在第5章构建了以产权性质为调节变量、风险承担为中介变量、高管薪酬为解释变量、公司财务绩效为被解释变量的有调节的中介效应模型，进一步检验了高管薪酬对公司绩效影响的调节机制。

本书的研究内容和所使用的方法，如图1-2技术路线图所示。

研究思路
理论基础
高管薪酬对公司绩效影响的非对称性分析
风险承担中介效应的非对称性分析
产权性质调节效应的非对称性分析
优化高管薪酬机制提升公司绩效的对策建议
研究内容
绪 论
核心概念和基础理论
高管薪酬对公司绩效的影响
薪酬增加
薪酬减少
小幅加薪
大幅加薪
倒"U"型关系
正"U"型关系
影响存在非对称性
风险承担在高管薪酬对公司绩效影响的中介效应
投资规模的中介效应
研发支出
资本支出
并购支出
收益波动性的中介效应
薪酬增加
薪酬减少
存在中介效应
中介效应存在非对称性
产权性质对风险承担中介效应的调节作用
产权性质
投资规模
收益波动性
存在调节效应
薪酬增加
薪酬减少
调节效应存在非对称性
优化高管薪酬机制提升公司绩效的对策建议
职业经理人市场
资本市场监管
国有企业改革
宏观层面
微观层面
多元化薪酬激励
公司治理水平
风险承担能力
研究方法
规范分析法
面板数据固定效应模型
定性和定量分析相结合
规范和实证分析相结合
中介效应模型
有调节的中介效应模型
规范分析法

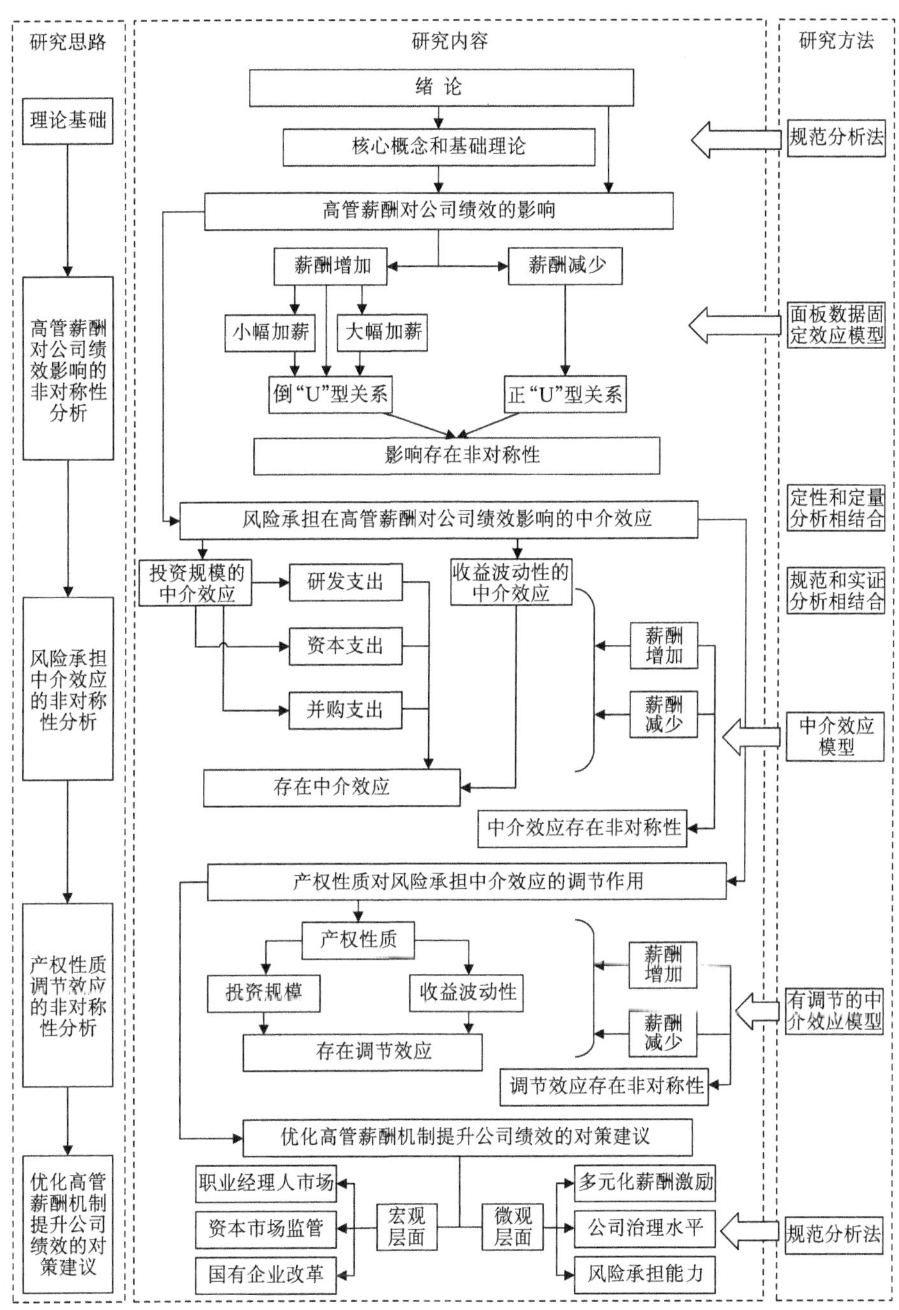

图1－2 技术路线图

第 2 章　核心概念和基础理论

本章主要阐述支撑本书后续分析的核心概念和基础理论，包括高管薪酬、公司绩效、绩效薪酬敏感性、风险承担等概念，以及委托代理理论、管理层权力理论、前景理论、自我决定理论等理论内容，分别用于第 3、4、5 章关于高管薪酬对公司绩效影响的中介机制和调节机制的研究。

2.1　核心概念

2.1.1　高管薪酬

2.1.1.1　公司高管

公司高管，即公司的高级管理人员，是指拥有重大决策权限，能够对公司战略、经营决策产生重大影响的公司内部人员。公司高管作为把握公司全局的管理者，向公司和股东负责。他们负责制定公司的经营战略，确定公司发展方向与经营方针，掌握对公司重大事项的决策权，拥有诠释财务政策和人事决策的权力，对公司的生存和发展起到关键作用。公司高管是现代企业组织中一个重要组成部分，但是迄今尚未形成统一的定义和范围。受到不同的社会传统、资本市场、企业文化、所有制结构等影响，各国形成了不同的公司治理模式，产生了各自的公司高管人员范围（臧兴东，2017）[165]。

从法律规范角度来看，各国的规定各有不同。美国的公司法规定，公司高管是指由公司章程细则规定的或者由董事会依据公司章程细则任命的高级职员；德国的公司法规定，公司高管是指公司的监事和董事；加拿大的公司法规定，高管包括董事会主席与副主席、总裁与副总裁、财务总监、助理总监、董事会秘书等人员；在中国，《中华人民共和国公司法》第二百六十五条规定：高级管理人员是指公司的经理、副经理、财务负责人、上市公司董事会秘书和公司章程规定的其他人员。

在国外管理学文献中，公司高管一般是指公司的首席执行官（CEO）。在美国，上市公司的股权相对比较分散，CEO 在公司决策中发挥着至关重要的作用，再加上研究中相关信息的可获得性，许多学者直接将公司 CEO 作为公司高管的代表进行研究。国内学者对公司高管范围的界定主要有三种观点：一是包括高级经理层、董事会、监事会成员在内的所有高层管理团队；二是以公司总经理为核心的执行层面的高级管理人员；三是仅包括公司董事长或总经理。

借鉴国内外学者姜付秀等（2014）[194]、朱滔（2015）[195]、Lobo 等（2018）[196]、高文亮（2018）[197]、Ntim 等（2019）[75]、Abudy 等（2020）[21]等的研究范围，本书选择公司 CEO 来代表公司高管，并选择董事长和薪酬金额排名前三名的高级管理人员作为替代变量用于稳健性检验。

2.1.1.2　高管薪酬

高管薪酬是指高管从公司所获取的各种形式的报酬和福利待遇。传统意义上的高管薪酬，只是公司与高管以“劳动力”为核心，进行生产资料交换过程中的一项货币性补偿手段。而激励理论扩展了薪酬的内涵和适用范围，增加了激励的功能与属性。通过薪酬制度的设定和执行，能够向高管传达公司的目标信息，激发高管的积极性和创造性，引导高管向公司期望的方向努力工作。由于薪酬手段能够与绩效考核相结合，可量化且易于感知，所以实践中常常用到薪酬的激励功能。这些做法都假定了公司高管是偏好物质奖励的“理性经济人”，会因为受到外在奖励的刺激，而增加工作行为和努力程度，提升公司财务绩效。

根据薪酬呈现形式不同，高管薪酬包括货币薪酬、股权激励和在职消费等。货币薪酬和股权激励属于显性激励，而在职消费属于隐性激励。

（1）货币薪酬。

货币薪酬是指从公司所获取的以货币形式呈现的报酬，一般包括基本工资、津贴、奖金等。就与公司业绩关系而言，货币薪酬可以分为基本货币薪酬和绩效货币薪酬两部分。

基本货币薪酬是指公司高管获取的货币薪酬中相对固定的部分，一般按月以工资的形式发放。基本货币薪酬是公司对高管劳动和贡献的基础性回报，用以确保高管的生活保障，其金额基本不受业绩影响。基本货币薪酬不仅与企业特征如规模、岗位、同业水平、生活成本等相关，而且与高管自身特征如年龄、任期、性别、教育程度等相关，还与经理人市场密切相关。一般来说，上市公司高管的基本货币薪酬由公司的薪酬委员会制定，一般通过调查比较同级高管标准来确定。

绩效货币薪酬是指公司高管获取的货币薪酬中相对变动的部分，其金额随公司业绩变化而变化，一般按月或年以奖金的形式发放。绩效货币薪酬是公司为激励高管充分使用其人力资本而付出的报酬，其数额的多少通常以公司过去的经营业绩作为衡量标准，属于短期激励方式。

（2）股权激励。

股权激励是从公司所获取的以股权形式呈现的报酬。股权激励通过给予激励对象一定的股份，使他们能够以股东的身份分享利润、承担风险，从而勤勉尽责地为公司发展服务。从薪酬结构上看，股权激励是一种长期激励，可以将高管和公司长期利益紧密联系起来，构建利益共同体，减少代理成本，充分发挥高管的积极性和创造性，为股东价值最大化服务。

股权激励的形式包括股票期权、限制性股票、股票增值权、虚拟股票、业绩股票、员工持股计划、管理层收购和延期支付等类型。其中，股票期权与限制性股票是我国上市公司采取的主要方式。

股票期权是指公司授予激励对象在规定时期以预先确定的条件购买本公司一定数量股票的权利。如果股价高于行权价，激励对象则可以赚取其中的差额。股票期权的行权有时间限制和数量限制，且需要激励对象自行为行权支付现金。在我国，《上市公司股权激励管理办法》规定，股票期权行权价格不得低于股票票面金额，且原则上不得低于股权激励计划公布前规定交易日的股票交易均价。

限制性股票是指事先授予激励对象一定数量的本公司股票，但对股票的来源、抛售等有一些特殊规定，一般只有当激励对象完成特定目标（如扭亏为盈）后，激励对象才可抛售限制性股票。对于限制性股票，激励对象获得的一定数量的股票为无偿受赠或低价购买。激励对象只有在符合股权激励计划的条件下，才能出售股票并获益，在限制期内不得随意处置。由于激励对象有资金上的沉淀，且获得授予股票后还需满足期限或业绩条件的要求才能出售，限制性股票能更好地绑定高管与公司之间的利益。

（3）在职消费。

在职消费也称职务消费，是公司高管在行使职权、履行职责过程中发生的，使高管个人受益而由企业承担的各种消费支出，包括豪华办公室、专机或专车、高档消费会员资格、餐饮娱乐等形式。在公司会计核算中，在职消费经常以差旅费、办公费、业务招待费、培训费、通讯费等项目列支，这些项目为高管提供了获取个人利益的途径和渠道，从而将个人费用转化为公司费用。

在高管薪酬构成中，不同形式的薪酬起着不同的作用，达到了不同的目的。公司可以在确定的激励策略下为高管制定风险和收益平衡的薪酬组合。从激励角度来看，薪酬可以分为基本薪酬和绩效薪酬，而绩效薪酬从时间上可以分为短期激励和长期激励。短期激励是指运用当期实现的物质手段激励公司高管努力工作，长期激励是指运用股权、期权等远期实现的物质手段激励公司高管努力工作。基本薪酬可以满足公司高管的基本物质需求，而短期激励和长期激励的有效组合可以激发公司高管的价值追求，表现出更高的积极性和创造性，更加尽责地工作，促进公司短期和长期价值创造，提高持续的创新能力。

2.1.1.3　高管薪酬的衡量

本书主要研究高管薪酬中的货币薪酬，其原因在于：首先，货币薪酬是我国上市公司高管激励的最主要方式（方军雄等，2016；蔡贵龙等，2018；霍晓萍等，2019）[193, 198, 199]，与其他激励方式相比，其金额更加确定、风险更低，信息披露更加透明，信号效应更加明显，对于高管而言具有更强的吸引力；其次，股权激励在我国起步较晚、时间较短、经验不足（徐长生等，2018；孙世敏等，2020）[125, 200]，实施股权激励的上市公司数量虽然逐年增加，但总体比例偏低，据作者统计，2006—2019 年我国 A 股市场共有 1 588 家上市公司公布了 2 695 个股权激励计划，年均不足上市公司数量的 3%；最后，在职消费属于隐性消费，现有计量方法难以有效获取其具体金额，影响其测量效度。

2.1.2 公司绩效

2.1.2.1 绩效的定义

目前，学者们对于绩效尚未形成一个统一的定义，对绩效的界定主要有两种观点。

一种观点认为，绩效是结果。绩效是组织期望的结果，是组织为实现其目标而展现在不同层面上的有效输出，它包括个人绩效和组织绩效两个方面，组织绩效是建立在个人绩效实现的基础上。绩效与薪酬是员工和组织之间的对等承诺关系，绩效是员工对组织的承诺，而薪酬是组织对员工的承诺。员工进入组织，必须对组织所要求的绩效作出承诺，这是进入组织的前提条件。当员工完成了对组织承诺的绩效时，组织就要兑现其对员工承诺的薪酬。这种对等承诺关系体现了市场经济中的等价交换原则，组织绩效评价主要采用这一观点。

另一种观点认为，绩效是行为。这一观点主要存在于心理学领域和个人绩效评价方面。这一观点认为许多工作结果并不一定是个体行为所致，可能受到与工作无关因素的影响，过分关注结果可能会忽视重要的行为过程，而对过程控制的缺乏会导致工作成果的不可靠性，而且不适当的强调结果可能会在工作要求上误导员工。

本书主要研究公司这一社会组织的绩效，所以采用“绩效是结果”这一观点，绩效是公司为实现其目标所开展的活动在不同层面上的有效输出。绩效实质上是公司对其目标达成程度的一种衡量形式，不仅说明公司对过去资源的利用是否有效，而且对未来发展具有很大的影响。一般来说，绩效可以从效果和效率两方面衡量，效果反映了公司目标的达成程度，而效率反映的是公司资源的利用情况，通常以投入与产出之比来衡量，效率提高意味着以较少的投入获得了较多的产出。简单来说，效果是“做正确的事”，效率是“正确地做事”。

2.1.2.2　公司绩效的衡量

本书所研究的绩效指的是财务绩效，在财务绩效的衡量方面，主要包括以会计利润为基础的会计业绩和以股票收益为基础的市场业绩两种方式。以会计利润为基础的薪酬契约更有利于体现高管对资产的受托责任，提高资产经营效率；而以股票收益为基础的薪酬契约则更有利于鼓励高管去挖掘新的投资机会，增加对风险项目的投资（辛清泉等，2009）[201]。其根源在于，以会计利润为基础的业绩指标需要符合企业会计准则的要求，这会导致许多与价值相关而无法满足会计要素确认条件的信息无法及时进入会计系统，由此，以会计利润为基础的业绩指标在评价高管工作方面不够全面而且滞后。相对而言，以股票收益为基础的市场业绩指标能够更快地反映高管决策信息，及时对高管工作作出评价。但是，以市场业绩作为高管工作评价指标的前提是资本市场的有效性。当资本市场低效甚至无效时，市场业绩就会存在大量“噪音”，其作用就会大大降低甚至是无用的。

（1）会计业绩指标。

常用的会计业绩指标有总资产收益率 *ROA*、净资产收益率 *ROE*、每股收益 *EPS* 等。这些会计业绩指标对绩效的衡量存在一定的差异，因此相关文献为了保证研究结果的稳健性采用多个业绩指标进行分析，或者对多个业绩指标使用主成分分析法或者因子分析法计算综合业绩得分。

（2）市场业绩指标。

常用的市场业绩指标有托宾 *Q* 值和经市场调整的股票回报率 *RET*。托宾 *Q* 值是公司市场价值对其资产重置成本的比值，可以衡量公司业绩表现或者成长性，由诺贝尔经济学奖得主詹姆斯·托宾（James Tobin）于1969年提出。而 RET 可由公式 $\prod_{t=1}^{12}(1+R_{it})-\prod_{t=1}^{12}(1+M_t)$ 计算得出，其中 R 是考虑现金分红再投资的月度个股回报率，M 是月度市场回报率。

由于中国资本市场的高股价同步性、高波动性以及高换手率导致股票市场效率较低，股票价格并不能很好地反映公司基本面信息。对于中国上市公司而言，一般不会以市场绩效（股票价格）为基础来设计经理激励契约（姜付秀等，2014）[194]。就单个指标而言，国外学者实证研究过程中，采用托宾 Q 值作为衡量绩效指标变量比较普遍，而国内由于资本市场不够完善，采用 ROA 或 ROE 来衡量的较多。

基于以上考虑，本书研究的公司绩效主要是利润为基础的会计绩效，采用 ROA、ROE、EPS 等指标来计量。

2.1.3 薪酬绩效敏感度

2.1.3.1 薪酬绩效敏感度的定义

薪酬绩效敏感度是指薪酬与公司绩效之间的对应变化关系。Jensen 和 Murphy（1990）通过实证分析了 CEO 薪酬与公司绩效之间的关系，当股东财富变动时，CEO 薪酬也会发生变化，因此将薪酬绩效敏感度定义为：股东财富变化 1 美元时，CEO 薪酬变化的金额[12]。

薪酬绩效敏感度的正负反映了高管薪酬与公司绩效的变化方向。薪酬绩效敏感度大于零，则高管薪酬与公司绩效同方向变化，即公司绩效上升则高管薪酬相应增加，公司绩效下降则高管薪酬相应下降；薪酬绩效敏感度小于零，则高管薪酬与公司绩效反方向变化，即公司绩效上升则高管薪酬相应减少，公司绩效下降则高管薪酬相应增加。薪酬绩效敏感度绝对值大小反映了高管薪酬与公司绩效的变化强度，薪酬绩效敏感度绝对值越大，业绩变化引起的薪酬变化也就越大，薪酬对业绩变化也就越敏感；薪酬绩效敏感度绝对值越小，业绩变化引起的薪酬变化也就越小，薪酬对业绩变化也就越不敏感。

以委托代理理论为基础的最优契约理论认为，将高管薪酬与公司绩效挂钩是减少股东与高管之间代理成本的重要方式，合理高效的薪酬契约能够将高管薪酬同公司绩效紧密相连。薪酬绩效敏感度成为识别高管薪酬契约有效性的重要标准，高管薪酬绩效敏感度越高，说明公司对高管的薪酬激励越有效，管理者与股东之间的代理问题越小。而管理者权力理论则认为，公司高管可以利用其权力干涉薪酬契约的制定，高管薪酬激励并不能很好地解决股东与高管之间的代理问题，反而成为代理问题的一部分。

2.1.3.2 薪酬绩效敏感度的非对称性

高管薪酬绩效敏感度的非对称性，又称高管薪酬黏性，是指高管薪酬随着业绩上升而增加的幅度大于随着业绩下降而减少的幅度，也就是薪酬在业绩波动时呈现出向上的弹性和向下的刚性。肖继辉和彭文平（2004）较早地发现业绩方向变化不同，薪酬绩效敏感度不同，当公司业绩变好时薪酬绩效敏感度增加，当公司业绩下滑时薪酬绩效敏感度减小[161]。但其没有比较业绩变化方向不同引起薪酬变化幅度是否存在差异。Jackson 等（2008）[202]、方军雄（2009）[203]通过具体模型估计出高管薪酬黏性特征的存在，这一观点随后被更多学者所证实（陈修德等，2014；罗正英等，2016；张华荣等，2018；张汉南等，2019）[204—207]。薪酬变动的非对称性可能拉大了上市公司高管与普通员工之间的薪酬差距（方军雄，2011）[208]。进一步的检验结果显示股权性质和董事会的独立性会对高管薪酬黏性特征产生影响。

2.1.4 风险承担

公司面临的风险根据诱因不同可以分为系统风险和非系统风险。系统风险是由影响整个市场的风险因素引起的，如宏观经济形势、国家经济政策、政治制度、法律制度、技术变革、自然灾害等，是对所有公司均有影响的风险。非系统风险是由公司内部风险因素引起的，如管理运营、财务决策、产品质量、售后服务等，主要对所在公司产生影响的风险。本书所研究的风险主要指的是非系统风险。

本书研究的风险承担指的是高管风险承担水平，是公司高管面对公司未来发展的不确定性所表现出的承担意愿和承担能力。高管风险承担水平的高低可以通过高管的思维方式、行为习惯、决策过程、责任承担等形式来反映，但是这些形式难以观察或量化，其信息也难以被外界获取。高管的风险承担水平体现为高管面对决策的风险偏好，决定了公司投资方向和规模，因此高管风险承担水平的衡量可以通过观测其决策后果——企业投资方向和规模来进行衡量。风险承担反映了企业在投资决策过程中对投资项目的选择，更高的风险承担水平意味着管理者更少放弃高风险但净现值大于 0 的投资项目（李文贵等，2012）[209]。

风险承担水平受到管理者特征如管理者过度自信（余明桂等，2013；张梓靖等，2020）[210, 211]、职业经历（何瑛等，2019）[212]等影响；公司治理特征如产权性质（李文贵等，2012；周耀东等，2012；薛有志等，2014）[209, 213, 214]、控股股东（赵卿等，2012）[215]、机构投资者（王振山等，2014；冀玛丽等，2017；张强等，2019；Fernandes 等，2021）[216-219]等影响；以及人文法律环境诸如宗教信仰（Hilary 和 Hui，2009）[220]、投资者保护（John 等，2008）[221]等影响。

风险承担水平的提升能够为公司带来更多的资本积累，促使公司实现更多的创新，提升公司综合竞争力。风险承担能够改善公司的资本配置效率，提升公司价值（周耀东等，2012；余明桂等，2013；孟焰等，2019）[210, 213, 222]。Habib 和 Hasan（2017）研究了公司生命周期不同阶段的风险承担和绩效后果，研究表明，风险承担对于未来经营业绩在公司生命周期早期和衰退期的影响是负面的，而对成长期和成熟期的影响是积极的[223]。风险承担水平的提升能够使公司高管制定更高风险的投资决策，具体表现为创新投入更高、并购频率及并购金额更大，进而提升公司的价值创造能力（何瑛等，2019）[212]。

2.2　基础理论

2.2.1　委托代理理论

委托代理理论，又称代理理论，由 Jensen 和 Meckling 于 1976 年提出，为本书研究提供了理论基础。Berle 和 Means（1932）对公司所有权与控制权分离问题进行了研究，他们发现大公司开始分散所有权，导致所有权与经营控制权相分离。Jensen 和 Meckling（1976）提出了一个侧重于公司股东和管理层之间的代理关系的公司理论框架，拥有公司所有权的股东（委托人）将公司经营控制权委托给公司高管（代理人）时，就形成委托代理关系。委托代理理论的主要假设是股东和高管都在寻求各自经济利益的最大化，这种假设会导致两者之间的利益冲突，如果没有适当的监督和激励，高管的行为可能只遵守自己利益最大化原则，而不是以股东的最佳利益行事。委托代理理论认为，委托人和代理人之间的利益冲突会导致代理成本，代理成本是委托人为监督代理人和确保代理人不参与机会主义行为而产生的成本。为了最大限度地降低代理成本，委托人需要通过监督机制和激励措施来激励代理人为委托人的利益行事。

委托代理理论认为，委托人和代理人之间的合同契约可以降低代理成本，委托人和代理人都是理性和自利的，而且代理人比委托人更厌恶风险，委托代理理论的重点是确定委托人和代理人之间最有效的合同契约。委托代理理论认为，高管薪酬是股东用来解决代理问题和约束高管的最佳机制之一，董事会有责任制订薪酬方案，来激励高管做出符合股东和公司利益最大化的决策，这一观点又被称为最优契约理论。

最优契约理论认为，为了协调作为委托人的公司股东和作为代理人的高管之间利益的一致性，可以通过薪酬契约的方式将高管薪酬与公司绩效相挂钩，高管薪酬随着公司绩效的变化而变化。这样，公司高管为了追求自身经济利益最大化——获取更高的薪酬，会更加努力地工作，充分发挥管理能力，进而提升公司业绩，公司股东的财富也随之而增加。根据最优契约理论，高管薪酬应该与公司业绩正相关，对高管薪酬进行调整，将会传导至对公司绩效的影响。对高管给予适当的加薪，既是对其过去工作能力的肯定和业绩的奖励，也是对其未来工作的期望和激励，激发其工作热情，采取更加积极有效的投资和管理策略，提升公司业绩。

2.2.2 管理层权力理论

委托代理理论将高管薪酬作为解决代理问题的一种有效手段，而管理层权力理论则将高管薪酬视为“代理问题本身的一部分”（Bebchuk 和 Fried, 2003）[22]。管理层权力理论认为，高管的权力和行为会影响高管薪酬契约的设计和执行，导致代理成本增加，管理层权力对高管薪酬具有重要作用，当前的公司治理体系导致薪酬安排的扭曲。当公司高管在决定其薪酬方案方面能对董事会产生重大影响时，高管往往会获得与公司业绩不太敏感的较高薪酬（Bebchuk 和 Fried, 2005）[224]。当管理层权力很大时，高管对薪酬的确定拥有很大的控制权，此时，他们更关心自己的利益，而不是股东的利益，这会对公司绩效产生负面影响（Akram 和 Iqbal, 2016）[225]。

根据管理层权力理论，高管能够通过其权力直接或间接地参与到薪酬契约的制定之中，进而获取到一些“超额”薪酬，也就是说，高管薪酬契约是公司治理利益博弈的结果。公司治理本质就是各方利益参与者权力制衡的设计架构，一直处于一种动态平衡之中，如果高管能够通过权力获得“超额”薪酬，也是各方利益参与者动态博弈后的结果，否则其中一方会退出公司。在这种情况下，对高管薪酬进行调整，或者高管通过权力调整自身薪酬，可能会对公司未来业绩产生重要的影响。例如，对高管加薪，高管需要向其他利益方证明其加薪的正当性，未来业绩提升是重要的口号或证据，同时其也有能力调动更多公司资源支撑此理由的实现。如果未来业绩没有实现，其加薪的理由就会被质疑，一次博弈到此终止，所以为了获取持续的薪酬增加，高管需要持续的业绩增长为依据。因此，根据管理层权力理论，动态博弈的存在预示着，对公司高管薪酬进行调整，会带来公司绩效同向变化。

2.2.3 前景理论

前景理论是分析人们在投资决策中收益和风险偏好关系的理论，主要由 Kahneman 和 Tversky（1979，1992）提出，其将心理学研究成果引入投资决策之中，揭示了个体心理特质和行为特征如何影响决策行为[226, 227]。前景理论认为，一般情况下概率和价值评估等主观判断、决策行为依赖于有限的数据，而这些依据直观推断与经验规则得到的信息会产生系统性偏误。该理论认为，个体决策过程分为两个阶段，第一阶段是编辑阶段，对事件结果和相关信息进行收集整理，包括编码、整合、分离、取消等过程；第二阶段是评估阶段，依据价值函数对事件结果进行评估和决策。前景理论从行为心理学的角度分析个体的决策问题，充分考虑了心理因素对决策的影响，其核心是个体在面对不确定性决策时是否保持理性。

前景理论的主要观点包括：（1）参照点效应。个体在进行决策时不是依据各种决策方案结果的绝对效应值大小，而是以某个心理参照点为基准，将决策结果理解为实际结果与心理参照点的偏离程度，也就是说，个体更加关注财富的变动值而不是最终值。（2）确定效应。个体在决策时，会对确定性结果赋予较大的权重，而对不确定性结果赋予较小的权重，也就是说，个体面对风险收益决策时，会表现出风险厌恶的倾向。（3）反射效应。个体对收益和损失的偏好是非对称的，面对风险损失的决策时，个体有风险追求的倾向；而面对风险收益的决策时，个体有风险规避的倾向。（4）损失厌恶效应，也称损失规避效应。个体面对损失的痛苦感大大超过面对收益的获得感，也就是说，个体面对损失比面对收益更加敏感（Barberis 等，2021）[228]。

前景理论为本书研究高管薪酬激励对公司绩效影响提供了一个新的分析视角。一方面，参照点效应使本书的研究聚焦在薪酬变动视角。由于个体更加关注财富的变动值而不只是绝对值，那么对于公司高管而言，相比其获得的绝对薪酬大小，其更加关注薪酬变动的多少。稳定或不变的薪酬政策将使高管维持在原有工作状态，甚至由于感知“疲劳”或“惯性”而降低其工作的积极性，对高管薪酬进行调整，势必会引起其注意力更加聚焦在薪酬变动部分，影响其工作努力程度，进而传递到公司绩效上。另一方面，反射效应和损失厌恶效应使本书的研究聚焦在薪酬变动影响的非对称性视角。个体对收益和损失的偏好是非对称的，原因在于个体面对损失比面对收益更加敏感。由此，高管在面对薪酬调整方向不同时，加薪的正冲击和减薪的负冲击所引起的心理变化幅度、管理决策方案、公司绩效影响等激励后果存在程度上的差异，也就是存在非对称性。白智奇等（2021）研究表明，当高管薪酬企业激励强度相较于参照基准低于自身期望时，出于损失厌恶心理，高管通过发起并购而获得更高报酬的动机更强，在并购交易中支付了更高的溢价[110]。根据前景理论，可以预见，减薪的激励效果影响幅度会大于加薪的影响幅度。

2.2.4 自我决定理论

自我决定理论是分析人们在个性发展和行为调节中有关自我决定的动机理论，主要由 Deci Edward 和 Ryan Richard 等在 20 世纪 80 年代提出。自我决定理论认为，人们有三种天生的基本心理需求：胜任（competence，也称能力）、关系（relatedness，也称关联）和自主（autonomy）。当这三种需求得到满足时，人们会感到快乐、激情并积极做出成效，而当这些需求无法得到满足时，快乐、动力和生产力就会降低。

个体的行为动机可以分为内在动机和外在动机。内在动机是指个体因行为本身而获得满足，如完成工作带来的成就感和满足感。外在动机是指个体获得的与行为本身无关的回报，如经济奖励、个人声誉等。自我决定理论认为，当胜任、关系和自主三种基本心理需求得到满足时，内在动机最有可能发生。自我决定理论强调的是内在动机，对以外在动机为基础的激励机制的有效性存在两种不同的看法：挤出效应视角和互补效应视角（黄秋风等，2017）[229]。挤出效应视角认为外部奖励包含的条件性削弱了个体的自我决定感，强化行为的外在归因水平（如追求金钱、声誉等），会对内在动机产生“挤出效应”，从而削弱创造力。互补效应视角认为，外在奖励对内在动机的作用有二元性：其一为控制功效（controlling aspect），会改变个体对行为发生原因的判断，使得个体行为依赖于外界奖励；其二为信息功效（information aspect），通过传达绩效信息，改变个体对自身能力和自我控制的判断。外在激励对内在动机是起到正向还是负向作用，取决于个体对“外在激励的信息反馈感知”。

自我决定理论提出以来，研究的焦点主要关注在外部激励对内在动机的负面影响上，而外部激励的潜在积极影响大多被忽略（Fang 和 Gerhart，2012）[230]。事实上，动机不仅包括内在的，还包括外在的。因此，即使外部激励降低了内在动机，更为重要的是外部激励对全部动机（内在动机和外在动机）的影响，对于这个问题的研究成果相对较少。从之前的非实验室研究成果来看，实际工作环境中的外部激励对绩效有很大的积极影响，这意味着即使外部激励对内在动机有破坏作用，但还是说明外在动机的积极影响占主导作用（Gerhart 和 Fang，2014）[2]。另外，有证据表明，在真实工作环境中的财务激励是有效的，不仅能够提高绩效质量，而且还能够增强内在动机的效力（Shaw 和 Gupta，2015）[231]。Garbers 和 Konradt（2014）就个人和团队的财务激励与绩效之间的关系进行了元分析，研究表明，在考虑了所有调节变量后，激励—绩效关系始终为正[232]。

自我决定理论从动机视角为本书研究高管薪酬对公司绩效的影响分析提供了理论依据。根据自我决定理论，薪酬激励会通过对基本心理需求的满足或阻滞来影响高管的内在动机，进而体现在高管的管理行为之中，最终影响公司绩效。薪酬激励对于基本心理需求的影响取决于高管对其的信息反馈感知，如果薪酬激励（以加薪为主）能够让高管感知到对其能力、自主等需求的认可，就会激发其探索发现问题并积极尝试新方法、新思路的创新意识，提高内在动机和风险承担意识。相反，如果薪酬激励（以减薪为主）挫败了高管的能力、自主等需求，而基本心理需求阻滞会产生对个体的工作满意度、幸福感和自我实现感的负面影响（张春虎，

2019)[233]，将会减弱高管的内在动机和风险承担意识，从而影响公司未来业绩。

2.3 本章小结

本章首先从管理学研究和法律规范等角度界定了公司高管人员范围；其次从货币薪酬、股权激励和在职消费等方面介绍了高管薪酬的构成，说明了公司绩效的定义和衡量指标，并对高管薪酬绩效关系、风险承担进行了阐述；最后，介绍了委托代理理论、管理层权力理论、前景理论和自我决定理论的基本内容，为下文的假设提出和实证分析奠定理论基础。

第3章　高管薪酬对公司绩效影响的非对称性分析

本章主要研究以下两个问题：（1）对高管薪酬进行调整，是否会引起公司绩效发生变化？（2）对于公司高管而言，加薪和减薪的激励效应是否对称，即加薪1万元所引起的积极反应和减薪1万元所引起的消极反应是否相同？

厘清上述问题具有重要的现实意义。首先，改革开放四十多年来，我国经济迅速腾飞，企业规模迅速壮大，公司管理人员和普通员工薪酬也急剧提高，尤其是2001年中国加入世界贸易组织（WTO）以来，公司高管薪酬总体呈现加薪趋势，薪酬水平显著高于普通员工。那么研究高管薪酬增加是否能刺激公司绩效增长，就具有重要的现实意义；其次，随着国际经济形势和政治形势的快速变化，相当多的公司经历了多重市场风险，尤其是2019年以来又叠加了新冠疫情带来的不确定性影响，员工减薪成为一种新常态。在经营遇到困难时，很多公司选择实施减薪而不是裁员，尤其是公司高管薪酬调整幅度更大。高管薪酬结构中基于绩效变动的比例越来越大，在不确定性逐渐增强的经营环境下，引发了公司高管对减薪的担忧，亦包括由于通货膨胀率和未来加薪限制所暗示的实际和潜在的减薪情况。研究减薪状况下的公司业绩变化，以及加薪和减薪的对比分析，同样具有重要的现实意义。

3.1 高管薪酬对公司绩效非对称性影响的理论分析与研究假设

理解货币薪酬的价值对于解释高管的动机、态度和行为至关重要。根据亚当·斯密的理解，“价值”一词包含两种不同的含义：一是一个物品的内在效用即使用价值；二是购买该物品所传达的其他物品的能力，即交换价值。具有使用价值的物品，不一定具有交换价值，如水、空气等；而具有交换价值的物品，不一定具有使用价值，如钻石等。一个物品具有价值，要么具有能够直接满足人类需要的内在属性，要么具有获得满足人类需求的其他物品的能力。与许多物品不同，货币几乎没有使用价值，而是从获得其他物品的媒介中获得交换价值。

高管作为公司员工的组成部分，也遵循最基本的动机理论。从普遍意义上讲，动机被认为是以某种方式行事的意愿。员工有了动机，就拥有了实现目标的动力，当他们在实现个人目标方面取得进展时，会获得更高的工作满意度和组织承诺。薪酬作为外在激励能够对内在动机产生重要的影响。不同于普通员工的是，公司高管的生存和生理需求普遍已经得到满足，薪酬将用于满足他们更高阶的心理目标，如关系、自主、安全和地位等。

3.1.1 高管薪酬对公司绩效的影响

3.1.1.1 高管薪酬的契约作用

最优契约理论源于委托代理理论。广泛分散的公司所有权导致了公司所有权和经营权相分离。当公司所有者（委托人）将经营管理权力和责任委托给公司管理者（代理人）时，就形成委托代理关系。委托代理理论认为，委托人和代理人都会寻求各自经济利益的最大化，如果没有适当的监督，公司管理者采取的是有利于自身利益的行动，而不是为公司所有者利益服务，管理者可能不会总是以所有者的最佳利益行事。同时，由于存在信息不对称，委托人缺乏对代理人的信任。为了减少信息不对称和机会主义行为的可能性，使代理人的利益与委托人保持一致，委托人将通过建立监督、激励等机制来解决这些问题，管理者薪酬契约是其中最为重要的措施之一。委托代理理论认为，董事会有责任制订高管薪酬方案，来激励公司高管作出符合股东和公司最大利益的决策，由此产生最优契约观点。

最优契约理论认为，为了协调公司所有者和管理者之间的利益分歧，可以通过薪酬契约的方式将管理者薪酬与公司绩效进行挂钩，其薪酬随着公司绩效的变化而变化。公司管理者为了获得更高的薪酬，会发挥专长优势，努力工作，提升公司经营业绩，从而依据薪酬契约获得更高的货币收入，合理的薪酬契约可以使管理者和所有者的利益趋于一致。最优契约理论认为，如果高管薪酬契约是有效的，那么公司高管薪酬水平应该与公司绩效呈正相关关系，高管薪酬激励应该对公司未来业绩有显著正向影响。

3.1.1.2 权力制衡下的高管薪酬激励效应

最优契约理论将高管薪酬契约视为解决代理问题的一种手段，而管理层权力理论却认为高管薪酬是“代理问题本身的一部分”。管理层权力理论认为，公司高管的权力和寻租行为会影响其薪酬契约的设计，而高管对薪酬的影响可能会导致公司代理成本增加。同时应该看到，现代企业管理中公司治理制度作为公司制度设计发挥着重要的基础性作用，权力制衡是公司治理的本质所在，公司高管之所以能够利用权力影响薪酬制定，也是股东与股东之间、股东与董事会之间、董事会与经理层之间多层次、多方权力、动态博弈的结果。即使公司高管能够获得高额薪酬，其也需要证明其获得的正当性，而后续业绩提升无疑是最好的证据之一，从而保证高额薪酬的持续性。由此看来，获得货币薪酬越高，高管就越需要通过经营业绩的改善来证明其薪酬增加的合理性。Essen 等（2015）提供了元分析证据，证明有权势的 CEO 获得了更高薪酬，而股东及其代理人可以限制他们的权力，这一发现表明，权力较大的 CEO 可能会对薪酬制定过程产生影响，但也可能存在最优的合同安排[234]。Demirkan 等（2022）研究表明，拥有较大权力的公司高管更倾向于进行公司并购行为，而且并购后的公司高管会通过绩效管理的成功，来向董事会证明他们当初决策的正确性[235]。

3.1.1.3 高管薪酬的人力资本作用

人力资本理论认为，高管在公司经营过程中发挥着至关重要的作用。资本可以分为物质资本和人力资本，物质资本是依附于物质产品的资本形式，包括货币、存货、厂房设备、土地等；而人力资本是依附于人的资本形式，表现为个人或团队的知识水平、工作技能、综合能力和身体素质等。人力资本理论认为，在知识经济时代，人力资本在公司经营管理中的作用和地位会大于物质资本，成为经济发展的主要生产要素。对于公司而言，高管是一种特殊的人力资本，其在公司经营管理中通过自身的知识、能力、经验等综合素质发挥着重要作用，包括制定公司发展战略，订立内部规章制度，组织协调各项资源，应对市场竞争和风险挑战等。

人力资本理论认为，人力资本具有如下几个特征：第一，人力资本具有专有性特征。人力资本以个人为载体，其所蕴含的知识、技能、素质、体力、经验等资源属性与个人不可分割，人力资本随着个人的流动而流动；第二，人力资本具有激励性特征。人力资本的主体是人，其随着外在激励而做出行为变化，如果激励措施得当，人力资本可以有更高效的产出；第三，人力资本的非损耗性特征。物质资本在使用过程中会发生损耗，例如，存货会随着使用或销售而一次性损耗，厂房设备会随着使用而逐期损耗。而人力资本在使用过程中一般不会发生损耗，而且更可能会因为个人的知识增加、能力提升和经验丰富而产生增值。

从人力资本特征和投入产出的角度来看，薪酬契约对公司高管激励具有重要的影响。薪酬相当于公司的资源投入，高管相当于人力资本的载体，而产出就是公司的绩效。通过薪酬制度安排，一方面维持了高管这一人力资本在公司的持续性，另一方面也影响到高管工作的积极性，从而影响到公司的生产经营，进而传递到公司绩效。

社会比较理论认为，个人非常关心其薪酬与相关人员薪酬的对比，因为薪酬可以表明组织赋予其地位程度。与同事相比，收入更高的人会被推断出拥有更高的地位，并在组织内感到更有价值，这使他们能够保持积极的自我观（Pierce 和 Gardner，2004）[236]。高额薪酬是管理层价值的体现，如果管理层不能实现既定的经营目标，其更换职位的机会成本往往很高（鲁桐等，2014）[237]。同时，时间比较理论将个人纵向对比加入比较模型，认为人们将现在的自己与过去的自己进行比较，就像将自己与其他人进行比较一样频繁。当人们受到自我增强需求的激励时，他们会更频繁地使用时间比较信息。Christian（2018）研究表明，对于公司高管而言，更多的薪酬增长（即个人薪酬随着时间的推移而增加）会导致更少的离职率[238]。在经理人市场中，市场声誉是公司高管人员赖以生存的重要基石，薪酬是反映高管市场声誉高低的核心指标，是激励高管努力工作的重要动力（袁春生等，2008；刘红霞等，2011）[239, 240]。由此可以看出，薪酬具有重要的象征意义，高管非常关心这一点，因此他们在持续地通过薪酬横向或纵向对比来维护人们的看法。

3.1.1.4　从薪酬变动角度看薪酬激励效应

Kahneman 和 Tversky 的前景理论为研究薪酬激励效应提供了一个很好的理论视角。前景理论认为，个人的知觉感知与变化或差异的评估相协调，而不是绝对量级的评估，应该使用参照点来评估收益或损失（Kahneman 和 Tversky，1979）[227]。也就是说，薪酬的效用函数应该关注薪酬水平的相对变化量，而不是薪酬水平的绝对累积量。公司高管当前薪酬水平相当于前景理论中的参考点，可以作为评估加薪效用的标准，这意味着当前薪酬为 5 万元与当前薪酬为 50 万元的高管对加薪 5000 元的评估是不同的。薪酬满意度研究表明，尽管薪酬很重要，但是人们的薪酬与他们对薪酬的满意度之间相关性并不高，Judge 等（2010）的元分析结果表明，实际薪酬只占到薪酬满意度方差的 23%，绝对薪酬水平与薪酬满意度仅略有相关[241]。张瑞君等（2013）认为基于变动值的薪酬激励度量能够表达特定企业薪酬激励的动态变化，高管面临薪酬激励时会考虑今年薪酬较去年薪酬水平的变化[111]。Tekleab（2005）的研究结果表明，相对于薪酬水平，薪酬变动是员工薪酬激励后果的重要预测因素，组织和管理者需要更多关注薪酬变动的程序和结果[242]。韦伯定律的稳定性表明，人们倾向于使用百分比变化（即薪酬变动相对于原有薪酬的比例）来赋予加薪或减薪的认知意义，这对于理解薪酬变动的激励作用至关重要，关于加薪或减薪的激励后果研究很多采用薪酬变动百分比方式进行（Worley 和 Iii，1992；Mitra 等，1997；Mitra 等，2015；Mitra 等，2016；Tröster 等，2018）[238, 243-246]。

根据以上分析，本书提出如下假设：

假设 1：高管薪酬存在激励效应，即高管薪酬与公司绩效呈正相关关系。

3.1.2 高管薪酬对公司绩效影响的非对称性

3.1.2.1 基于前景理论的薪酬变动非对称性影响分析

前景理论认为，效用函数对于收益是边际递减的，而对于损失是边际递增的，并且损失比收益更陡峭，即损失比收益更大。前景理论描述的效用函数如图 3-1 所示，收益显示在第一象限，损失显示在第三象限，效用函数在第三象限比第一象限更加陡峭（Kahneman 和 Tversky，1979）[227]。与加薪 5000 元引起的积极反应相比，减薪 5000 元所引起的消极反应更大，人们普遍是厌恶损失的，这种现象被称为损失厌恶。

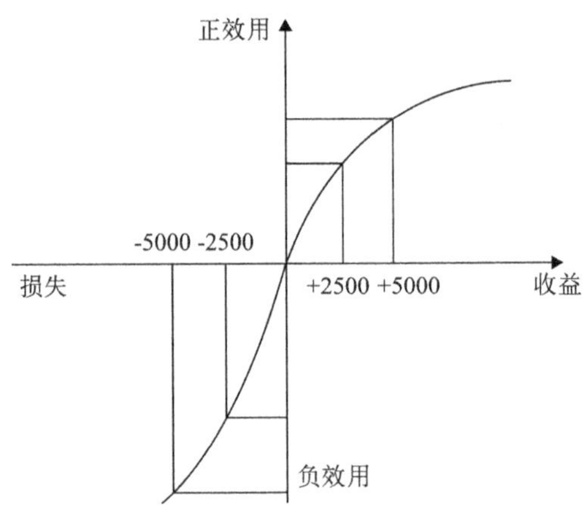

图 3-1 前景理论的效用函数

从心理学的角度来看，个体对正面事件和负面事件的反应并不对称，负面事件会带来更多的评估影响，并产生更多的认知反思，这一过程称之为动员（mobilization）（Taylor 和 Shelley，1991）[247]。对负面事件反应更大的原因包括：（1）它们会引起更强烈的生理反应；（2）它们将注意力集中在处理直接的危险上；（3）它们比较罕见且经常出乎意料；（4）它们涉及更多的认知努力（Duffy 等，2002）[248]。Lee 和 Rupp（2007）考察了美国主要航空公司在宣布飞行员工资率大幅和永久性降低后相关绩效的变化情况。数据显示航空公司对飞行员实施减薪后，飞行绩效不断恶化，航班延误更加频繁[249]。Kube 等（2013）进行了一项现场实验，以测试员工是否会以低或高的生产率来回报减薪和加薪，研究结果显示减薪对生产率产生了消极的影响，平均产出下降了 20% 以上，而同等的工资增长并没有带来生产率的提高，这为薪酬变动激励效果的非对称性提供了证据[250]。

根据前景理论，可以推导出以下观点：（1）加薪和减薪的效用需要基于一定的参照点（如过去的薪资水平）进行评估；（2）加薪与正效用之间的关系是非线性的，且边际效应会递减；（3）加薪和正效用之间关系的斜率小于减薪和负效用关系的斜率。

3.1.2.2　基于自我决定理论的薪酬变动非对称性影响分析

根据自我决定理论，货币激励对内在动机和绩效产生何种影响很大程度上取决于货币激励所呈现的功能是信息性还是控制性。Thibault 等（2020）研究表明，以自主支持的信息性奖励会产生更好的动机和绩效，因为它能够提高心理需求满意度；而以控制方式呈现的奖励则会产生更差的动机和绩效，因为它会导致更大的心理需求挫折[1]。当奖励在自主支持的环境中进行时，它不太可能破坏内在动机，并且在某些情况下可以增强内在动机（Gagné 和 Deci，2005）[251]。当员工认为薪酬与绩效之间有更强联系时，他们认为自己拥有更多而不是更少的自主权（Fang 和 Gerhart，2012）[230]。

薪酬变动方向不同，公司高管对其的解读可能存在差异。当公司高管薪酬增加时，高管会认为之前的行为得到了正面反馈，对加薪这一外在激励更多从信息属性角度进行解读，增强其自主性，强化了内在动机，对未来业绩产生积极影响。而当公司高管薪酬减少时，高管会认为之前的行为得到了负面反馈，对减薪这一外在惩罚措施更多从控制属性角度进行解读，损害了其自主性，不仅破坏了其内在动机，而且叠加其外在动机的消极影响，对未来业绩产生更大的消极后果。胡俏和贾伊萌（2020）研究发现，当公司具有高人力资本和低薪酬激励时，公司绩效会低于低人力资本、低薪酬激励的公司绩效，其原因在于在低薪酬水平下，高人力资本员工（如高管）的高层次需求得不到满足，同时受薪酬公平性感知的影响，导致其自主性动机降低，最终表现出与低人力资本公司更低的组织绩效[3]。

根据以上分析，本书提出如下假设：

假设2：同等条件下，加薪与减薪对公司绩效的影响程度存在显著差异，减薪的影响程度更大。

3.2 高管薪酬对公司绩效非对称性影响的研究设计

3.2.1 样本选择和数据来源

本书选取中国上海证券交易所和深圳证券交易所A股上市公司2007—2021年数据作为研究样本。中国上市公司从2007年1月1日开始实施新的《企业会计准则》，为了保持样本公司的财务数据在研究期间的一致性，本书以2007年作为样本数据的起始年份。

借鉴其他学者的处理方法，本书按照以下标准对样本数据进行筛选：(1) 剔除ST、*ST、PT等非正常交易状态的上市公司；(2) 剔除非标准无保留审计意见的上市公司；(3) 剔除资产负债率大于100%的上市公司；(4) 剔除金融行业的上市公司；(5) 剔除CEO薪酬为0或1元的上市公司，原因是采用1元的CEO薪酬是一种极端的薪酬政策，其存在的原因和后果与常规公司存在显著差异（Loureiro等，2020）[192]；(6) 剔除相关数据缺失的上市公司。最终本书得到样本公司4 407家，共计35 970个公司的年度观测值。为了减少数据极值的影响，本书对所有连续变量按照年度进行了1%和99%分位的Winsorize缩尾处理。数据来自CSMAR数据库，使用Stata15.0进行数据处理。

本书按照中国证监会2012年修订的《上市公司行业分类指引》划分行业，其中制造业按门类划分，非制造业按大类划分，样本的行业分布情况如表3-1所示。

表 3-1　　样本公司所在行业和年度分布

行业 \ 年度	2007	2008	2009	2010	2011	2012	2013	2014	2015	2016	2017	2018	2019	2020	2021	合计
农、林、牧、渔业	23	25	24	29	28	27	30	32	33	31	29	33	34	38	40	456
采矿业	28	28	34	43	50	51	50	56	58	54	57	59	57	58	63	746
制造业 C1	96	105	106	120	138	144	147	155	159	179	193	191	191	220	247	2 391
制造业 C2	229	240	271	329	374	397	399	424	446	504	589	595	615	713	808	6 933
制造业 C3	382	404	442	602	701	767	787	836	905	1 000	1 163	1 178	1 257	1 476	1 680	13 580
制造业 C4	30	29	28	37	41	34	37	41	48	56	63	60	64	86	91	745
电力、热力、燃气及水生产和供应业	55	54	56	61	62	70	67	72	78	83	95	97	99	108	113	1 170
建筑业	30	32	37	35	42	53	56	59	69	74	84	83	82	88	96	920
批发和零售业	69	76	76	94	105	127	130	122	127	131	137	136	140	147	160	1 777
交通运输、仓储和邮政业	50	51	56	62	64	71	71	68	72	74	83	87	92	97	102	1 100
住宿和餐饮业	5	6	6	7	9	9	9	7	7	8	6	6	7	7	7	106
信息传输、软件和信息技术服务业	41	46	66	93	111	108	117	121	139	189	213	224	256	302	341	2 367
房地产业	53	61	77	99	103	113	112	110	109	109	108	108	106	102	88	1 458
租赁和商务服务业	14	16	17	21	25	20	22	22	24	33	37	35	41	46	53	426
科学研究和技术服务业	3	3	7	9	10	12	12	18	21	26	41	48	53	60	84	407

续表

行业 \ 年度	2007	2008	2009	2010	2011	2012	2013	2014	2015	2016	2017	2018	2019	2020	2021	合计
水利、环境和公共设施管理业	9	10	7	6	8	22	22	26	28	28	37	44	50	68	77	442
居民服务、修理和其他服务业	7	8	8	9	11	0	0	0	0	0	1	1	1	1	1	48
教育	0	0	0	0	0	1	1	1	1	3	2	3	6	8	9	35
卫生和社会工作	0	1	2	2	3	3	3	3	4	4	7	8	9	9	11	69
文化、体育和娱乐业	5	6	9	12	16	19	20	23	31	37	48	44	41	46	54	411
综合	42	44	44	36	38	17	21	20	19	22	20	19	18	13	10	383
合计	1 171	1 245	1 373	1 706	1 939	2 065	2 113	2 216	2 378	2 645	3 013	3 059	3 219	3 693	4 135	35 970
占比（%）	3.3	3.5	3.8	4.7	5.4	5.7	5.9	6.2	6.6	7.4	8.4	8.5	8.9	10.3	11.5	100.0

3.2.2　变量定义和度量

3.2.2.1　被解释变量

本章研究的被解释变量是公司财务绩效。公司财务绩效是指一定时期内公司经营的财务效益。实证研究中，公司财务绩效衡量方法主要包括以会计利润为基础的会计业绩指标和以股票收益为基础的市场业绩指标。从现有研究来看，股票收益影响因素众多，存在很大的不确定性，难以反映出高管的工作业绩，因此本书选择基于会计利润的业绩指标来衡量公司绩效。衡量公司绩效的主要会计指标有：总资产收益率 *ROA*、净资产收益率 *ROE*、每股收益 *EPS* 等。

总资产收益率 *ROA* 用净利润除以平均总资产来计算。吕长江和赵宇恒 (2008)、辛清泉和谭伟强（2009）、刘星和徐光伟（2012）、姜付秀等 (2014)、盛明泉和车鑫（2016）、赵乐和王琨（2019）、朱滔（2020）、王玉霞等（2021）等均使用 *ROA* 来计量公司财务绩效[116, 150, 194, 201, 252 - 254]。

净资产收益率 *ROE* 用净利润除以平均净资产来计算。李增泉 (2000)、肖继辉和彭文平（2004）、李豫湘和米江（2016）等均使用 *ROE* 来计量公司财务绩效[88, 161, 176]。

每股收益 *EPS* 用净利润除以平均总股本来计算。张瑞君和程玲莎 (2013)、罗莉和胡耀丹（2015）、黄贤环（2016）等均使用 *EPS* 来计量公司财务绩效[115, 255, 256]。

本书选择总资产收益率 *ROA* 作为公司财务绩效的衡量指标，净资产收益率 *ROE* 和每股收益 *EPS* 作为替代指标进行稳健性测试。

3.2.2.2　解释变量

本章研究的解释变量是高管薪酬变动。选择高管薪酬变动作为解释变量的理由包括：首先，根据人力资本理论，对于公司高管而言，其薪酬高低与其岗位、职务、学历、职称、年龄等个人特征以及公司规模、利润、性质、所在行业、地区等组织特征相关联，其薪酬绝对额的大小是其过去个人特征和组织特征累计影响的结果，使用薪酬变动可以排除之前的累计影响，只关注当期绩效薪酬的激励效应。其次，参考组织行为学和心理学相关研究，绩效薪酬包括绩效工资和奖金，其中绩效工资是用于确认过去绩效的工资增量，奖金是用于确认过去绩效的一次性现金支付，每一项都奖励过去的表现并设定未来的期望（Nyberg 等，2016）[188]。对于公司而言，奖金和绩效工资均是对高管人力资源新增投入，其能否创造收益和价值，是本书研究的焦点所在，使用薪酬变动这一差量指标可以捕捉这两种绩效薪酬的共同作用。最后，只使用货币薪酬而不包含股权激励和在职消费的原因，一方面，货币薪酬是最广泛使用的绩效薪酬工具（Gerhart 和 Rynes，2003）[257]。在我国，实施股权激励计划的上市公司数量虽然逐年增加，但是总体占比还比较低，而且对激励股票数量存在限制，股权激励的影响有限。而在职消费的计量不够精确，且内在作用机制与货币薪酬、股权激励差异较大，因此未包含在本研究中；另一方面，货币薪酬相比其他薪酬类型，激励和绩效的联系更加直接和紧密（Nyberg 等，2016）[188]。

高管薪酬变动，选取公司 CEO 货币薪酬增长率作为衡量指标，使用货币薪酬当年与上一年差额除以上一年货币薪酬，如果增长率大于等于零，则表示加薪；如果增长率小于零，则表示减薪。以董事长和年薪最高的前三名高管的薪酬增长率作为稳健性检验的替代性指标。

3.2.2.3 控制变量

参考吕长江和赵宇恒（2008）、姜付秀等（2014）、黄贤环（2016）、Wu 和 Mazur（2018）、赵乐和王琨（2019）、Hou 等（2020）等学者的研究过程[115, 150, 194, 252, 258, 259]，在分析高管薪酬对公司绩效影响时，选取上一年高管薪酬、公司规模、资产负债率、营业收入增长率、总资产周转率、产权性质、第一大股东持股比例、管理层持股、股权制衡度、董事会规模、独立董事比例、两职合一、行业和年度等变量作为控制变量。

各变量名称和度量方式如表 3－2 所示。

表 3-2　　变量名称和度量

变量类别	变量代码	变量名称	计算方法
被解释变量	*ROA*	总资产收益率	净利润除以平均资产总额［（期初资产总额 + 期末资产总额）÷2］
解释变量	*Salary_perc*	薪酬变动率	（当年 CEO 货币薪酬 - 上一年 CEO 货币薪酬）÷上一年 CEO 货币薪酬
	D	薪酬变动方向	薪酬下降，取 1，否则取 0
控制变量	*lnSalary_lag*	上一年 CEO 货币薪酬	上一年 CEO 薪酬总额的对数
	Size	公司规模	期末资产总额的对数
	Lev	资产负债率	期末负债总额 ÷ 期末资产总额
	Growth	营业收入增长率	（本年营业收入 - 上一年营业收入）÷上一年营业收入
	Turnover	总资产周转率	营业收入除以平均资产总额［（期初资产总额 + 期末资产总额）÷2］
控制变量	*SOE*	产权性质	如果是国有企业，取值为 1，否则为 0
	TOP1	第 1 大股东持股比例	第 1 大股东持股数量 ÷ 公司总股数
	Sharehold	管理层持股	CEO 持股数量 ÷ 公司总股数
	Zindex	股权制衡度	第 1 大股东持股数量 ÷ 第 2 大股东持股数量
	Independ	独立董事比例	独立董事人数 ÷ 董事会人数
	Dual	两职合一	如果董事长和总经理是同一人，则该变量取值为 1，否则为 0
	Board	董事会规模	董事会人数取对数
	Industry	行业	按照证监会 2012 版的行业分类标准
	Year	年度	2007—2021 年

3.2.3　模型构建

本书借鉴吕长江和赵宇恒（2008）、杨青等（2010）、张瑞君等（2013）、盛明泉和车鑫（2016）、赵乐和王琨（2019）、李珍（2019）、朱滔（2020）的研究过程[111, 116, 150, 252, 254, 260, 261]，构建模型（3-1）来检验假设 1。如果模型（3-1）中，α_1 显著大于 0，则说明高管薪酬能够正向影响公司绩效，具有激励效应。

$$ROA_{t+1} = \alpha_0 + \alpha_1 \times Salary\_perc_t + \sum_{m=1}^{14} \alpha_{m+1} \times Control_{m,t} + \varepsilon \quad (3-1)$$

为了检验假设 2，在模型（3-1）的基础上，加入薪酬变动率 $Salary\_perc$、薪酬变动虚拟变量 D 以及两者交互项 $D \times Salary\_perc$，构建模型（3-2）。

$$ROA_{t+1} = \alpha_0 + \alpha_1 \times Salary\_perc_t + \beta_1 \times D_t + \beta_2 \times D_t \times Salary\_perc_t + \sum_{m=1}^{14} \alpha_{m+1} \times Control_{m,t} + \varepsilon \quad (3-2)$$

如果模型（3-2）中，β_2的系数显著为正，则说明薪酬减少对公司绩效的影响程度将大于薪酬增加对公司绩效的影响程度。

以上模型的检验都对标准误差进行了公司层面的聚类（Cluster）调整，以解决面板数据估计方法对标准误差的有偏估计（Petersen, 2009）[262]，接下来两章的模型也采用相同的处理方法。

3.3 高管薪酬对公司绩效非对称性影响的实证检验

3.3.1 主要变量的描述性统计和相关性分析

3.3.1.1 主要变量的描述性统计

表 3-3 汇总了各变量全样本的描述性统计结果。

在表 3-3 中，公司财务绩效 ROA 的描述性统计结果显示：平均值为 5.0%，中位数为 4.4%，标准差为 6.1%，最小值为 -27.9%，最大值为 27.6%，数据整体均衡。

变量 *TotalSalary* 是未缩尾处理前的 CEO 货币薪酬数据，其描述性统计结果显示：CEO 货币薪酬平均值为 881 261 元，中位数为 600 000 元，数据整体分布呈现左偏趋势；标准差为 1 165 000 元，最小值为 2 100 元，系大通燃气公司（000593）2020 年 CEO 吕涛的年度薪酬；最大值为 3 868.93 万元，系华夏幸福公司（600340）2019 年 CEO 吴向东的年度薪

表 3 – 3　　全样本各变量描述性统计

变量	样本数	平均值	标准差	最小值	25% 分位	中位数	75% 分位	最大值
ROA	35 970	0. 050	0. 061	–0. 279	0. 018	0. 044	0. 080	0. 276
TotalSalary	35 970	881 26[illegible]	1 165 000	2 100	362 000	600 000	984 800	38 689 300
lnSalary	35 970	13. 31	0. 826	10. 46	12. 80	13. 30	13. 80	15. 92
Salary_perc	32 173	0. 266	0. 918	–0. 871	–0. 026	0. 048	0. 267	8. 054
D	32 173	0. 299	0. 458	0	0	0	1	1
Sharehold	35 970	0. 055	0. 117	0	0	1. 57e – 05	0. 032	0. 546
Size	35 970	22. 05	1. 28	19. 28	21. 11	21. 87	22. 78	26. 41
Lev	35 970	0. 417	0. 205	0. 026	0. 251	0. 410	0. 572	0. 887
Growth	35 970	0. 195	0. 428	–0. 649	–0. 003	0. 125	0. 291	4. 809
Turnover	35 970	0. 675	0. 456	0. 070	0. 380	0. 572	0. 834	2. 982
TOP1	35 970	0. 350	0. 149	0. 082	0. 233	0. 330	0. 451	0. 760
Zindex	35 970	9. 719	18. 12	1	1. 750	3. 593	9	192. 5
Independ	35 970	0. 374	0. 053	0. 250	0. 333	0. 333	0. 429	0. 600
Board	35 970	2. 133	0. 197	1. 609	1. 946	2. 197	2. 197	2. 708
SOE	35 970	0. 373	0. 484	0	0	0	1	1
Dual	35 970	0. 280	0. 449	0	0	0	1	1

注：变量 *Salary_perc* 和变量 *D* 是根据薪酬差量计算得到（计算方法见表 3 – 2），因此样本数少于其他变量。

酬，以上数据说明 CEO 货币薪酬数据波动性较大，两极分化现象严重。变量 *lnSalary* 是 CEO 货币薪酬 *TotalSalary* 取自然对数并缩尾后的数据，其中：平均值为 13.31，标准差为 0.826，中位数为 13.30，最小值为 10.46，最大值为 15.92，以上说明经过对数处理并缩尾后，数据分布更趋于正态分布。就薪酬变动率 *Salary_perc* 的描述性统计结果而言，其平均值为 26.6%，中位数为 4.8%，这说明薪酬变动数据整体趋势是左偏的；其标准差为 91.8%，最小值为 -87.1%，最大值为 805.4%，这说明不同公司不同年度 CEO 薪酬变动的幅度差异很大。结合薪酬变化方向 *D*（当薪酬下降时，*D* = 1）来看，有 29.9% 样本公司 CEO 薪酬是下降的，剩余 70.1% 是上升或保持不变的，说明上市公司 CEO 薪酬变动以加薪为主。

就 CEO 持股比例 *Sharehold* 的描述性统计结果来看，最小值为 0，经统计其样本量为 17 145，占总样本的 47.7%，也就是近一半的 CEO 是没有持有公司股份的；其平均值为 5.5%，标准差为 11.7%，中位数为 0.00157%，最大值为 54.6%，从以上数据可以看出，高管持股水平还是很低的。就公司规模 *Size* 的描述性统计结果来看，平均值为 22.05，标准差为 1.28，中位数为 21.87，最小值为 19.28，最大值为 26.41。就公司资产负债率 *Lev* 的描述性统计结果来看，平均值为 41.7%，标准差为 20.5%，中位数为 41.0%，最小值为 2.6%，最大值为 88.7%，样本整体资产负债率适中。就公司营业收入增长率 *Growth* 的描述性统计结果来看，平均值为 19.5%，标准差为 42.8%，中位数为 12.5%，最小值为 -64.9%，最大值为 480.9%。

就公司的总资产周转率 *Turnover* 的描述性统计结果来看，平均值为 0.675，标准差为 0.456，中位数为 0.572，最小值为 0.070，最大值为 2.982。就公司的第一大股东持股比例 *TOP*1 的描述性统计结果来看，平均值为 35.0%，标准差为 14.9%，中位数为 33.0%，最小值为 8.2%，最大值为 76.0%。就公司的股权制衡度 *Zindex* 的描述性统计结果来看，平均值为 9.719，标准差为 18.12，中位数为 3.593，最小值为 1，最大值为 192.5。就公司的独立董事占比 *Independ* 的描述性统计结果来看，平均值为 37.4%，标准差为 5.3%，中位数为 33.3%，最小值为 25%，最大值为

60.0%。就公司的董事会规模 *Board* 的描述性统计结果来看，平均值为 2.133，标准差为 0.197，中位数为 2.197，最小值为 1.609，最大值为 2.708。就公司的产权性质 *SOE* 的描述性统计结果来看，平均值为 0.373，即有 37.3% 的样本为国有企业。就公司的两职合一 *Dual* 的描述性统计结果来看，平均值为 0.280，即有 28.0% 的样本公司董事长和 CEO 是同一人。

以薪酬变动虚拟变量 *D* 为分组变量，对公司财务绩效和薪酬变量进行分组检验，结果如表 3-4 所示。为了便于比较薪酬变动方向不同薪酬变化程度是否存在差异，在表 3-4 中 *Salary_perc_abs* 是薪酬变动率 *Salary_perc* 的绝对值。

表 3-4　业绩和薪酬变量分组检验

变量	薪酬上升（*D* = 0）		薪酬下降（*D* = 1）		T 检验
	样本量	均值	样本量	均值	
ROA	22 555	0.049	9 618	0.034	0.015***
Salary_perc	22 555	0.477	9 618	-0.230	0.706***
Salary_perc_abs	22 555	0.477	9 618	0.230	0.247***
lnSalary	22 555	13.392	9 618	13.128	0.264***

注：***、** 和 * 分别表示估计系数在 1%、5% 和 10% 的水平下显著。

从表 3-4 可以看出，薪酬上升组的 *ROA* 均值显著大于薪酬下降组，说明薪酬变动会引起财务绩效正向变化；薪酬上升组的薪酬变动均值的绝对值显著大于薪酬下降组，说明薪酬上升的幅度总体大于薪酬下降的幅度；薪酬上升组的薪酬水平 *lnSalary* 显著大于薪酬下降组，这是薪酬变动方向所决定的必然结果。

3.3.1.2　主要变量的相关性分析

表 3-5 汇总了变量之间的 Pearson 相关性检验结果。结果表明，公司财务绩效 *ROA* 与薪酬变动率 *Salary_perc* 之间显著正相关，与薪酬变动方向 *D* 之间显著负相关，与假设命题预期方向一致，为下一节的回归分析提供了经验证据。公司财务绩效 *ROA* 与其他各控制变量之间的相关系数也具有不同程度的显著性，并且各变量之间不存在较高程度的相关性，回归后经膨胀因子检验得到的 VIF 值均小于 5，不存在严重的多重共线性问题，以上表明所选择的变量整体是可行的。

表 3-5　　变量之间 Pearson 相关性检验

	ROA	*lnSalary*	*Salary_perc*	*D*	*Sharehold*	*Size*	*Lev*	*Growth*	*Turnover*	*SOE*	*TOP1*	*Zindex*	*Independ*	*Board*	*Dual*
ROA	1.000														
lnSalary	0.175***	1.000													
Salary_perc	0.029***	0.160***	1.000												
D	-0.115***	-0.146***	-0.352***	1.000											
Sharehold	0.159***	-0.011**	-0.053***	-0.018***	1.000										
Size	-0.081***	0.374***	0.027***	0.025***	-0.248***	1.000									
Lev	-0.376***	0.030***	0.040***	0.023***	-0.247***	0.495***	1.000								
Growth	0.220***	0.026***	0.103***	-0.088***	0.028***	0.037***	0.058***	1.000							
Turnover	0.181***	0.072***	0.023***	-0.027***	-0.023***	0.022***	0.147***	0.124***	1.000						
SOE	-0.156***	-0.086***	0.033***	0.048***	-0.350***	0.327***	0.316***	-0.048***	0.039***	1.000					
TOP1	0.112***	-0.046***	0.011**	0.014**	0.005	0.171***	0.059***	0.017***	0.085***	0.205***	1.000				
Zindex	-0.075***	-0.124***	0.017***	0.000	-0.124***	0.072***	0.133***	-0.030***	0.044***	0.247***	0.420***	1.000			
Independ	-0.008	0.024***	-0.000	-0.000	0.108***	0.003	-0.024***	0.002	-0.027***	-0.086***	0.035***	-0.009*	1.000		
Board	-0.016***	0.020***	0.003	0.009	-0.183***	0.244***	0.159***	-0.011**	0.025***	0.284***	0.017***	0.030***	-0.521***	1.000	
Dual	0.081***	0.068***	-0.033***	-0.041***	0.537***	-0.170***	-0.167***	0.012**	-0.030***	-0.314***	-0.053***	-0.109***	0.116***	-0.187***	1.000

注：* $p<0.1$，** $p<0.05$，*** $p<0.01$。

3.3.2　高管薪酬对公司绩效的影响检验

本章首先根据模型（3－1）考察高管薪酬变动是否会对公司财务绩效产生显著影响，表 3－6 报告了添加控制变量前后的回归结果。

表 3－6　　高管薪酬变动与公司财务绩效的回归结果

	被解释变量：*ROA*	
解释变量	未添加控制变量	添加控制变量
Salary_perc	0.002***	0.005***
	(4.69)	(12.51)
lnSalary_lag		0.014***
		(17.29)
Sharehold		0.034***
		(6.48)
Size		0.007***
		(12.09)
Lev		－0.137***
		(－39.48)
Growth		0.028***
		(27.14)
Turnover		0.025***
		(15.58)
SOE		－0.006***
		(－4.92)
*TOP*1		0.045***
		(11.67)
Zindex		－0.000***
		(－7.35)
Independ		－0.011
		(－1.12)
Board		0.006*
		(1.86)

续表

被解释变量：*ROA*		
解释变量	未添加控制变量	添加控制变量
Dual		-0.003***
		(-2.75)
Constant	0.044***	-0.276***
	(66.95)	(-18.56)
Industry F. E.	*Yes*	*Yes*
Year F. E.	*Yes*	*Yes*
N	32 173	32 173
Adj. R^2	0.031	0.308
F	21.959	266.819

注：括号中的数值表示经过公司层面聚类调整后的 t 值。***、** 和 * 分别表示估计系数在 1%、5% 和 10% 的水平下显著。

从表 3-6 中可以看出，在未添加控制变量的情况下，薪酬变动率 *Salary_perc* 与公司财务绩效 *ROA* 呈正相关关系，且在 1% 的水平上显著。在添加管理层持股 *Sharehold*、公司规模 *Size*、资产负债率 *Lev*、总资产周转率 *Turnover*、产权性质 *SOE*、Z 指数 *Zindex*、第一大股东持股 *TOP1*、独立董事比例 *Independ*、董事会规模 *Board* 等控制变量后，薪酬变动率 *Salary_perc* 与公司财务绩效 *ROA* 在 1% 的水平上依然显著正相关，说明高管薪酬变动能够引起公司财务绩效同向变化，假设 1 得以检验。

同时，从表 3-6 中还可以看出，控制变量中，上一年 CEO 薪酬与公司财务绩效在 1% 的水平上显著正相关；管理层持股与公司财务绩效在 1% 的水平上显著正相关；公司规模与公司财务绩效在 1% 的水平上显著正相关；资产负债率与公司财务绩效在 1% 的水平上显著负相关；营业收入增长率与公司财务绩效在 1% 的水平上显著正相关；总资产周转率与公司财务绩效在 1% 的水平上显著正相关；产权性质、股权制衡度 Z 指数与公司财务绩效在 1% 的水平上显著负相关；独立董事比例与公司财务绩效的关系不显著；董事会规模与公司财务绩效在 10% 的水平上显著正相关；两职合一与公司财务绩效在 1% 的水平上显著负相关。

通过以上分析可以看出，高管薪酬契约总体是有效的。高管薪酬变动与公司财务绩效呈显著正相关关系，高管薪酬发挥了积极的激励作用，促使上市公司高管采取措施，提高公司价值和业绩。高管薪酬是影响公司绩效的驱动力，这与代理理论的观点是一致的，即高管薪酬契约的设计可以激励职业经理人追求股东利益，减少公司高管的自利倾向，高管薪酬契约总体是有效的。

3.3.3　高管薪酬对公司绩效影响的非对称性检验

根据模型（3 -2）考察了薪酬正向变动（加薪）和薪酬负向变动（减薪）对公司财务绩效影响程度是否存在显著差异，表 3 -7 报告了回归后的结果。

表 3 -7　　添加交互项后的回归结果

	被解释变量：*ROA*	
解释变量	未添加控制变量	添加控制变量
Salary_perc	-0.001**	0.003***
	(-2.48)	(6.57)
D	-0.009***	-0.009***
	(-9.59)	(-10.94)
D × *Salary_perc*	0.022***	0.014***
	(7.30)	(5.72)
lnSalary_lag		0.014***
		(18.26)
Sharehold		0.033***
		(6.40)
Size		0.007***
		(11.78)
Lev		-0.136***
		(-39.53)
Growth		0.028***
		(27.10)

续表

被解释变量：*ROA*		
解释变量	未添加控制变量	添加控制变量
Turnover		0.024***
		(15.55)
SOE		-0.005***
		(-4.30)
*TOP*1		0.046***
		(11.94)
Zindex		-0.000***
		(-7.56)
Independ		-0.011
		(-1.10)
Board		0.005*
		(1.80)
Dual		-0.004***
		(-3.33)
Constant	0.049***	-0.275***
	(67.24)	(-18.62)
Industry F. E.	*Yes*	*Yes*
Year F. E.	*Yes*	*Yes*
N	32 173	32 173
Adj. R^2	0.043	0.316
F	133.702	251.930

注：括号中的数值表示经过公司层面聚类调整后的 t 值。***、** 和 * 分别表示估计系数在 1%、5% 和 10% 的水平下显著。

在表 3-7 中，如果薪酬变动率 *Salary_perc* 小于 0，则 *D* 取 1，表示减薪；否则 *D* 取 0，表示加薪。从表 3-7 可以看出，*D* 的回归系数为负且在 1% 水平下显著，说明高管薪酬下降对公司财务绩效造成显著负向影响。薪酬变动率 *Salary_perc* 的系数大于 0，薪酬变动与虚拟变量交互项 *D*×*Salary_perc* 的系数也大于 0，且都在 1% 水平下显著，意味着如果薪酬变动为正，其对财务业绩的影响系数是 0.003（0.003 + 0.014 × 0）；如果薪酬变动为负，其对财务业绩的影响系数是 0.017（0.003 + 0.014 × 1）。由此可以看出，薪酬下降引起业绩下降的幅度显著大于薪酬上升引起业绩上升的幅度，薪酬变动对公司财务绩效的影响存在非对称性，假设 2 得以检验。

通过以上分析可以看出，高管薪酬变动对公司财务绩效的影响是非对称的。增加高管薪酬会对公司财务绩效产生正面影响，这一结论与委托代理的观点是一致的。委托代理理论认为，高管薪酬可以激励高管与股东利益保持一致，进而实现公司业绩增长。在高管薪酬合同中，对公司未来业绩影响将是一个重要的决定因素，业绩预期是设计高管薪酬的重要标准。研究结果表明，高管薪酬增加时，公司财务绩效上升；高管薪酬减少时，公司财务绩效下降，与委托代理理论一致。但是高管薪酬增加与下降对公司财务绩效影响幅度是不同的。高管薪酬减少时引起业绩下降的幅度，显著大于薪酬增加相同份额所引起业绩上升的幅度。以上研究意味着，上市公司的财务业绩会因为公司高管加薪而表现良好，因为减薪而下降，但是惩罚的负面影响大于奖励的正面影响，这表明高管薪酬变动对公司财务绩效的影响是非对称的。

3.4　高管薪酬对公司绩效非对称性影响的稳健性检验

3.4.1　替换被解释变量衡量方式

在 3.3 的假设检验中均使用总资产收益率 *ROA* 来作为被解释变量公司财务绩效的衡量指标进行分析，现在使用总资产息税前利润率 *ROTA*、净资产收益率 *ROE* 以及每股收益 *EPS* 来作为公司财务绩效替代性指标，对回归结果做稳健性检验。

总资产息税前利润率 *ROTA* 是公司息税前利润（净利润 + 所得税费用 + 利息支出）与总资产平均余额的比值，反映公司总体的获利能力。与 *ROA* 不同之处在于，*ROTA* 的分子包含了所得税费用和利息支出，这样就剔除了资本结构和所得税税率的影响，能够更加客观、全面地反映公司利用资产获取报酬的能力。净资产收益率 *ROE* 是公司净利润与净资产平均余额的比值，每股收益 *EPS* 是公司净利润与公司普通股平均数的比值，与 *ROA* 的计算公式相比，*ROE* 和 *EPS* 的计算公式分子相同、分母不同，这两个指标均从所有者权益，即公司股东的角度考虑所投入资本的收益情况。

以总资产息税前利润率 *ROTA*、净资产收益率 *ROE*、每股收益 *EPS* 作为公司财务绩效变量指标对模型（3－1）和模型（3－2）进行回归分析，汇总结果如表 3－8 所示。

表 3－8　替换被解释变量的回归结果

	被解释变量：*ROTA*		被解释变量：*ROE*		被解释变量：*EPS*	
	模型(3－1)	模型(3－2)	模型(3－1)	模型(3－2)	模型(3－1)	模型(3－2)
Salary_perc	0.0058***	0.0034***	0.0101***	0.0057***	0.0572***	0.0379***
	(12.14)	(6.53)	(11.95)	(6.26)	(11.43)	(7.05)
D		－0.0102***		－0.0175***		－0.0816***
		(－11.26)		(－10.66)		(－9.00)
D × *Salary_perc*		0.0139***		0.0298***		0.1141***
		(5.02)		(5.45)		(4.13)
lnSalary_lag	0.0144***	0.0151***	0.0242***	0.0255***	0.1485***	0.1544***
	(16.04)	(16.95)	(16.46)	(17.48)	(15.16)	(15.83)
Sharehold	0.0316***	0.0309***	0.0491***	0.0475***	0.4949***	0.4890***
	(5.36)	(5.29)	(5.96)	(5.85)	(8.08)	(8.04)
Size	0.0078***	0.0075***	0.0156***	0.0151***	0.1653***	0.1630***
	(11.45)	(11.13)	(13.38)	(13.11)	(18.94)	(18.82)
Lev	－0.1177***	－0.1161***	－0.1473***	－0.1443***	－0.9107***	－0.8977***
	(－29.69)	(－29.60)	(－21.52)	(－21.39)	(－22.67)	(－22.49)
Growth	0.0314***	0.0309***	0.0573***	0.0564***	0.2528***	0.2490***
	(27.05)	(27.00)	(28.15)	(28.05)	(20.06)	(19.95)
Turnover	0.0284***	0.0280***	0.0486***	0.0478***	0.2187***	0.2152***
	(15.83)	(15.80)	(15.89)	(15.86)	(11.12)	(11.03)
SOE	－0.0086***	－0.0077***	－0.0112***	－0.0095***	－0.0331**	－0.0260
	(－5.83)	(－5.26)	(－4.81)	(－4.12)	(－2.04)	(－1.60)

续表

	被解释变量：*ROTA*		被解释变量：*ROE*		被解释变量：*EPS*	
	模型(3-1)	模型(3-2)	模型(3-1)	模型(3-2)	模型(3-1)	模型(3-2)
*TOP*1	0.0441***	0.0448***	0.0809***	0.0823***	0.3817***	0.3881***
	(9.93)	(10.15)	(11.77)	(12.05)	(7.87)	(8.03)
Zindex	-0.0002***	-0.0002***	-0.0004***	-0.0004***	-0.0021***	-0.0022***
	(-6.43)	(-6.59)	(-7.68)	(-7.92)	(-8.37)	(-8.52)
Independ	-0.0146	-0.0142	-0.0265	-0.0258	-0.1613	-0.1584
	(-1.24)	(-1.22)	(-1.44)	(-1.42)	(-1.31)	(-1.29)
Board	0.0054	0.0052	0.0050	0.0045	-0.0337	-0.0356
	(1.55)	(1.50)	(0.89)	(0.82)	(-0.90)	(-0.95)
Dual	-0.0035**	-0.0042***	-0.0052**	-0.0066***	-0.0247*	-0.0305**
	(-2.56)	(-3.11)	(-2.43)	(-3.07)	(-1.84)	(-2.28)
Constant	-0.2942***	-0.2933***	-0.5946***	-0.5930***	-4.9962***	-4.9892***
	(-16.93)	(-16.97)	(-21.67)	(-21.78)	(-23.15)	(-23.18)
Industry F.E.	*Yes*	*Yes*	*Yes*	*Yes*	*Yes*	*Yes*
Year F.E.	*Yes*	*Yes*	*Yes*	*Yes*	*Yes*	*Yes*
N	32 173	32 173	32 173	32 173	32 173	32 173
Adj. R^2	0.266	0.275	0.226	0.236	0.247	0.253
F	198.929	192.506	190.063	187.016	136.880	131.303

注：括号中的数值表示经过公司层面聚类调整后的 t 值。***、** 和 * 分别表示估计系数在 1%、5% 和 10% 的水平下显著。

从表 3-8 可以看出，在分别以总资产息税前利润率 *ROTA*、净资产收益率 *ROE*、每股收益 *EPS* 作为被解释变量的模型（3-1）中，薪酬变动率 *Salary_perc* 的系数均为正，且均在 1% 的水平下显著；在模型（3-2）中，薪酬变动与薪酬变动虚拟变量的交互项 $D \times Salary\_perc$ 的系数均为正，且均在 1% 的水平下显著。以上结果表明，假设 1 和假设 2 均得到进一步验证，回归结果是稳健有效的。

3.4.2　替换解释变量衡量方式

在 3.3 的假设检验中使用公司 CEO 货币薪酬为基础来计算高管薪酬变

量的衡量指标，且并未区分CEO更替情况（非同一CEO）。现在使用以下三种情况来替换原有模型的解释变量进行稳健性测试：（1）同一公司同一CEO的货币薪酬，即剔除同一公司连续年度非同一CEO的样本，将CEO个人因素考虑在内，考虑激励个体的一致性；（2）董事长货币薪酬，姜付秀等（2009）研究认为，在中国上市公司中，相比较CEO或总经理，董事长更能代表公司高管行为进行分析[263]；（3）薪酬最高前三名高管货币薪酬，蔡地和万迪昉（2011）、刘星和徐光伟（2012）、张瑞君等（2013）、孙林和李维安（2016）、唐雪松等（2019）等研究均使用此指标作为高管薪酬的变量进行分析[5, 111, 184, 253, 264]。

以同一CEO、董事长、薪酬最高前三名高管的货币薪酬为基础计算的解释变量，分别使用模型（3－1）和模型（3－2）进行回归分析，汇总结果如表3－9所示。

表3－9　　替换解释变量的回归结果

	同一CEO薪酬		董事长薪酬		薪酬最高前三名高管薪酬	
	模型(3－1)	模型(3－2)	模型(3－1)	模型(3－2)	模型(3－1)	模型(3－2)
Salary_perc	0.0048***	0.0031***	0.0261***	0.0090***	0.0132***	0.0065***
	(9.83)	(6.19)	(12.01)	(3.09)	(16.53)	(6.71)
D		－0.0090***		－0.0090***		－0.0061***
		(－9.47)		(－9.52)		(－7.46)
D×Salary_perc		0.0251***		0.0190***		0.0344***
		(5.70)		(3.07)		(8.08)
lnSalary_lag	0.0135***	0.0146***	0.0076***	0.0080***	0.0152***	0.0161***
	(16.41)	(17.63)	(10.53)	(11.22)	(17.31)	(18.42)
Sharehold	0.0297***	0.0313***	0.0306***	0.0306***	0.0313***	0.0303***
	(5.53)	(5.88)	(5.86)	(5.91)	(6.10)	(5.95)
Size	0.0075***	0.0072***	0.0098***	0.0096***	0.0064***	0.0061***
	(11.99)	(11.64)	(14.21)	(14.04)	(10.78)	(10.33)
Lev	－0.1390***	－0.1375***	－0.1481***	－0.1471***	－0.1358***	－0.1341***
	(－37.77)	(－37.64)	(－37.03)	(－37.08)	(－39.31)	(－39.06)

续表

	同一 CEO 薪酬		董事长薪酬		薪酬最高前三名高管薪酬	
	模型(3-1)	模型(3-2)	模型(3-1)	模型(3-2)	模型(3-1)	模型(3-2)
Growth	0.0345***	0.0333***	0.0321***	0.0321***	0.0269***	0.0269***
	(25.56)	(25.05)	(24.16)	(24.35)	(26.55)	(26.92)
Turnover	0.0245***	0.0241***	0.0293***	0.0291***	0.0243***	0.0238***
	(14.51)	(14.52)	(15.59)	(15.60)	(15.53)	(15.37)
SOE	-0.0061***	-0.0053***	-0.0029*	-0.0017	-0.0066***	-0.0063***
	(-4.54)	(-4.02)	(-1.91)	(-1.14)	(-5.23)	(-5.04)
*TOP*1	0.0433***	0.0441***	0.0467***	0.0465***	0.0449***	0.0450***
	(10.70)	(10.97)	(10.47)	(10.46)	(11.77)	(11.85)
Zindex	-0.0002***	-0.0002***	-0.0002***	-0.0002***	-0.0002***	-0.0002***
	(-6.28)	(-6.58)	(-5.97)	(-6.10)	(-7.38)	(-7.48)
Independ	-0.0122	-0.0117	-0.0074	-0.0067	-0.0130	-0.0115
	(-1.10)	(-1.07)	(-0.63)	(-0.57)	(-1.29)	(-1.16)
Board	0.0044	0.0044	0.0078**	0.0078**	0.0045	0.0041
	(1.36)	(1.38)	(2.21)	(2.23)	(1.50)	(1.38)
Dual	-0.0032**	-0.0035***	-0.0041***	-0.0044***	-0.0031***	-0.0034***
	(-2.49)	(-2.72)	(-3.27)	(-3.54)	(-2.62)	(-2.93)
Constant	-0.2805***	-0.2853***	-0.2618***	-0.2603***	-0.2961***	-0.2983***
	(-17.64)	(-18.04)	(-15.31)	(-15.27)	(-19.44)	(-19.72)
Industry F. E.	*Yes*	*Yes*	*Yes*	*Yes*	*Yes*	*Yes*
Year F. E.	*Yes*	*Yes*	*Yes*	*Yes*	*Yes*	*Yes*
N	25 772	25 772	24 778	24 778	32 767	32 767
Adj. R^2	0.317	0.326	0.313	0.317	0.309	0.315
F	242.325	231.308	212.496	192.810	281.608	264.959

注：括号中的数值表示经过公司层面聚类调整后的 t 值。***、** 和 * 分别表示估计系数在 1%、5% 和 10% 的水平下显著。

从表 3-9 中可以看出，在分别以同一 CEO、董事长、薪酬最高前三名高管的货币薪酬为基础计算的解释变量的模型（3-1）中，薪酬变动率

Salary_perc 的系数均为正，且均在 1% 的水平下显著；在模型（3-2）中，薪酬变动与薪酬变动虚拟变量的交互项 D×Salary_perc 的系数均为正，且均在 1% 的水平下显著。以上结果表明，假设 1 和假设 2 均得到进一步验证，回归结果是稳健有效的。

3.4.3 滞后相关变量

高管薪酬变动和公司财务绩效存在相互影响的关系，为了降低模型本身的内生性问题，分别使用以下方法进行处理：（1）在解释变量中加入被解释变量公司财务绩效 ROA 的滞后项；（2）将薪酬变动率 Salary_perc 滞后一期作为解释变量；（3）将控制变量滞后一期。通过以上三种方法使用模型（3-1）和模型（3-2）进行检验，汇总结果如表 3-10 所示。

表 3-10　　滞后相关变量的回归结果

	加入 ROA 滞后项		薪酬变动滞后一期		控制变量滞后一期	
	模型(3-1)	模型(3-2)	模型(3-1)	模型(3-2)	模型(3-1)	模型(3-2)
Salary_perc	0.0043***	0.0026***	0.0039***	0.0021***	0.0076***	0.0048***
	(11.63)	(6.85)	(8.33)	(4.17)	(16.11)	(9.45)
D		-0.0079***		-0.0083***		-0.0121***
		(-11.08)		(-9.57)		(-13.57)
D×Salary_perc		0.0079***		0.0079***		0.0123***
		(3.66)		(2.98)		(4.44)
ROA_lag	0.4558***	0.4518***				
	(46.25)	(45.84)				
lnSalary_lag	0.0066***	0.0072***	0.0101***	0.0107***	0.0174***	0.0182***
	(13.31)	(14.55)	(12.55)	(13.37)	(20.91)	(21.96)
Sharehold	0.0067**	0.0066**	0.0313***	0.0309***	0.0277***	0.0275***
	(2.08)	(2.05)	(5.41)	(5.38)	(5.17)	(5.19)
Size	0.0041***	0.0039***	0.0091***	0.0089***	-0.0000	-0.0002
	(11.22)	(10.80)	(14.65)	(14.40)	(-0.04)	(-0.38)

续表

	加入 *ROA* 滞后项		薪酬变动滞后一期		控制变量滞后一期	
	模型(3-1)	模型(3-2)	模型(3-1)	模型(3-2)	模型(3-1)	模型(3-2)
Lev	-0.0789***	-0.0783***	-0.1392***	-0.1380***	-0.0890***	-0.0877***
	(-31.02)	(-31.04)	(-37.50)	(-37.57)	(-26.13)	(-26.07)
Growth	0.0302***	0.0298***	0.0295***	0.0295***	0.0153***	0.0151***
	(29.86)	(29.78)	(27.53)	(27.58)	(15.77)	(15.71)
Turnover	0.0160***	0.0158***	0.0253***	0.0250***	0.0191***	0.0189***
	(15.68)	(15.67)	(14.99)	(15.01)	(13.02)	(13.18)
SOE	-0.0007	-0.0001	-0.0064***	-0.0057***	-0.0052***	-0.0041***
	(-0.87)	(-0.13)	(-4.83)	(-4.36)	(-3.86)	(-3.06)
*TOP*1	0.0189***	0.0197***	0.0412***	0.0418***	0.0493***	0.0496***
	(7.91)	(8.29)	(9.94)	(10.16)	(12.50)	(12.72)
Zindex	-0.0001***	-0.0001***	-0.0002***	-0.0002***	-0.0002***	-0.0002***
	(-3.60)	(-3.82)	(-6.10)	(-6.11)	(-8.33)	(-8.39)
Independ	-0.0052	-0.0050	-0.0118	-0.0111	-0.0024	-0.0018
	(-0.79)	(-0.78)	(-1.09)	(-1.03)	(-0.22)	(-0.17)
Board	0.0039**	0.0037**	0.0065**	0.0063**	0.0065**	0.0065**
	(2.07)	(2.01)	(2.00)	(1.98)	(2.05)	(2.06)
Dual	-0.0017**	-0.0023***	-0.0030**	-0.0034***	-0.0034***	-0.0034***
	(-2.23)	(-2.93)	(-2.34)	(-2.70)	(-2.68)	(-2.68)
Constant	-0.1510***	-0.1515***	-0.2757***	-0.2749***	-0.1928***	-0.1940***
	(-16.48)	(-16.59)	(-17.52)	(-17.54)	(-12.73)	(-12.92)
Industry F. E.	*Yes*	*Yes*	*Yes*	*Yes*	*Yes*	*Yes*
Year F. E.	*Yes*	*Yes*	*Yes*	*Yes*	*Yes*	*Yes*
N	32 169	32 169	28 275	28 275	30 469	30 469
Adj. R^2	0.468	0.473	0.292	0.298	0.203	0.215
F	689.015	629.805	223.498	203.114	183.757	181.751

注：括号中的数值表示经过公司层面聚类调整后的 t 值。***、** 和 * 分别表示估计系数在 1%、5% 和 10% 的水平下显著。

从表3－10中可以看出，三种方法的模型（3－1）回归结果中，薪酬变动率 *Salary_perc* 的系数均为正，且均在1%的水平下显著；在模型（3－2）中，薪酬变动与薪酬变动虚拟变量的交互项 $D \times Salary\_perc$ 的系数均为正，且均在1%的水平下显著。以上结果表明，假设1和假设2均得到进一步验证，回归结果是稳健有效的。

3.4.4 剔除盈余管理的影响

3.3.2节的实证结果表明，高管薪酬变动可以显著引起公司财务绩效同向变动。然而，由于公司高管权力和会计政策选择性的存在，公司高管为了个人利益，可能会通过会计政策选择、会计估计变更或构建真实交易等盈余管理手段来调整公司的会计利润，导致会计利润无法反映公司真实盈利情况。本节将检验高管薪酬变动是否对剔除盈余管理后的公司财务绩效产生显著影响。

现有文献中将盈余管理根据实施方式不同区分为应计盈余管理和真实盈余管理。应计盈余管理主要是指管理者利用调整会计政策、会计估计等手段操纵会计应计项目，进而影响会计利润，一般不影响公司的现金流量。而真实盈余管理主要是指管理者对真实交易事项进行操控，不但会影响会计利润，还会影响到公司的现金流量。

本书参考Dechow等（1995）修正的Jones模型来测量应计盈余管理水平[265]，模型计量如下：

$$\frac{TA_{it}}{A_{it-1}} = \alpha_1 \frac{1}{A_{it-1}} + \alpha_2 \frac{\Delta REV_{it}}{A_{it-1}} + \alpha_3 \frac{PPE_{it}}{A_{it-1}} + \varepsilon_{it} \qquad (3-3)$$

$$DA_{it} = \frac{TA_{it}}{A_{it-1}} - \left(\hat{\alpha}_1 \frac{1}{A_{it-1}} + \hat{\alpha}_2 \frac{\Delta REV_{it} - \Delta REC_{it}}{A_{it-1}} + \hat{\alpha}_3 \frac{PPE_{it}}{A_{it-1}}\right) \qquad (3-4)$$

其中，TA_{it}表示公司 i 在 t 年的总应计利润，取当年营业利润与经营活动现金净流量之差；ΔREV_{it}表示公司 i 在 t 年的营业收入变动额；ΔREC_{it}表示公司 i 在 t 年的应收账款变动额；PPE_{it}表示公司 i 在 t 年的固定资产净额；A_{it-1}表示公司 i 在 $t-1$ 年期末资产总额；DA_{it}表示公司 i 在 t 年的应计盈余管理水平。

首先对模型（3-3）进行分行业分年度回归，得到回归系数代入模型（3-4）中，就可以得到应计盈余管理水平 *DA*。

本书借鉴 Dechow（1998）[266] 和 Roychowdhury（2006）[267] 的模型来测量真实盈余管理水平，计算过程如下所示：

$$\frac{CFO_{it}}{A_{it-1}} = a_0 + a_1\frac{1}{A_{it-1}} + a_2\frac{REV_{it}}{A_{it-1}} + a_3\frac{\Delta REV_{it}}{A_{it-1}} + \varepsilon_{it} \tag{3-5}$$

$$\frac{PROD_{it}}{A_{it-1}} = b_0 + b_1\frac{1}{A_{it-1}} + b_2\frac{REV_{it}}{A_{it-1}} + b_3\frac{\Delta REV_{it}}{A_{it-1}} + b_4\frac{\Delta REV_{it-1}}{A_{it-1}} + \varepsilon_{it} \tag{3-6}$$

$$\frac{DISEXP_{it}}{A_{it-1}} = c_0 + c_1\frac{1}{A_{it-1}} + c_2\frac{REV_{it}}{A_{it-1}} + \varepsilon_{it} \tag{3-7}$$

$$REM = -RE\_cfo + RE\_prod - RE\_disexp \tag{3-8}$$

其中，CFO_{it}表示公司 i 在 t 年的经营现金净流量；$PROD_{it}$表示公司 i 在 t 年的生产成本，取本年营业成本和存货变动之和；$DISEXP_{it}$表示公司 i 在 t 年的操控性费用，取本年的销售费用和管理费用之和；REV_{it}表示公司 i 在 t 年的营业收入；ΔREV_{it}表示公司 i 在 t 年的营业收入变动额；ΔREV_{it-1}表示公司 i 在 $t-1$ 年的营业收入变动额；A_{it-1}表示公司 i 在 $t-1$ 年期末资产总额；*REM* 表示公司在 t 年的真实盈余管理水平。

分别对模型（3-5）、模型（3-6）、模型（3-7）分行业分年度进行回归，获得各模型的回归残差 *RE_cfo*、*RE_prod*、*RE_disexp*，然后将这些残差按照模型（3-8）加总，得到公司的真实盈余管理水平 *REM*，该指标数值越大，代表真实盈余管理的程度越高。

然后，从当期 *ROA* 中分别剔除应计盈余管理水平 *DA* 和真实盈余管理水平 *REM* 的影响，见公式（3-9）和公式（3-10）。

$$NonDA = ROA - DA \tag{3-9}$$

$$NonREM = ROA - REM \tag{3-10}$$

分别以剔除盈余管理后的总资产收益率 *NonDA*、*NonREM* 为被解释变量，使用模型（3-1）和模型（3-2）进行回归分析，汇总结果如表 3-11 所示。

表 3-11　　剔除盈余管理后的回归结果

	被解释变量：*NonDA*		被解释变量：*NonREM*	
	模型（3-1）	模型（3-2）	模型（3-1）	模型（3-2）
Salary_perc	0.0032***	0.0019**	0.0189***	0.0152***
	(3.97)	(2.20)	(8.85)	(6.36)
D		-0.0047**		-0.0175***
		(-2.33)		(-4.70)
D × *Salary_perc*		0.0103*		0.0169*
		(1.78)		(1.83)
lnSalary_lag	0.0098***	0.0101***	0.0507***	0.0517***
	(7.82)	(8.08)	(12.05)	(12.33)
Sharehold	0.0030	0.0025	0.0620**	0.0615**
	(0.32)	(0.28)	(2.13)	(2.11)
Size	0.0003	0.0002	0.0048*	0.0044
	(0.35)	(0.20)	(1.70)	(1.56)
Lev	-0.0700***	-0.0691***	-0.3544***	-0.3522***
	(-14.38)	(-14.20)	(-22.66)	(-22.59)
Growth	0.0188***	0.0184***	0.0324***	0.0314***
	(7.31)	(7.17)	(5.87)	(5.68)
Turnover	0.0259***	0.0257***	0.0784***	0.0778***
	(12.00)	(11.95)	(8.53)	(8.49)
SOE	-0.0025	-0.0020	-0.0341***	-0.0327***
	(-1.22)	(-0.98)	(-5.06)	(-4.86)
TOP1	0.0231***	0.0236***	0.1133***	0.1150***
	(3.68)	(3.76)	(5.69)	(5.79)
Zindex	-0.0001*	-0.0001*	-0.0005***	-0.0005***
	(-1.88)	(-1.93)	(-3.87)	(-3.92)
Independ	0.0034	0.0038	0.0226	0.0238
	(0.22)	(0.24)	(0.42)	(0.45)
Board	0.0091**	0.0090**	0.0466***	0.0465***
	(1.98)	(1.96)	(2.98)	(2.97)
Dual	0.0017	0.0012	-0.0012	-0.0024
	(0.74)	(0.55)	(-0.20)	(-0.40)

续表

	被解释变量：*NonDA*		被解释变量：*NonREM*	
	模型（3-1）	模型（3-2）	模型（3-1）	模型（3-2）
Constant	-0.1225***	-0.1224***	-0.7685***	-0.7675***
	(-5.82)	(-5.82)	(-10.67)	(-10.65)
Industry F. E.	*Yes*	*Yes*	*Yes*	*Yes*
Year F. E.	*Yes*	*Yes*	*Yes*	*Yes*
N	30 511	30 511	28 150	28 150
Adj. R^2	0.087	0.087	0.133	0.134
F	43.863	40.310	76.812	69.964

注：括号中的数值表示经过公司层面聚类调整后的t值。***、**和*分别表示估计系数在1%、5%和10%的水平下显著。

从表3-11中可以看出，在剔除盈余管理影响后的模型（3-1）回归结果中，薪酬变动率 *Salary_perc* 的系数均为正，且均在1%的水平下显著。也就是说，排除高管进行盈余管理的影响，对公司高管薪酬进行调整，确实引起了公司财务绩效同向变化；在模型（3-2）中，薪酬变动与薪酬变动虚拟变量的交互项 $D \times Salary\_perc$ 的系数均为正，且均在10%的水平下显著。这意味着，在排除盈余管理的影响下，如果对公司高管实施减薪所引起公司财务绩效的负向变化幅度，显著大于对高管实施加薪所引起公司财务绩效变化的幅度，高管薪酬变动对公司财务绩效影响的非对称性还是存在。以上结果表明，假设1和假设2均得到进一步验证，回归结果是稳健有效的。

3.4.5 考虑股权激励和在职消费的影响

从前两章的文献回顾和薪酬概念界定中得知，股权激励和在职消费作为高管薪酬构成部分也会对公司财务绩效产生显著影响。本节将股权激励和在职消费作为控制变量纳入模型（3-1）和模型（3-2）中，以控制其对公司财务绩效的影响。

关于股权激励的计量，现有文献中经常使用管理层持股比例作为股权激励的代理变量，如王燕妮和周琳琳（2016）[268]、尹美群等（2018）[269]、赵世芳等（2020）[270]等研究，本章3.3节的检验中已经将管理层持股比例作为控制变量纳入相应模型，考虑了股权激励的影响。诚然，股权激励和管理层持股还是存在一定差别的，为了更准确地计量股权激励，本节借鉴卢闯等（2015）[271]、姜英兵和于雅萍（2017）[272]、李春瑜（2021）[273]等的计量方法，将股权激励设定为虚拟变量 *EI*——是否实施股权激励计划，该虚拟变量在实施股权激励计划期年份，取1；其他年份及未实施过股权激励计划的所有年份，均取0。关于在职消费 *Perks* 的计量，借鉴李寿喜（2007）[274]、陈晓珊（2017）[158]、陈怡秀等（2017）[156]、蔡贵龙等（2018）[198]等的计量方法，以公司管理费用占营业收入的比重来作为在职消费的度量方法。

将股权激励 *EI* 和在职消费 *Perks* 分别和共同纳入模型（3－1）和模型（3－2）进行回归分析，汇总结果如表3－12所示。

表3－12　将股权激励和在职消费作为控制变量的回归结果

	将股权激励 *EI* 作为控制变量加入模型		将在职消费 *Perks* 作为控制变量加入模型		将股权激励 *EI* 和在职消费 *Perks* 作为控制变量加入模型	
	模型(3－1)	模型(3－2)	模型(3－1)	模型(3－2)	模型(3－1)	模型(3－2)
Salary_perc	0.0051***	0.0029***	0.0053***	0.0031***	0.0053***	0.0031***
	(12.28)	(6.40)	(12.72)	(6.82)	(12.49)	(6.65)
D		－0.0088***		－0.0090***		－0.0089***
		(－10.87)		(－11.03)		(－10.96)
D×*Salary_perc*		0.0145***		0.0141***		0.0141***
		(5.73)		(5.60)		(5.61)
EI	0.0096***	0.0094***			0.0097***	0.0095***
	(8.49)	(8.38)			(8.58)	(8.46)
Perks			－0.0159**	－0.0156**	－0.0160**	－0.0157**
			(－2.29)	(－2.30)	(－2.29)	(－2.30)
lnSalary_lag	0.0133***	0.0140***	0.0136***	0.0143***	0.0134***	0.0141***
	(17.00)	(17.97)	(17.45)	(18.41)	(17.16)	(18.12)

续表

	将股权激励 *EI* 作为控制变量加入模型		将在职消费 *Perks* 作为控制变量加入模型		将股权激励 *EI* 和在职消费 *Perks* 作为控制变量加入模型	
	模型(3-1)	模型(3-2)	模型(3-1)	模型(3-2)	模型(3-1)	模型(3-2)
Sharehold	0.0326***	0.0318***	0.0333***	0.0326***	0.0322***	0.0315***
	(6.30)	(6.22)	(6.42)	(6.34)	(6.23)	(6.16)
Size	0.0071***	0.0069***	0.0068***	0.0066***	0.0068***	0.0066***
	(12.10)	(11.79)	(11.35)	(11.06)	(11.36)	(11.06)
Lev	-0.1373***	-0.1358***	-0.1377***	-0.1362***	-0.1377***	-0.1362***
	(-39.51)	(-39.57)	(-39.56)	(-39.62)	(-39.59)	(-39.65)
Growth	0.0281***	0.0277***	0.0282***	0.0277***	0.0278***	0.0274***
	(26.93)	(26.89)	(26.84)	(26.79)	(26.62)	(26.57)
Turnover	0.0245***	0.0241***	0.0236***	0.0232***	0.0234***	0.0230***
	(15.50)	(15.47)	(14.37)	(14.36)	(14.28)	(14.27)
SOE	-0.0056***	-0.0048***	-0.0062***	-0.0054***	-0.0056***	-0.0048***
	(-4.40)	(-3.79)	(-4.90)	(-4.29)	(-4.38)	(-3.77)
*TOP*1	0.0450***	0.0457***	0.0443***	0.0451***	0.0445***	0.0452***
	(11.70)	(11.97)	(11.55)	(11.82)	(11.58)	(11.85)
Zindex	-0.0002***	-0.0002***	-0.0002***	-0.0002***	-0.0002***	-0.0002***
	(-7.36)	(-7.57)	(-7.41)	(-7.61)	(-7.42)	(-7.62)
Independ	-0.0122	-0.0118	-0.0110	-0.0107	-0.0117	-0.0114
	(-1.19)	(-1.17)	(-1.08)	(-1.06)	(-1.15)	(-1.13)
Board	0.0056*	0.0053*	0.0057*	0.0054*	0.0056*	0.0054*
	(1.85)	(1.79)	(1.89)	(1.83)	(1.88)	(1.82)
Dual	-0.0033***	-0.0040***	-0.0033***	-0.0039***	-0.0033***	-0.0040***
	(-2.78)	(-3.36)	(-2.77)	(-3.35)	(-2.81)	(-3.38)
Constant	-0.2735***	-0.2727***	-0.2681***	-0.2674***	-0.2655***	-0.2649***
	(-18.40)	(-18.46)	(-17.77)	(-17.85)	(-17.60)	(-17.68)
Industry F.E.	*Yes*	*Yes*	*Yes*	*Yes*	*Yes*	*Yes*
Year F.E.	*Yes*	*Yes*	*Yes*	*Yes*	*Yes*	*Yes*
N	32 173	32 173	32 172	32 172	32 172	32 172
Adj. R^2	0.310	0.318	0.310	0.318	0.312	0.320
F	258.435	245.584	248.530	237.055	241.896	231.961

注：括号中的数值表示经过公司层面聚类调整后的 t 值。***、** 和 * 分别表示估计系数在 1%、5% 和 10% 的水平下显著。

从表 3 – 12 中可以看出，无论是分别将股权激励和在职消费纳入控制变量中，还是共同纳入控制变量中，模型（3 – 1）回归结果中，薪酬变动率 $Salary\_perc$ 的系数均为正，且均在 1% 的水平下显著。也就是说，即使考虑股权激励和在职消费的影响，对公司高管薪酬进行调整，也会引起公司财务绩效同向变化；在模型（3 – 2）中，薪酬变动与薪酬变动虚拟变量的交互项 $D \times Salary\_perc$ 的系数均为正，且均在 1% 的水平下显著。这意味着，即使考虑股权激励和在职消费的影响，如果对公司高管实施减薪所引起公司财务绩效的负向变化幅度，显著大于对高管实施加薪所引起公司财务绩效变化的幅度，高管薪酬变动对公司财务绩效影响的非对称性还是存在。以上结果表明，假设 1 和假设 2 均得到进一步验证，回归结果是稳健有效的。

3.5 高管薪酬对公司绩效非对称性影响的拓展性分析

从 3.3 节和 3.4 节的检验结果可以看出，高管薪酬变动对公司财务绩效形成显著的正向影响，但是薪酬增加和薪酬减少的影响程度是非对称的，减薪的影响程度显著大于加薪的影响程度。由此可以看出，薪酬变动方向不同，对公司财务绩效的影响机理可能存在差异。接下来，本书分别从薪酬增加和薪酬减少两个方面探究高管薪酬变动对公司财务绩效的影响。

3.5.1 高管薪酬增加对公司绩效的影响

3.5.1.1 高管薪酬增加对公司绩效影响的理论分析

（1）小幅加薪的激励效果。

高管薪酬激励效果存在门槛效应，小幅薪酬增长可能无法发挥作用。期望理论认为，激励力 = 期望值 × 效价，而期望值与效价成反比，即一个人判断自己获得奖励的可能性越大，那么该奖励对其价值越小，反之则相反（柴才等，2017）[275]。加薪的反应不仅受加薪幅度本身的影响，还受高管对预期加薪的影响。加薪的历史信息和事先确定的薪酬契约评价标准有助于确定高管对加薪的预期。一个表现良好并期望合理加薪的高管，并不一定对小幅加薪感到满意，低于预期的加薪可能会产生负面的情感反应。此外，加薪既是一种结果，也是一种能力反馈机制，小幅加薪可能被高管认为表现低于平均水平，引起其心理的沮丧。基于期望理论逻辑表明，低于“预期加薪”的“实际加薪”可能会引起无效或负面反应（邵建平等，2015）[276]。

根据 Carter 和 Mcbride（2013）的研究，至少有三个因素会影响个人的参照点：过去的结果、预期的结果和同龄人收到的结果[277]。关于绩效薪酬的研究表明，薪酬预期受到过去结果以及社会比较过程的影响。当一个人期待一件愉快的事情发生时，他通常会开始预期该事件实现及其带来的愉悦，考虑其实现的结果分配，甚至将这一信息分享给其他人。如果该事件随后未能发生，则它的价值可能比最初未曾预料到的情况更糟，这可能是由于预期成功与结果失败之间的差距更大。此外，一个提前预期到负面事件发生的人可能有时间建立一些防御措施或激活应对机制以减少失望。Schaubroeck（2008）认为，员工对未达到的期望做出非常消极的反应，特别是当他们相信可以控制自己的结果时。换句话说，低于预期的加薪应该会让那些认为可以控制自己工作绩效水平的员工失去效用[278]。Xiong 等（2018）通过问卷调查方法研究了薪酬参照点对离职意愿的影响，研究表明，即使在加薪的情况下，如果加薪低于工资目标（即因缺乏机会而离职），离职意愿也可能很高[279]。

19 世纪德国科学家 Ernst Weber 通过对重量差别感觉的研究提出了韦伯定律，即感觉的差别阈限随原来刺激量的变化而变化，而且表现为一定的规律性，刺激的增量（ΔI）和原来刺激值（I）的比是一个常数（K），用公式表达，即 $K=\Delta I/I$。当应用于刺激强度（如光的亮度）时，韦伯定律认为，个体会在当前刺激强度的稳定阈值处注意到亮度的变化。低于阈值，随着光线的增加，他们将意识不到变化；超过阈值，他们会意识到光线越来越亮。对绩效薪酬感兴趣的研究人员已将韦伯定律应用于薪酬变化的研究。当应用于绩效加薪时，韦伯定律将表明工资门槛是起始工资水平的恒定分数，如果加薪幅度低于一定的阈值，不会引起员工积极或消极的反应（Mitra，1999）[244]。Worley 等（1992）通过调查问卷研究加薪阈值，要求销售人员报告他们对奖金的感兴趣程度，范围在工资的1%～20%，结果表明，在大约5%的水平上，兴趣没有显著变化[243]。当加薪高于阈值时，员工会感觉到刺激强度的变化并作出积极的反应。Mitra（2016）在对美国医院员工的研究中发现，能够发挥作用的加薪阈值约为基本工资的5%，在芬兰大学的实地研究中发现，有效加薪阈值约为8%[246]。

总而言之，加薪预期在决定加薪的情感反应方面起着重要的作用，而小幅加薪将不会发挥显著作用。

根据以上分析，本书提出如下假设：

假设3：同等条件下，小幅加薪并无激励效果，即小幅加薪对公司财务绩效没有显著影响。

（2）大幅加薪的激励效果。

自我决定理论认为，人类有三种基本的心理需求：胜任、关系和自主。一个人可以接受和采纳他人的目标、价值观、战略或议程，并且仍然是自主的。然而，货币报酬或其他激励可以诱导一个人采取行为，追求其可能不完全赞同或接受的目标。在这种情况下，其用对金钱的外在需求取代了对自主的内在需求。当人们说金钱能激励个体时，他们实际上是指金钱能控制个体。换言之，公司、股东和董事会可以使用货币薪酬激励来诱导、控制或鼓励高管和员工采取行动、追求目标、采取战略，甚至认可与其核心信念和价值观不完全一致的价值观，也就是说人们会为了金钱而做事。他们的行为、行动和决定可以受到金钱激励的引导和影响，除非个体认同工作或任务的价值观和意义，进而认同组织的使命、价值观和宗旨，否则他们的潜力和创造力将得不到深度挖掘。货币薪酬在一定程度上能够增强高管的能力需求，但是也会损害其自主需求，薪酬增加越多时，对其自主需求的损害也会越大。当存在极大的薪酬增加时，高管可能视为对自主的威胁而引起反感，一些劳动经济学理论暗示了类似的机制——非常大的加薪会减少员工将空闲时间用于非工作活动的选择（Ehrenberg 和 Smith，2016）[280]。这些观点表明，极大的加薪可能会被视为对自由的威胁并引起厌恶，导致边际效用下降为负（Korman，1981）[281]。

根据以上分析，本书提出如下假设：

假设 4：同等条件下，当薪酬增加时，薪酬对绩效影响存在倒"U"型关系，即加薪对公司未来财务绩效的影响存在边际递减，极大加薪对公司财务绩效不起作用或者起到负面作用。

3.5.1.2　高管薪酬增加对公司财务绩效影响的模型构建

为了检验假设 3 和假设 4，在模型（3－1）的基础上，加入薪酬变动的平方项 *Salary_perc_squre*，构建模型（3－11）。

$$ROA_{t+1} = \alpha_0 + \alpha_1 \times Salary\_perc_t + \beta_3 \times Salary\_perc\_squre_t + \sum_{m=1}^{14} \alpha_{m+1} \times Control_{m,t} + \varepsilon \quad (3-11)$$

利用模型（3－11）对薪酬增长为正的样本进行检验，如果 α_0 小于 0、α_1 显著为正、β_3 显著为负，则说明假设 3 和假设 4 成立。为进一步交叉检验假设 3 是否成立，根据薪酬变动为正的样本按照百分位数进行不同程度的分组，使用模型（3－1）分别进行检验。

根据 3.5.1.1 节的分析，可以看出加薪的激励效果可能受到心理预期的影响，心理预期内的薪酬增长不会对公司财务绩效产生显著影响，非预期的薪酬增长会对公司财务绩效产生显著的正向影响。为了进一步验证假设 3，探索高管薪酬心理预期是否影响加薪激励效果，需要建立模型来预计高管的期望薪酬。国内外关于高管货币薪酬影响因素的研究很多，大体可以将影响因素分为以下三个方面：（1）高管个人特征因素，包括高管的年龄、任职时间、受教育程度、工作经历、职权大小等；（2）公司治理特征因素，包括大股东持股比例、股权集中度、产权性质、董事会规模、独立董事比例等；（3）公司特征因素，包括公司规模、财务绩效、所处行业、地区、年份等。因此，在预测高管预期薪酬时，本书借鉴方军雄（2012）、Fang 等（2015）、吴成颂和周炜（2016）、高梦捷和柳志南

(2019)、张勇（2020）等学者的研究[187, 282-285]，选择高管年龄、性别、第一大股东持股、股权集中度、产权性质、资产负债率、营业收入增长率、董事会规模、独立董事比例、两职合一、公司规模、行业、年份作为解释变量，构建如下高管薪酬预期模型（3-12）：

$$lnSalary_t = \alpha_0 + \alpha_1 \times CEO\_age_t + \alpha_2 \times CEO\_gender_t + \alpha_3 \times Size_t + \alpha_4 \times Lev_t + \alpha_5 \times Growth_t + \alpha_6 \times SOE_t + \alpha_7 \times Top1_t + \alpha_8 \times Zindex_t + \alpha_9 \times Independ_t + \alpha_{10} \times Board_t + \alpha_{11} \times Dual_t + \alpha_{12} \times Industry + \alpha_{13} \times Year + \varepsilon_t \quad (3-12)$$

通过模型（3-12）来预测高管货币薪酬拟合值 $TotalSalary\_predict$，然后将其与上期的实际薪酬 $TotalSalary_{t-1}$ 对比的增长率作为高管薪酬变动的心理预期 $Salary\_expect$，然后用实际增长率 $Salary\_perc$ 减去预期增长率 $Salary\_expect$ 得到高管薪酬变动的非预期值 $Salary\_unexpect$。

$$Salary\_expect = \frac{TotalSalary\_predict - TotalSalary_{t-1}}{TotalSalary_{t-1}} \quad (3-13)$$

$$Salary\_unexpect = Salary\_perc - Salary\_expect \quad (3-14)$$

将高管薪酬变动的预期值 $Salary\_expect$ 和非预期值 $Salary\_unexpect$ 代入模型（3-1）中，构建模型（3-15）。

$$ROA_{t+1} = \alpha_0 + \alpha_1 \times Salary\_perc_t + \beta_4 \times Salary\_expect_t + \beta_5 \times Salary\_unexpect_t + \sum_{m=1}^{14} \alpha_{m+1} \times Control_{m,t} + \varepsilon \quad (3-15)$$

如果模型（3-15）中，β_4的系数不显著，而β_5的系数显著为正，则说明心理预期内的薪酬增长不会对公司财务绩效产生显著影响，非预期的薪酬增长会对公司财务绩效产生显著的正向影响，加薪的激励效果受到心理预期的显著影响，假设 3 得到进一步验证。

3.5.1.3 高管薪酬增加对公司财务绩效影响的检验

为了检验假设 3 和假设 4，根据模型（3-11）对薪酬变动为正的样本进行检验，回归结果如表 3-13 所示。

表 3－13　　　薪酬增加对公司财务绩效的回归结果

	被解释变量：*ROA*（样本为薪酬正增长）	
	未添加控制变量	添加控制变量
Salary_perc	－0.0008	0.0054***
	(－0.72)	(5.42)
Salary_perc_squre	－0.0001	－0.0004**
	(－0.33)	(－2.46)
lnSalary_lag		0.0148***
		(17.71)
Sharehold		0.0384***
		(6.80)
Size		0.0070***
		(11.00)
Lev		－0.1368***
		(－35.32)
Growth		0.0257***
		(21.85)
Turnover		0.0255***
		(15.50)
SOE		－0.0058***
		(－4.29)
*TOP*1		0.0458***
		(11.31)
Zindex		－0.0002***
		(－6.80)
Independ		－0.0048
		(－0.44)
Board		0.0016
		(1.41)
Dual		－0.0032**
		(－2.49)
Constant	0.0497***	－0.2886***
	(63.06)	(－18.30)
Industry F. E.	*Yes*	*Yes*
Year F. E.	*Yes*	*Yes*
N	22 555	22 555
Adj. R^2	0.031	0.313
F	3.040	210.578

注：括号中的数值表示经过公司层面聚类调整后的 t 值。***、** 和 * 分别表示估计系数在 1%、5% 和 10% 的水平下显著。

从表 3 - 13 中可以看出，常数项小于 0，意味着薪酬变动与公司财务绩效存在倒“U”型曲线与纵轴的交点小于 0，假设 3 初步得到验证。为了进一步检验假设 3，现在将薪酬变动为正的样本按照薪酬增长率 *Salary_perc* 百分位数由小到大划分为 10 个等份，其中 1/10 等份（前 10% 百分位数）为一组和剩余 2/10—10/10 等份（后 90% 百分位数）为对照组，分别使用模型（3 - 1）进行检验。按照这一分组方法，分别对 5、4、3 个等份进行分组检验。回归汇总结果如表 3 - 14 所示。

从表 3 - 14 中可以看出，薪酬变动率 *Salary_perc* 与公司财务绩效 *ROA* 关系，在前 10% 百分位数组正相关关系不显著，在后 90% 百分位数组关系显著正相关；在前 20% 百分位数组正相关关系不显著，在后 80% 百分位数组关系显著正相关；在前 25% 百分位数组正相关关系在 10% 水平下显著，在后 75% 百分位数组关系显著正相关；在前 33% 百分位数组正相关关系在 1% 水平下显著，在后 90% 百分位数组关系显著正相关。由此可以推断出，薪酬变动率 *Salary_perc* 在第 25% 百分位数（数值为 0.073）附近开始发挥作用，即当薪酬正增长（加薪）小于 7.3% 时，薪酬增加不起作用，当薪酬正增长（加薪）大于 7.3% 时，薪酬增加才对公司财务绩效产生显著影响。这一结果与 Mitra 等（1997）研究结论一致。Mitra 等（1997）通过实验的方法研究受控环境下加薪阈值的大小，结果表明，低于 7% 的加薪水平难以引起员工的积极感知和态度反应[286]。

参照上述分组方法，现在将薪酬变动为正的样本按照薪酬增长额 $\Delta Salary$ 百分位数由小到大重新划分为不同等份，同样使用模型（3 - 1）进行检验，回归汇总结果如表 3 - 15 所示。

从表 3 - 15 中可以看出，薪酬变动率 *Salary_perc* 与公司财务绩效 *ROA* 关系，在前 10% 百分位数组不显著，而其他分组都显著正相关。薪酬变动为正的样本中薪酬增长额的第 10 百分位数是 11 200 元，也就意味着，当薪酬增长额超过 11 200 元时，薪酬变动才会对公司财务绩效产生显著影响。

通过以上的分组检验可以得知，当薪酬增长额大于 11 200 元时或者薪酬增长率大于 7.3% 时，加薪才会发挥激励作用，对未来公司财务绩效产

表 3－14　　薪酬增加对公司财务绩效的回归结果（按薪酬增长率分组）

	被解释变量：*ROA*（样本为薪酬正增长，按照薪酬增长率等分）							
	对样本 10 等份		对样本 5 等份		对样本 4 等份		对样本 3 等份	
	前 10 百分位数	后 90 百分位数	前 20 百分位数	后 80 百分位数	前 25 百分位数	后 75 百分位数	前 33 百分位数	后 67 百分位数
Salary_perc	0.0872	0.0029***	0.0701	0.0028***	0.0536*	0.0028***	0.0692***	0.0030***
	(0.60)	(6.03)	(1.61)	(5.79)	(1.69)	(5.69)	(3.57)	(5.85)
lnSalary_lag	0.0149***	0.0149***	0.0153***	0.0149***	0.0150***	0.0151***	0.0142***	0.0154***
	(6.58)	(16.99)	(9.69)	(16.53)	(9.84)	(16.44)	(10.43)	(16.52)
Sharehold	0.0518***	0.0330***	0.0423***	0.0336***	0.0380***	0.0347***	0.0387***	0.0340***
	(4.36)	(5.34)	(4.86)	(5.13)	(4.59)	(5.28)	(5.02)	(5.01)
Size	0.0081***	0.0067***	0.0075***	0.0067***	0.0070***	0.0068***	0.0073***	0.0066***
	(5.32)	(9.99)	(6.77)	(9.64)	(6.83)	(9.55)	(7.78)	(9.26)
Lev	−0.1488***	−0.1387***	−0.1455***	−0.1384***	−0.1444***	−0.1384***	−0.1435***	−0.1381***
	(−16.05)	(−33.95)	(−21.70)	(−32.83)	(−23.09)	(−32.34)	(−25.17)	(−31.57)
Growth	0.0302***	0.0251***	0.0325***	0.0244***	0.0308***	0.0244***	0.0291***	0.0245***
	(6.54)	(20.59)	(9.89)	(19.47)	(10.27)	(19.17)	(11.89)	(18.50)
Turnover	0.0272***	0.0253***	0.0264***	0.0253***	0.0272***	0.0250***	0.0275***	0.0246***
	(7.38)	(14.72)	(9.77)	(14.30)	(11.05)	(13.95)	(12.71)	(13.26)
SOE	−0.0013	−0.0069***	−0.0049**	−0.0067***	−0.0069***	−0.0062***	−0.0062***	−0.0064***
	(−0.41)	(−4.81)	(−2.12)	(−4.59)	(−3.23)	(−4.23)	(−3.19)	(−4.24)
TOP1	0.0532***	0.0460***	0.0487***	0.0465***	0.0466***	0.0470***	0.0460***	0.0473***
	(5.62)	(10.78)	(6.83)	(10.76)	(7.05)	(10.75)	(7.63)	(10.50)

续表

	被解释变量：*ROA*（样本为薪酬正增长，按照薪酬增长率等分）							
	对样本 10 等份		对样本 5 等份		对样本 4 等份		对样本 3 等份	
	前 10 百分位数	后 90 百分位数	前 20 百分位数	后 80 百分位数	前 25 百分位数	后 75 百分位数	前 33 百分位数	后 67 百分位数
Zindex	-0.0002***	-0.0002***	-0.0002***	-0.0001***	-0.0002***	-0.0001***	-0.0002***	-0.0001***
	(-3.24)	(-5.58)	(-4.49)	(-5.13)	(-4.59)	(-5.13)	(-5.13)	(-4.67)
Independ	-0.0196	-0.0013	-0.0013	-0.0039	-0.0068	-0.0012	-0.0037	-0.0016
	(-0.75)	(-0.11)	(-0.06)	(-0.32)	(-0.38)	(-0.09)	(-0.23)	(-0.13)
Board	-0.0129	0.0062*	-0.0004	0.0055	0.0011	0.0057*	0.0025	0.0053
	(-1.53)	(1.85)	(-0.06)	(1.63)	(0.20)	(1.66)	(0.49)	(1.52)
Dual	-0.0010	-0.0035**	-0.0024	-0.0035**	-0.0025	-0.0036**	-0.0037*	-0.0031**
	(-0.31)	(-2.48)	(-1.01)	(-2.40)	(-1.13)	(-2.45)	(-1.79)	(-2.07)
Constant	-0.2769***	-0.2842***	-0.2980***	-0.2816***	-0.2853***	-0.2861***	-0.2852***	-0.2871***
	(-6.95)	(-16.99)	(-10.61)	(-16.51)	(-11.03)	(-16.35)	(-12.26)	(-16.02)
Industry F. E.	*Yes*	*Yes*	*Yes*	*Yes*	*Yes*	*Yes*	*Yes*	*Yes*
Year F. E.	*Yes*	*Yes*	*Yes*	*Yes*	*Yes*	*Yes*	*Yes*	*Yes*
N	1 967	17 648	3 927	15 688	4 908	14 707	6 542	13 073
Adj. R^2	0.305	0.319	0.322	0.317	0.320	0.318	0.318	0.318
F	43.126	200.543	77.814	186.594	86.800	183.698	104.300	173.292

注：括号中的数值表示经过公司层面聚类调整后的 t 值。***、** 和 * 分别表示估计系数在 1%、5% 和 10% 的水平下显著。

表 3 - 15　　薪酬增加对公司财务绩效的回归结果（按薪酬增长额分组）

	被解释变量：*ROA*（样本为薪酬正增长，按照薪酬增长额等分）							
	对样本 10 等份		对样本 5 等份		对样本 4 等份		对样本 3 等份	
	前 10 百分位数	后 90 百分位数	前 20 百分位数	后 80 百分位数	前 25 百分位数	后 75 百分位数	前 33 百分位数	后 67 百分位数
Salary_perc	0.0819	0.0029***	0.0440**	0.0031***	0.0387**	0.0031***	0.0208**	0.0032***
	(1.26)	(5.95)	(2.20)	(5.98)	(2.42)	(6.05)	(2.46)	(5.96)
lnSalary_lag	0.0122***	0.0149***	0.0129***	0.0153***	0.0124***	0.0157***	0.0132***	0.0158***
	(5.28)	(16.69)	(7.41)	(16.34)	(7.39)	(16.57)	(8.91)	(15.98)
Sharehold	0.0452***	0.0342***	0.0400***	0.0344***	0.0424***	0.0323***	0.0408***	0.0319***
	(4.03)	(5.50)	(4.71)	(5.16)	(5.29)	(4.82)	(5.44)	(4.51)
Size	0.0098***	0.0066***	0.0086***	0.0064***	0.0088***	0.0063***	0.0081***	0.0062***
	(6.12)	(9.83)	(7.21)	(9.20)	(7.97)	(8.91)	(8.25)	(8.52)
Lev	-0.1446***	-0.1393***	-0.1365***	-0.1404***	-0.1385***	-0.1404***	-0.1408***	-0.1392***
	(-15.77)	(-33.99)	(-20.30)	(-32.79)	(-22.25)	(-32.26)	(-25.01)	(-30.68)
Growth	0.0302***	0.0251***	0.0297***	0.0246***	0.0296***	0.0244***	0.0305***	0.0237***
	(7.31)	(20.49)	(10.21)	(19.07)	(11.06)	(18.55)	(13.34)	(17.29)
Turnover	0.0344***	0.0246***	0.0289***	0.0248***	0.0290***	0.0246***	0.0277***	0.0244***
	(9.55)	(14.29)	(10.96)	(13.98)	(11.38)	(13.66)	(12.08)	(13.12)
SOE	-0.0059*	-0.0064***	-0.0094***	-0.0055***	-0.0080***	-0.0057***	-0.0073***	-0.0057***
	(-1.79)	(-4.48)	(-4.01)	(-3.72)	(-3.56)	(-3.80)	(-3.59)	(-3.73)
TOP1	0.0527***	0.046[illegible]***	0.0442***	0.0474***	0.0440***	0.0477***	0.0443***	0.0479***
	(5.31)	(10.75)	(6.06)	(10.75)	(6.59)	(10.68)	(7.26)	(10.39)

续表

	被解释变量：*ROA*（样本为薪酬正增长，按照薪酬增长额等分）							
	对样本 10 等份		对样本 5 等份		对样本 4 等份		对样本 3 等份	
	前 10 百分位数	后 90 百分位数	前 20 百分位数	后 80 百分位数	前 25 百分位数	后 75 百分位数	前 33 百分位数	后 67 百分位数
Zindex	-0.0002***	-0.0001***	-0.0002***	-0.0001***	-0.0002***	-0.0001***	-0.0002***	-0.0001***
	(-3.35)	(-5.40)	(-4.88)	(-4.89)	(-5.22)	(-4.76)	(-5.10)	(-4.51)
Independ	0.0154	-0.0049	0.0021	-0.0049	0.0012	-0.0055	0.0156	-0.0114
	(0.57)	(-0.42)	(0.10)	(-0.41)	(0.07)	(-0.45)	(0.93)	(-0.89)
Board	-0.0064	0.0054	-0.0025	0.0058*	-0.0012	0.0058*	0.0062	0.0035
	(-0.76)	(1.62)	(-0.42)	(1.70)	(-0.21)	(1.69)	(1.23)	(0.99)
Dual	-0.0025	-0.0034**	-0.0049**	-0.0028*	-0.0034	-0.0032**	-0.0034*	-0.0032**
	(-0.76)	(-2.37)	(-2.07)	(-1.88)	(-1.57)	(-2.10)	(-1.68)	(-2.03)
Constant	-0.3092***	-0.2783***	-0.2890***	-0.2802***	-0.2889***	-0.2810***	-0.3019***	-0.2751***
	(-7.76)	(-16.45)	(-9.53)	(-16.05)	(-10.04)	(-15.94)	(-11.79)	(-14.94)
Industry F. E.	*Yes*	*Yes*	*Yes*	*Yes*	*Yes*	*Yes*	*Yes*	*Yes*
Year F. E.	*Yes*	*Yes*	*Yes*	*Yes*	*Yes*	*Yes*	*Yes*	*Yes*
N	2 024	17 592	4 020	15 596	5 005	14 611	6 601	13 015
Adj. R^2	0.307	0.318	0.307	0.319	0.301	0.322	0.311	0.319
F	48.008	195.397	77.549	182.149	86.921	177.008	107.002	160.793

注：括号中的数值表示经过公司层面聚类调整后的 t 值。***、** 和 * 分别表示估计系数在 1%、5% 和 10% 的水平下显著。

生显著影响，假设3进一步得到验证。

通过以上分析可以看出，高管薪酬增加对公司财务绩效影响呈现倒"U"型结构。薪酬增加幅度不同，其对公司财务绩效影响的趋势存在差异。当高管薪酬增加时，受到货币收入增长和职业声誉提升的共同作用，高管会更加积极地工作，发挥职业才能，提升公司财务绩效。而当存在极大的薪酬增加时，高管可能视为对自主动机和自由时间的威胁而引起反感，呈现出消极影响，进而降低公司财务绩效。

以上结论表明，薪酬增长只有达到一定的阈值才会发挥激励作用，其原因之一可能在于高管心理预期的影响。从心理学和组织行为学研究来看，如果实际薪酬增加大于员工的心理预期，会对员工产生激励作用，产生对组织忠诚、感恩等情感行为；如果与员工心理预期相当，则只能起到保持作用；而低于员工心理预期，则会产生负向效应（邵建平，2015）[276]。本书将心理预期纳入高管薪酬激励效果分析中来，董事会在调整高管薪酬以达到真正激励作用时，需要考虑高管对薪酬变动心理预期的影响，只有高于高管心理预期的加薪水平才能促使加薪产生激励作用。

为了进一步探究小幅加薪激励效果，我们对实际薪酬增长为正的样本使用模型（3-15）进行检验，回归结果如表3-16所示。

表3-16　　薪酬增加心理预期的回归结果

	被解释变量：*ROA*（样本为薪酬正增长）	
	未添加控制变量	添加控制变量
Salary_expect	-0.0014	0.0031
	(-0.72)	(1.39)
Salary_unexpect	0.0013**	0.0027***
	(2.57)	(4.77)
lnSalary_lag		0.0156***
		(16.61)
Sharehold		0.0350***
		(5.90)

续表

被解释变量：*ROA*（样本为薪酬正增长）		
	未添加控制变量	添加控制变量
Size		0.0067***
		(10.02)
Lev		-0.1396***
		(-34.97)
Growth		0.0261***
		(21.51)
Turnover		0.0253***
		(15.11)
SOE		-0.0062***
		(-4.45)
*TOP*1		0.0469***
		(11.15)
Zindex		-0.0002***
		(-5.77)
Independ		-0.0036
		(-0.32)
Board		0.0049
		(1.50)
Dual		-0.0032**
		(-2.32)
Constant	0.0511***	-0.2908***
	(66.02)	(-17.43)
Industry F. E.	*Yes*	*Yes*
Year F. E.	*Yes*	*Yes*
N	19 327	19 327
Adj. R^2	0.031	0.319
F	6.507	200.522

注：括号中的数值表示经过公司层面聚类调整后的t值。***、**和*分别表示估计系数在1%、5%和10%的水平下显著。

从表3-16中可以看出，高管的心理预期薪酬变动率 *Salary_expect* 与公司财务绩效关系不显著，而非预期薪酬变动率 *Salary_unexpect* 与公司财务绩效正相关，且在1%的水平下显著。结果表明，心理预期内的薪酬增长不会对公司财务绩效产生显著影响，非预期的薪酬增长会对公司财务绩效产生显著的正向影响，假设3得到进一步验证。

通过以上分析可以看出，加薪受心理预期的影响而存在一定的阈值，只有超过阈值的加薪才会有激励效果。人类行为受到精度感知、心理预期等因素的影响，对刺激本身存在一定的阈值效应。本书研究表明，增加高管薪酬时，也存在阈值效应，当加薪金额大于11 200元时或者增幅大于7.3%时，加薪才会发挥激励作用，对公司财务绩效产生显著影响。

3.5.2　高管薪酬减少对公司绩效的影响

3.5.2.1　高管薪酬减少对公司绩效影响的理论分析

一种观点认为，减薪是一种有效的公司治理工具。根据委托代理理论，减薪既是对高管过去业绩不佳的负向激励，又是强制高管离职的替代措施，共同督促高管更加努力地工作。该观点认为，公司董事会根据高管在过去一段时间的表现来了解其工作能力，并动态调整其薪酬。当公司业绩不佳时，董事会将评估高管能力和努力程度是否导致了业绩不佳。如果董事会认为公司业绩不佳的原因是现任高管的能力水平低于经理人市场的平均能力水平，那么董事会就会终止高管合同，强制其离职。如果董事会认为高管能力尚可，但是努力程度不够导致业绩不佳，董事会可能保留高管职务但削减其薪酬。对于高管而言，如果减薪后的薪酬水平低于自己的能力价格，那么高管很可能会主动辞职。而如果高管接受这种减薪，其会付出额外的努力来创造更好的业绩，以证明自己的能力，维持其薪酬所体现的声誉价值。因此，对高管实施减薪是一种有效的事后激励形式，可以为公司潜在地带来更好的业绩。

Fama（1980）认为，减薪可以作为公司对CEO过去表现不佳进行事后解决的一种机制，此举可以降低代理成本，并在随后时期获得更好的业绩[65]。与这一推理路线一致，董事会经常在业绩不佳后通过削减薪酬或奖金惩罚 CEO（Jackson 等，2008）[202]，而且减薪金额往往超出一般的绩效薪酬关系（Matsunaga 等，2001）[287]。Gao 等（2012）发现 CEO 可以通过扭转业绩不佳的方式来恢复原有薪酬水平，CEO 减薪后，公司会减少投资和杠杆，并提高财务绩效，减薪是激励绩效不佳 CEO 的有效机制[288]。

另一种观点认为，减薪作为公司治理工具是否有效依赖于公司治理环境。虽然减薪可能会使高管努力实现公司财务绩效的改善，但是这种改善是由生产经营改善还是盈余管理活动引起的，尚需要检验。削减高管薪酬可能会引起对抗性反应。由于管理者努力程度更多是不易观测的，因此，高管薪酬合同通常是与公司市场业绩和财务业绩相挂钩。研究表明，这些绩效衡量标准是不完善的，可能会导致激励扭曲，高管可能在经营活动和盈余管理之间选择最容易完成的方式，例如，通过应计费用操纵来损害股东长期利益，削减研发支出以提升短期业绩等[289]。因此，减薪后高管更可能进行盈余管理，以便更快地改善财务报告中的业绩数字，从而更快地将薪酬恢复到原有水平，同时快速改善的财务报告业绩也能挽回其在经理人市场的声誉损失。同时，根据管理层权力理论，拥有较大权力的公司高管可以影响其薪酬制定过程，这些高管在业绩表现不佳时，被动或主动减薪以安抚利益相关者尤其是中小股东的情绪，随后依靠盈余管理来提升财务业绩，进而恢复甚至超越原有薪酬水平。

刘斌等（2003）研究表明，增加 CEO 薪酬对于提高公司规模和股东财富具有一定的促进作用，而降低 CEO 薪酬会对其产生一定的负面影响，这说明我国上市公司 CEO 薪酬具有“工资刚性”特征，也说明 CEO 薪酬仅有单方面的激励效果，而无预期的制约效果[290]。潘爱玲等（2021）研究认为，公司在进行薪酬契约设计时，应关注其负向激励效果，谨慎使用负向薪酬激励[291]。沈真真和李明辉（2021）研究发现，薪酬管制降低了国有企业高管薪酬水平，造成高管努力程度减弱，更可能出现偷懒、推卸责任和短视等行为，进而导致企业的经营业绩下降[292]。Lobo（2018）研究表明，在高管减薪之后，公司的应计盈余管理和真实盈余管理水平均显著增加，CEO利用盈余管理以加速业绩的改善，进而将薪酬恢复到减薪前的水平，这一现象在管理层权力高的公司尤为突出。相对而言，管理层权力低和机构投资者持股比例高的公司，由于内部监督相对完善，在减薪后盈余管理水平相对较低，长期业绩才会得到改善[196]。

与加薪分析框架相似，减薪的激励效应可能会随着减薪幅度的不同而存在差异。一般而言，公司高管薪酬水平及其个人财富会高于普通员工，高管薪酬不仅能满足其生存和生理需求，更多用于满足其高阶的心理目标，如关系、自主、安全和地位等。减薪效应可能存在一个变化区间，当减薪幅度较小，减薪后薪酬水平仍处于满足生存和生理需求之上时，减薪效应主要体现在对高级心理目标的影响，此时高管的内在动机和外在动机都会因薪酬较少而降低，从而对公司业绩产生负面影响。当减薪幅度较大，减薪后薪酬水平无法满足生存和生理需求时或者极大影响高管在经理人市场声誉时，如果高管没有离职而仍然继续在公司工作，那么其会更愿意改变自己，付出更多努力来提升公司业绩，以恢复其原有薪酬水平和证明其经营管理能力。

根据以上分析，本书提出如下假设：

假设5：同等条件下，当薪酬减少时，薪酬对绩效影响存在“U”型关系。

3.5.2.2　高管薪酬减少对公司绩效影响的模型构建

与3.5.1节高管薪酬增加对公司财务绩效影响的分析和检验方法相似，为了验证高管薪酬减少对公司财务绩效的影响情况，也就是为了检验假设5，本节同样使用模型（3－11），对薪酬增长为负的样本进行检验，如果α_1显著为正、β_3显著为正，则说明假设5成立。

3.5.2.3　高管薪酬减少对公司绩效影响的检验

为了检验假设5，根据模型（3－11）对薪酬变动为负的样本进行检验，回归结果如表3－17所示。

表 3－17 薪酬减少对公司财务绩效的回归结果

	被解释变量：*ROA*（样本为薪酬负增长）	
	未添加控制变量	添加控制变量
Salary_perc	0.0460***	0.0362***
	(5.17)	(4.72)
Salary_perc_squre	0.0333***	0.0235**
	(2.93)	(2.41)
lnSalary_lag		0.0133***
		(12.46)
Sharehold		0.0206***
		(2.82)
Size		0.0062***
		(8.35)
Lev		-0.1331***
		(-30.37)
Growth		0.0332***
		(17.97)
Turnover		0.0209***
		(11.09)
SOE		-0.0044***
		(-2.84)
TOP1		0.0457***
		(8.84)
Zindex		-0.0002***
		(-6.02)
Independ		-0.0251*
		(-1.70)
Board		0.0065
		(1.59)
Dual		-0.0060***
		(-3.45)
Constant	0.0414***	-0.2533***
	(33.34)	(-13.33)
Industry F. E.	*Yes*	*Yes*
Year F. E.	*Yes*	*Yes*
N	9 618	9 618
Adj. R^2	0.036	0.303
F	32.998	135.661

注：括号中的数值表示经过公司层面聚类调整后的 t 值。***、** 和 * 分别表示估计系数在 1%、5% 和 10% 的水平下显著。

从表3-17中可以看出，在添加控制变量前后，薪酬变动率 *Salary_perc* 的系数在1%的水平下均显著为正，薪酬变动平方项 *Salary_perc_squre* 的系数在5%的水平下均显著为正，说明当薪酬减少时，薪酬变动率 *Salary_perc* 与公司财务绩效 *ROA* 存在“U”型关系，薪酬减少的边际效应是递减的，假设5得到验证。

根据表3-17中的系数可以计算出，当薪酬变动率 *Salary_perc* 值为 -0.770（$-\frac{0.0362}{0.0235 \times 2} = -0.770$），即当薪酬增长率为-77.0%时，公司财务绩效达到最低点。通过对样本数据进行统计，薪酬下降的样本量为9 618，其中下降幅度大于77.0%的样本量为512，占比5.32%；下降幅度小于77.0%的样本量为9 106，占比94.68%。

当高管薪酬减少时，可能存在两种激励后果，一种是由于薪酬减少导致激励不足的消极影响；另一种是由于薪酬减少产生负向激励的积极影响。两种行为表现可能同时并存，当薪酬下降幅度小于某一特定值（本样本为77.0%）时，消极影响大于积极影响，导致薪酬下降与公司财务绩效呈现出正相关关系；当薪酬下降幅度大于某一特定值（本样本为77.0%）时，消极影响小于积极影响，导致薪酬下降与公司财务绩效呈现出负相关关系。

通过以上分析可以看出，高管薪酬减少对公司财务绩效影响呈现“U”型结构。薪酬减少幅度不同，其对公司财务绩效影响趋势存在差异。当薪酬下降幅度较小时，由于减薪而导致的激励不足，高管工作表现为消极怠工，导致公司财务绩效也呈现下滑趋势；当薪酬下降幅度超过一定阈值时，为了挽回经济损失和职业声誉，高管工作表现为积极进取，引起公司财务绩效的反弹。

3.5.3 拓展性分析结论

经过3.5.1节和3.5.2节的理论分析和数据验证，在所有认知和情感机制同时运行的情况下，高管薪酬变动的效用框架如图3-2所示。

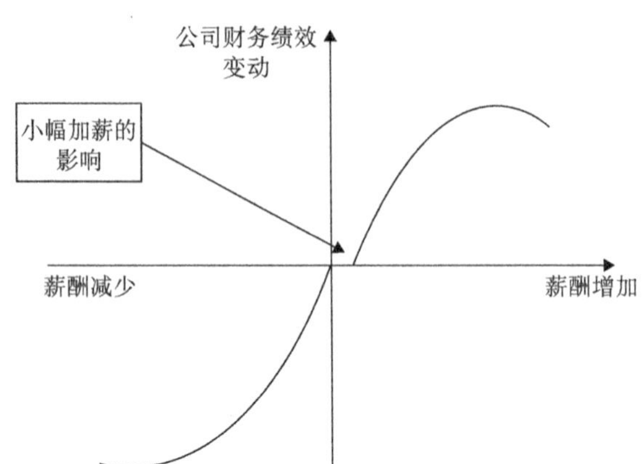

图 3-2 薪酬变动的效用函数

在图 3-2 中，对于薪酬增加而言，由于边际效用递减，第一象限内效用函数呈现倒“U”型关系。曲线与横轴的交点不是原点，而是某一正值，以解释未满足预期加薪的效果，这意味着由于未达到预期而导致的小幅加薪不起作用。曲线的高点也被拉低，以解释极大加薪的负面效应。在图 3-2 第三象限内，薪酬减少时，效用函数呈现“U”型关系。

需要说明的是，尽管本节的研究结论支持高管薪酬增加与公司财务绩效呈倒“U”型关系，高管薪酬减少与公司财务绩效呈正“U”型关系，如图 3-2 所示的曲线形式，但是由于大于第一象限顶点和小于第三象限顶点的薪酬变动样本总量较小，只占总样本量的 1.80%，这一部分影响较小。从总体上看，高管薪酬变动与公司财务绩效仍然呈现正相关关系，同时为了便于理论分析和模型构建，在接下来两章仍然使用线性模型来分析高管薪酬对公司财务绩效的影响机理。

3.6 本章小结

本章从委托代理理论、管理层权力理论、前景理论、自我决定理论等角度，阐述了高管薪酬对公司绩效的影响，提出本章研究假设，并使用 2007—2021 年沪深两市 A 股上市公司数据进行了检验。研究结果表明：

（1）高管薪酬对公司绩效存在显著正向影响，高管薪酬契约是有效的；（2）高管薪酬对公司财务绩效的影响是非对称的，减薪所引起公司绩效下降的幅度显著大于等量加薪所引起公司绩效上升的幅度；（3）在区分加薪和减薪的进一步研究中发现，加薪对公司绩效影响呈现倒“U”型结构，且加薪的效应受到高管心理预期影响而存在一定的阈值，只有超过特定阈值的加薪才会有激励效果。减薪对公司绩效影响呈现“U”型结构。

第4章　风险承担中介效应的非对称性分析

在上一章研究中，检验了高管薪酬对公司绩效存在显著正向影响，证实了高管薪酬契约的有效性。而从高管薪酬到公司绩效影响结果还存在很多节点，高管薪酬通过何种路径、如何影响公司绩效尚不清晰。高管作为公司资源配置的指挥者，其决策意志和风险承担能力对公司的投融资等战略决策存在直接影响，进而对公司绩效产生重要作用。薪酬变动作为一种外部刺激，是否能够引起高管风险承担能力的变化，进而影响公司绩效，是本章的研究焦点。本章主要研究以下问题：(1) 风险承担在高管薪酬与公司绩效关系之间是否发挥作用？(2) 如果风险承担能够发挥作用，那么其在高管薪酬增加和薪酬减少两种情景下，影响程度是否存在非对称性？

4.1　风险承担中介效应的理论分析与研究假设

4.1.1　选择风险承担的原因

自我决定理论认为，薪酬激励会通过对基本心理需求的满足或阻滞来影响个体的内在动机，进而影响个体的自我效能感。而自我效能感高的个体倾向于低估行为的风险，高估自身克服风险的能力（Morrison 和 Phelps，1999）[293]。高管薪酬激励对于基本心理需求的影响取决于高管对其的信息反馈感知，如果薪酬激励（以加薪为主）能够让高管感知到对其能力、自主等需求的认可，将会提高高管的自我效能感，增强其工作的主动性，激发其探索发现问题并积极尝试新方法、新思路的创新意识，提高创新内在动机和风险承担意识。相反，如果薪酬激励（以减薪为主）挫败了高管的能力、自主等需求，减弱高管的内在动机，将会降低高管的自我效能感和风险承担意识，从而影响到公司未来业绩。

委托代理理论认为，合理的高管薪酬契约能够带来激励的一致性，这种激励一致性的重要表现就是实现高管和股东风险偏好的趋同。与股东相比，公司高管更厌恶风险（Eisenhardt，1989）[294]。公司高管倾向于规避风险，因为他们的人力资本、声誉与所在公司息息相关，他们不大可能在多个公司任职，无法通过人力资本多元化来降低自身风险，而且还面临失业风险，因此他们对于可能带来的损失极度厌恶，倾向于避免更大的冒险。而股东对于风险的态度是更偏向于中性的，因为他们能够通过多样化的投资组合来降低投资风险，由于风险和报酬的关联性，为了获取更高的投资回报，股东更希望高管承担更大的风险。

人力资本理论同样认为，公司高管考虑到自己的声誉和将来的职业发展，倾向于风险规避。公司高管由于其在公司的信息优势和自身的专业技能，会对投资项目的风险和收益了解得更为全面，为了建立和维持自身声誉，高管会选择那些相对安全而不是净现值最高的投资项目（Hirshleifer和Thakor，1992）[295]。

通过调整薪酬能够改变公司高管的风险承担水平。增加高管薪酬，可以激励高管承担更大的风险，薪酬变动是改变公司高管风险承担的有力手段。公司经营过程中无时无刻不存在风险，风险承担反映了公司愿意为追逐更高利润付出代价的倾向（Lumpkin和Dess，1996；王菁华等，2015；Zhou等，2021）[296-298]，在投资决策中表现为选择一些高风险高收益的项目，以快速提升公司价值（John等，2008）[221]，公司风险承担水平会影响资源配置和公司价值（余明桂等，2013）[210]。存在于高管薪酬契约中的风险补偿效应对公司价值提升产生了积极的促进作用，有效的薪酬激励可以促使高管人员同公司利益更为一致，为公司创造更多价值（周泽将等，2018）[299]。Armstrong等（2021）的研究表明，高管薪酬激励可以通过投资和融资活动提升公司风险承担水平[300]。任广乾等（2022）的实证结果表明，高管薪酬水平是其个人能力在经理人市场的最直接体现，增加高管薪酬可以满足高管的物质需求和自我能力肯定，提升高管进行企业创新活动的风险承担能力，使高管更加关注企业长远发展[301]。

我国自2006年开始正式在上市公司实施股权激励管理办法，但是总体而言，目前股权激励尚处于发展阶段，高管激励还是以货币薪酬激励为主，高管持股和股权激励只是发挥辅助作用。上一章已经检验货币薪酬变动能够带来公司绩效的提升。与股权激励相比，货币薪酬激励的短期效应更加明显。为了避免货币薪酬短期效应的负面影响，董事会在制定高管薪酬契约时会加入限制条款，例如，2004年施行的《中央企业负责人薪酬管理暂行办法》第十二条规定，绩效薪金的60%在年度考核结束后当期兑现，其余40%延期兑现。2019年施行的《中央企业负责人经营业绩考核办法》第三条规定，坚持短期目标与长远发展有机统一。切实发挥企业战略引领作用，构建年度考核与任期考核相结合，立足当前、着眼长远的考核体系；第三十条规定，年度经营业绩考核以公历年为考核期，任期经营业绩考核以三年为考核期[302]。设定绩效薪酬延期兑现和任期考核条款，使公司高管不仅关注短期效益，同时也重视公司长期效益的提升，激发公司管理层支持风险和收益较高的投资项目，避免高管的短视行为。公司高管的薪酬水平越高，公司风险承担水平也就越高（周泽将等，2018）[299]。而高管薪酬降低后，高管愿意承担的风险水平也随之而下降（徐经长等，2019）[303]。唐清泉和甄丽明（2009）研究发现，薪酬激励对研发投入有显著效应，且短期激励的效果比长期激励更好[304]。刘万丽（2020）研究结果表明，高管薪酬可以通过多元化投资和容忍失败发挥激励作用，显著提高风险承担水平，促进公司研发投资[305]。由此可见，货币薪酬变动可以调整高管的风险承担水平。

4.1.2 投资规模作为风险承担水平的衡量方式

尽管大量管理学文献对风险承担进行了相关研究，但是对于风险承担概念的解读，还存在一定的模糊性（Sanders和Hambrick，2007）[306]。

Sanders 和 Hambrick（2007）对于风险的构成从多个维度进行了分析，将风险构成划分为三个要素：投资规模、收益波动性以及极端损失的可能性[306]，之后这一观点被众多学者采用[259]。

借助表 4－1 来说明构成风险的三个要素。表 4－1 显示了虚拟的五个投资项目的投资规模和未来收益情况。例如，项目 A 的投资规模是 50 万元，未来有 20% 的概率获得 10% 的收益，有 30% 的概率获得 30% 的收益，有 50% 的概率取得 10% 的损失，其他项目以此类推。

表 4－1　　投资决策项目

项目名称	投资规模（万元）	未来投资收益率的概率										
		－90%	－70%	－50%	－30%	－10%	0	10%	30%	50%	70%	90%
A	50					0.5		0.2	0.3			
B	500					0.5		0.2	0.3			
C	5000					0.5		0.2	0.3			
D	5000				0.5					0.2	0.3	
E	5000		0.5									0.5

首先，风险构成的第一个要素是投资规模。在其他条件相同的情况下，投资规模越大，风险敞口就越大，因此风险也就越大。对于相同的收益概率分布，就收益和损失而言，小额投资产生的结果不如大额投资产生的后果那么严重。如表 4－1 所示，尽管项目 A、B、C 的未来收益概率分布是相同的，但是对于高管来说，项目 B 比项目 A 的风险大，而项目 C 比项目 B 的风险更大。然而，很多学者在衡量风险承担时忽略了对投资规模的考虑（Sanders 和 Hambrick，2007）[306]。

其次是收益波动性，即潜在结果概率的方差。一个能够导致收益波动较大的决策比一个导致收益波动较小的决策风险更大。在表 4－1 中，项目 D 比项目 C 的风险更大。尽管这两种投资规模相同，但是项目 D 的收益波动更大，收益率可能从亏损 30% 到盈利 70%。例如，在设备更新还是维修投资决策中，项目 D 是花费 5000 万元新建一项固定设施，可以生产新的高盈利产品，但是市场存在不确定性；而项目 C 是花费同样金额对原有设施进行维修改造，以扩展产能，满足现有低盈利产品生产。

最后是极端损失的可能性。对于投资而言，“最坏结果”或“最大损失”是高管看待风险的一个角度。如果投资项目可能的负面结果只是较小的亏损，那么，与潜在负面结果是亏损一半甚至全部金额的项目相比，风险要小得多。在表4-1中，项目E就包含极端损失的可能性，相比项目A、B、C、D而言，风险更大。当然何谓“极端”，“极端”的阈值是多少，可能因人而异。

对于公司高管而言，有许多不同类型的投资决策供其选择，以实现公司价值的增长。公司做出风险承担决策，在经营方面主要表现为更多地进行创新投入、专注专业化经营、进行市场开拓和增加资本支出等行为（刘志远等，2021）[307]。公司快速发展的一种常见方式是进行并购，CEO可以利用并购将公司推向新的产品市场、获取新的资源或抵销竞争（Haleblian等，2009）[308]。此外，并购也是企业获取创新能力的重要途径，在当前中国经济新常态的背景下，企业通过并购方式来增强创新能力（佟岩等，2020）[309]。CEO可以选择通过内部研发更有条理地发展公司（Shinkle和McCann，2014）[310]，虽然会消耗较多的时间和成本，但可以为公司提供更具竞争力的产品和服务。CEO可以通过业务扩张和资本支出来追求公司的增长，包括如业务扩展、设施改善或支持现有运营革新的投资支出（Henderson和Cool，2003）[311]。Larcker（1983）的研究同样支持了高管激励契约可以促使公司高管进行更大规模的投资[312]。Rajgopal和Shevlin（2002）研究天然气和石油公司高管薪酬激励与投资项目的关系，结果表明，高管薪酬激励与承担未来勘探风险之间存在正相关关系，提高高管薪酬将鼓励高管进行更高风险的投资[313]。Cohen等（2013）研究发现高管薪酬变化显著影响了投资支出规模，进而影响了公司财务绩效，证实了公司治理监管与高管激励交互影响公司运营和投资策略的制定[314]。公司高管在制定公司战略、研发议程和资本投资方面发挥着至关重要的作用（Chan等，2020）[315]。

关于风险承担水平的衡量，借鉴Sanders和Hambrick（2007）[306]、Cohen 等（2013）[314]、Zhu 和 Chen（2015）[316]、Shi 等（2019）[317]、Hou 等（2020）[259]、Ma 等（2022）[318]的研究，同时考虑到极端损失的界定存在较大的主观性，本章主要以投资规模衡量风险承担水平进行分析和检验，并以收益波动性作为衡量风险承担水平的替代性指标进行稳健性检验。其中投资规模使用资本支出、研发支出和并购支出之和来计算，研发支出和资本支出被视为公司资产内部增长的来源，而并购支出被视为公司资产外部增长的来源（Wu 和 Mazur，2018）[258]。

4.1.3　风险承担的中介效应

公司风险承担水平在一定程度上体现为公司的投资项目规模大小，其对公司的财务决策、资本配置及其价值均有影响。本书假设高管薪酬与公司投资规模呈正相关关系。公司的经营目标是实现公司价值最大化，高管薪酬契约的制定也遵循这一目标。风险中性的股东希望公司高管能够承受所有正的净现值（*NPV*）项目（因此增加公司价值），而不管其风险如何。然而，规避风险的管理者更愿意承担风险较小的正 *NPV* 项目，而放弃股东愿意承担的一些正 *NPV* 但风险较高的投资项目，这个问题被称为风险相关的激励问题。从激励理论来看，货币薪酬作为显性激励方式，将影响高管的风险承担意愿，进而影响高管的投资决策。增加高管薪酬，将会使高管受到激励，从而更加努力工作，积极承担责任，有助于激发公司高管进行重大投资意向和行动。另外从信号理论来看，公司进行较多的投资支出可以向股东和外界传递积极的信号，表明公司高管积极进取的态度，提高社会对其的关注度，对于高管职业声誉大有裨益。同时董事会对于其绩效薪酬考量也不是只看投资项目最终结果，也会结合高管具体决策环境和过程，董事会在制订薪酬方案时会考虑研发支出等投资的负向效应，避免管理层因进行研发支出等投资活动而使基期利益受损，并给予进行投资活动的管理层更高的薪酬（吕峻，2019；Shi 等，2019）[317, 319]。因此，公司高管的薪酬激励可以抑制公司的代理问题和 CEO 的风险规避倾向，鼓励他们选择更多的投资项目。

4.1.3.1 薪酬变动对研发支出的影响分析

研究和开发是公司未来业绩增长、获取竞争优势进而创造价值的关键来源，研发支出是公司高层管理人员作出的最基本投资决策之一（Barker和Mueller，2002）[320]。研发支出包括用于公司创新活动的所有有形和无形资源，包括财务资源、技术资源和人力资源等。

公司高管可能会增加研发支出，以寻求新的创新领域或加强现有的研发工作，或者高管可能更愿意减少研发支出以节省资源或管理短期收益。研发支出的增加可能表明高管对公司未来的假设，追求新的研发项目可能为公司创造新的机会，而已建立的研发渠道可能有助于利用公司当前产品在服务和运营中创新。研发项目的类型不同，其风险和收益也不同，以维护为导向的研发项目支出，例如，现有产品的更新换代，可以帮助公司保持业绩，其回报期更短、收益的不确定性更小。相比之下，以战略为导向的研发项目支出，寻求产生更多创新性产品以提高未来业绩，但其结果也更不确定。

随着薪酬增加，高管的风险承担意识得到加强，他们更愿意去做积极的决策，增加对公司研发项目的资金投入，这表明他们更愿意将资源投入结果不确定的项目中（Scoresby，2021）[321]。尽管存在固有的不确定性，但他们可能会增加研发支出以尝试改进研发活动，对高管的薪酬激励能促进公司参与创新活动，扩大其创新投资的规模，并创造更多的创新成果（李春涛等，2010）[322]。Huang 等（2013）研究发现，管理层拥有更高的风险承担水平，会导致公司更多地投资于研发项目[323]。鲁桐等（2014）的实证结果表明，对于资本密集型和技术密集型行业，公司高管的薪酬激励有利于创新活动的开展[237]。郭淑娟等（2017）在研究高科技公司高管薪酬对创新投入的影响后发现，货币薪酬的激励效果比在职消费的效果更好[324]。高文亮（2018）研究发现，对管理层的薪酬激励可以抑制公司的委托代理矛盾和 CEO 的风险规避性，鼓励他们从事更多的研发项目[197]。霍晓萍等（2019）研究了混合所有制企业高管薪酬与企业创新的关系，结果表明，高管薪酬水平对企业研发投入具有显著的正向作用[199]。Zhou 等

（2021）研究发现，高管薪酬的增加可以显著增加公司的研发投入水平[298]。俞静等（2021）基于A股上市公司2011—2018年的面板数据，分析了高管激励、分析师关注和公司创新三者之间的关系，结果表明，薪酬激励可以促进公司创新，高管激励力度越大，公司的创新投入和创新产出越多[325]。

当薪酬减少时，希望保护自己薪酬的高管可能会将潜在的风险行为（包括研发投资）视为对保持其职位和相应薪酬的威胁，作为损失规避的公司高管，他们的风险承担意识会显著下降，他们不太可能采取引入新的不确定性的创新项目，而且他们可能会减少现有研发项目的支出，以降低公司面临的潜在损失，从而减缓自身绩效薪酬下降水平。王靖宇和刘红霞（2020）研究了薪酬管制对研发投入的影响，结果表明，薪酬管制导致国有企业创新水平显著下降，这说明公司高管在面临薪酬减少时，有意识地减少研发支出这一高风险项目[326]。

4.1.3.2 薪酬变动对资本支出的影响分析

尽管研发支出的重要性日益增加，但对许多公司而言，实物资产的资本支出对于未来业绩和价值增长同样至关重要。更高的风险承担水平通常表现为更大规模的资本支出（Bargeron等，2010）[327]，这表明公司管理层对投资机会的把握更加充分。公司的资本支出主要包括以固定资产、无形资产为代表的长期资产投入，这些资产能够为公司在未来一段时间内创造持续的现金流入。同时，这些资产的回收期都比较长，而公司所处的宏观环境、技术发展、市场竞争又变化得非常快，使得对于这些资产的投资充满了不确定性，也就是对于资本支出决策而言，其面临着风险和收益如何均衡的考量。对公司高管予以薪酬激励，可以提升其风险承担意识，进行更多的固定资产和无形资产投资，以期获得更高水平的投资收益。陈宇新和孙长江（2014）研究发现，高管薪酬对公司投资决策存在显著影响，高管货币薪酬越高，就会进行更多的投资来扩展公司经营范围，公司资本支出规模越大[328]。Amin等（2021）在研究信用违约掉期与CEO薪酬和股东价值关系时，同样发现，CEO薪酬与资本支出强度呈正相关关系[329]。

沈真真和李明辉（2021）以资本支出来衡量投资水平，研究国有企业薪酬管制的经济后果，结果表明，国有企业降低高管薪酬水平后，导致投资水平显著下降，而薪酬较高的国有企业业绩表现也较好，投资规模也较高[292]。

4.1.3.3 薪酬变动对并购支出的影响分析

从委托代理理论来看，通过薪酬契约可以协调公司高管和股东的风险感知，薪酬增加能够减轻公司高管的风险厌恶程度，引导他们投资风险较高且净现值为正的项目。并购是公司资源配置的重要构成内容，能够对公司绩效产生重要而深刻的影响。公司高管作为并购决策重要制定者与实施者，其对并购支出具有重大影响。高管薪酬水平与公司收益和经营难度系数相关，这些都与公司规模密切相关。相较于公司内部的资产扩张方式，作为外延式扩张方式之一的公司并购，成为公司高管寻找新的盈利点、扩大公司规模的有效方式，进而提升自身薪酬水平。张鸣等（2007）研究发现，公司高管人员有很强的动机通过公司并购这种方式增加自己的薪酬和控制权收益，当公司高管人员处于临近退休时，这种动机会更加强烈[330]。傅欣等（2014）研究发现，公司高管在薪酬利益的驱动下，更可能进行并购行为来扩大公司规模，进而提升其自身薪酬水平[331]。Croci 和 Petmezas（2015）考察了风险薪酬对并购投资的影响，发现风险承担水平高的 CEO 更有可能进行并购投资[332]。从管理层权力理论来看，公司并购后薪酬的预期增长会促使管理层进行更多的并购。Grinstein 和 Hribar（2004）研究发现，公司高管的权力越大，越有可能进行大规模的并购，进而获取高额的薪酬[333]。Benischke 等（2020）研究发现，公司 CEO 由于薪酬激励而愿意承担更高的风险进行更多的跨国并购[334]。白智奇等（2021）研究发现，公司高管在前景理论的参照点效应影响下，薪酬激励不足的高管为了获取私利而愿意支付更高的溢价来达成并购交易[110]。

4.1.3.4 风险承担对公司绩效的影响分析

传统财务理论认为高风险应该带来高回报，也就是风险与收益呈正相关关系。公司风险承担水平在一定程度上被视为高管面对产品市场竞争的积极程度，公司风险承担水平越高，说明企业越倾向于增加研发投入、资本投入抑或并购投入，提升技术和生产效率，进而为公司带来更多的资本积累，促使公司实现更多的创新，提升公司综合竞争力。提高风险承担能力能够改善公司的资本配置效率，提升公司价值（孟焰等，2019）[222]。文献表明，创新可以对公司的绩效产生积极影响。创新投入和产出都与未来的经营业绩呈正相关关系（Giau 等，2021）[335]。与研发投资水平相似但过去业绩不佳的公司相比，过去在研发投资方面取得成功的公司可以获得更高的未来股票回报（Cohen，2013）[336]。此外，更高的创新效率会导致更高资产回报（Hirshleifer，2013）[337]。Curtis 等（2020）发现研发支出与公司未来盈利能力呈正相关关系，这种关系会随着时间的推移而减弱[338]。佟岩等（2020）研究发现基于创新动因的并购可以使得并购方获得创新资源和能力，可以显著提升其财务业绩和市场认同[309]。白智奇等（2021）研究发现合理的薪酬激励能够促使公司高管工作的积极性，降低并购的整合成本和风险，显著提升并购的财务业绩[110]。

先前的研究检验资本支出对公司收益的影响。Kim（2001）研究表明，当资本支出与公司的盈利能力相比较时，业绩较好的公司比业绩不佳的公司从资本支出中获益更多[339]。Jiang 等（2006）研究发现，台湾制造业上市公司的资本支出与公司未来收益之间存在显著的正相关关系[340]。Kim 等（2021）研究发现，亏损公司的资本支出对近期盈利表现有显著影响，而且相比较于盈利公司，亏损公司资本支出的影响更大[341]。

4.1.3.5　风险承担的中介作用分析

根据自我决定理论，如果高管薪酬增加能够让高管感知到对其能力、自主等需求的认可，将会增强其工作的主动性，激发其创新意识，增强内在动机和风险承担意识，从而提升公司业绩。相反，如果高管薪酬减少挫败了高管的能力、自主等需求，将会减弱高管的内在动机，降低风险承担意识，从而影响公司业绩。

根据委托代理理论，公司高管倾向于规避风险，而股东对于风险的态度是更偏向于中性，股东希望高管承担更大的风险，高管薪酬契约目的是实现高管和股东风险偏好的趋同。风险承担受到高管激励的影响，调整高管薪酬能够显著影响公司风险承担水平。增加高管薪酬，可以促使高管承担更大的风险，进而增加研发支出和资本支出，有利于公司的技术进步和资本积累，进而提高公司的价值和业绩表现（Nguyen，2011）[342]。高管薪酬的提高会影响公司的风险承担水平，而风险承担水平的提高有利于公司财务绩效的提升（张瑞君等，2013）[111]。

根据以上分析，本章提出如下假设：

假设1：风险承担在高管薪酬与公司绩效关系中起到中介作用，具体表现为，同等条件下，提高高管薪酬，将会增强高管风险承担水平，进而提升公司绩效。

4.1.4 高管薪酬对风险承担的非对称性影响

高管薪酬变化方向不同，即加薪和减薪，对于风险承担的影响程度可能存在差异。前景理论认为，效用函数对于正冲击应该是凹的，对于负冲击应该是凸的，并且负冲击比正冲击更陡峭，即损失比收益更大。薪酬增加作为对高管的正向冲击，其会对各投资项目间进行权衡利弊得失，谨慎抉择。而薪酬减少作为对高管的负向冲击，其会对各投资项目进行无差异削减，快速抉择。当薪酬减少时，其对高管的负面影响会更大一些，高管需要尽快且加大力度调整公司投资决策以期改变公司经营状况，此时会选择更大规模减少投资项目。

就投资支出的类型而言，风险和收益存在差异。资本支出主要用于扩大现有产品生产的固定资产支出，风险和收益相对较小，属于收益波动低差异投资；研发支出主要用于研究新技术和新产品，风险和收益相对较大，属于收益波动高差异投资。

相对于资本支出而言，研发支出通常被认为风险更大，投资期限更长，收益期更长。Kothari（2002）研究表明，研发支出与未来收益波动性大于资本支出，研发投资平均风险高于固定资产投资[343]。Amir 等（2007）研究了研发支出和实物资产（资本支出）与随后的收益波动性之间的关联，发现在研发密集型行业，研发支出导致的收益波动性大于资本支出[344]。Hall 等（2005）研究表明研发支出的投资效果所需的时间更长，而其他类别支出则具有更直接的影响[345]。Huang 等（2013）分析了中国上市公司高管薪酬对风险承担行为的影响，他们发现，更高的风险承担水平会激励管理层更多地投资于研发支出项目，而较少投资于资本支出项目[323]。由于信息不对称程度较高以及投资期限和结果的不确定性等原因，研发支出被视为高风险投资。

并购支出主要是收购其他公司来快速扩大公司规模，其风险较大，而收益存在较大不确定性，并购决策可能是公司高管做出的最重要的公司资源配置决策。同时，并购项目也是具有极大不确定净现值（*NPV*）的投资，这可能会改变公司的现状并增加风险（Datta 等，2001）[346]。

当薪酬上升时，激励了高管风险承担意识，可能会优先选择研发支出或并购支出；而当薪酬减少时，高管心理会发生极大变化，出于决策反思和战略调整的需要，其会对研发支出、资本支出、并购支出进行无差异对待而同时削减。不同类型支出及其受薪酬变动影响总结如表 4 – 2 所示。

表 4 – 2　　投资支出类型与薪酬变动影响

支出类型	风险水平	收益水平	加薪对其影响	减薪对其影响
资本支出	较小	较小		
研发支出	较大	较大	谨慎选择	同时削减
并购支出	较大	较大		

根据以上分析，本章提出如下假设：

假设 2：薪酬变动对风险承担的影响存在非对称性，即同等条件下，薪酬上升时引起风险承担的增加幅度小于薪酬下降时引起风险承担的下降幅度。

4.2　风险承担中介效应的研究设计

4.2.1　样本选择和数据来源

本章重点研究风险承担在高管薪酬对公司绩效影响过程中的作用机

制，为了保证本书前后研究结论的一致性，本章样本选择和数据来源同第3章保持一致，按照3.2.1节的方法来查询数据和选择样本。

4.2.2 变量定义和度量

4.2.2.1 被解释变量

本章研究的被解释变量仍然是公司财务绩效，为了保证本书前后研究结论的一致性，本章仍采用3.2.2.1节的定义和度量方法，选择总资产收益率 *ROA* 作为公司财务绩效的衡量指标，以净资产收益率 *ROE* 和每股收益 *EPS* 作为替代指标进行稳健性测试。其中，总资产收益率 *ROA*，用净利润除以平均总资产来计算；净资产收益率 *ROE*，用净利润除以平均净资产来计算；每股收益 *EPS*，用净利润除以平均总股本来计算。

4.2.2.2 解释变量

本章研究的解释变量是高管薪酬变动，为了保证本书前后研究结论的一致性，本章仍然采用3.2.2.2节的定义和度量方法，选取公司CEO货币薪酬增长率作为高管薪酬变动的衡量指标，以董事长和年薪最高的前三名高管薪酬增长率作为稳健性检验的替代性指标。薪酬增长率使用货币薪酬总额当年与上一年差额除以上一年货币薪酬总额，如果增长率大于等于零，则表示加薪；如果增长率小于零，则表示减薪。

4.2.2.3 中介变量

本章研究的中介变量是风险承担。关于风险承担水平的衡量，4.1.2节论述中提到风险构成包括三个要素：投资规模、收益波动性以及极端损失的可能性。本章主要以投资规模衡量风险承担水平进行分析和检验，并以收益波动性作为衡量风险承担水平的替代性指标进行稳健性检验。

（1）投资规模。

投资规模 Inv_tot，使用研发支出、资本支出和并购支出的合计。其中，研发支出 Inv_rd，用研发支出金额除以期末资产总额来计算；资本支出 Inv_cap，用购建固定资产、无形资产和其他长期资产所支付的现金减去处置固定资产、无形资产和其他长期资产收回的现金净额，再除以期末资产总额；并购支出 *Inv_acq*，用取得子公司及其他营业单位支付的现金净额减去处置子公司及其他营业单位收到的现金净额，再除以期末资产总额。

（2）收益波动性。

当公司选择投资风险较高的项目时，其收益或股价会受到较大波动。因此，收益波动性通常可以用来衡量公司的风险承担水平，包括会计收益波动率（John 等，2008；Hilary 和 Hui，2009；Boubakri 等，2013；余明桂等，2013；朱玉杰等，2014；Faccio 等，2016；Habib 和 Hasan，2017；Zhou 等，2021）[210, 220, 221, 223, 298, 347-349]、股票收益波动率（Bargeron 等，2010；冀玛丽等，2017）[216, 327]，以及最高和最低收益之间的差距（Boubakri 等，2013）[347]。本章采用会计收益波动率来衡量收益波动性。

收益波动性 *StdROA*，选用经行业均值调整后 *ROA* 的三年移动标准差来作为衡量指标。计算波动性时，先对公司每一年的 *ROA* 采用行业平均值进行调整，然后计算公司在近三年内经行业调整的 *ROA* 的标准差。具体计算公式见式（4-1）和式（4-2）：

$$StdROA_i = \sqrt{\frac{1}{N-1}\sum_{n=1}^{N}\left(ADJ\_ROA_{in} - \frac{1}{N}\sum_{n=1}^{N} ADJ\_ROA_{in}\right)^2} \quad (4-1)$$

$$ADJ\_ROA_{in} = ROA_{in} - \frac{1}{X_n}\sum_{k=1}^{X} ROA_{kn} \quad (4-2)$$

其中，$N=3$、X 代表某行业的公司总数量，k 代表该行业的第 k 家公司。

本章使用投资规模 *Inv_tot* 及其构成研发支出 *Inv_rd*、资本支出 *Inv_cap*、并购支出 *Inv_acq* 作为衡量风险承担的代理变量，将收益波动性 *StdROA* 作为衡量风险承担的替代性指标进行稳健性测试。

4.2.2.4 控制变量

控制变量，与上一章相同，按照 3.2.2.3 节的方法来度量。

各变量名称和度量方式如表 4-3 所示。

表 4－3　　变量名称和度量

变量类别	变量代码	变量名称	计算方法
被解释变量	*ROA*	总资产收益率	净利润除以平均资产总额［（期初资产总额＋期末资产总额）÷2］
解释变量	*Salary_perc*	薪酬变动率	（当年 CEO 货币薪酬总额－上一年 CEO 货币薪酬）÷上一年 CEO 货币薪酬总额
	D	薪酬变动方向	薪酬下降，取 1；否则取 0
中介变量	*Inv_tot*	投资规模	研发支出＋资本支出＋并购支出
	Inv_rd	研发支出	研发支出÷期末资产总额
	Inv_cap	资本支出	（购建固定资产、无形资产和其他长期资产所支付的现金－处置固定资产、无形资产和其他长期资产收回的现金净额）÷期末资产总额
	Inv_acq	并购支出	（取得子公司及其他营业单位支付的现金净额－处置子公司及其他营业单位收到的现金净额）÷期末资产总额
	StdROA	收益波动性	参见公式（4－1）和公式（4－2）
控制变量	*lnSalary_lag*	上一年 CEO 货币薪酬	上一年 CEO 薪酬总额的对数
	Size	公司规模	期末资产总额的对数
	Lev	资产负债率	期末负债总额÷期末资产总额
	Growth	营业收入增长率	（本年营业收入－上一年营业收入）÷上一年营业收入
	Turnover	总资产周转率	营业收入除以平均资产总额［（期初资产总额＋期末资产总额）÷2］
	SOE	产权性质	如果是国有企业，取值为 1，否则为 0
	TOP1	第 1 大股东持股比例	第 1 大股东持股数量÷公司总股数
	Sharehold	管理层持股	CEO 持股数量÷公司总股数
	Zindex	股权制衡度	第 1 大股东持股数量÷第 2 大股东持股数量
	Independ	独立董事比例	独立董事人数÷董事会人数
	Dual	两职合一	如果董事长和总经理是同一人，则该变量取值为 1，否则为 0
	Board	董事会规模	董事会人数取对数
	Industry	行业	按照证监会 2012 版的行业分类标准

4.2.3　中介效应模型构建

4.2.3.1　中介效应检验方法

在研究解释变量 X 对被解释变量 Y 的影响时，如果 X 通过影响变量 M 进而影响 Y，则变量 M 称为中介变量。温忠麟等（2004）详细介绍了中介效应模型及其检验方法[350]。中介效应模型可用公式（4－3）、公式（4－4）和公式（4－5）来描述变量之间的关系：

$$Y = cX + e_1 \tag{4-3}$$

$$M = aX + e_2 \tag{4-4}$$

$$Y = c'X + bM + e_3 \tag{4-5}$$

相应的路径如图 4－1 所示。

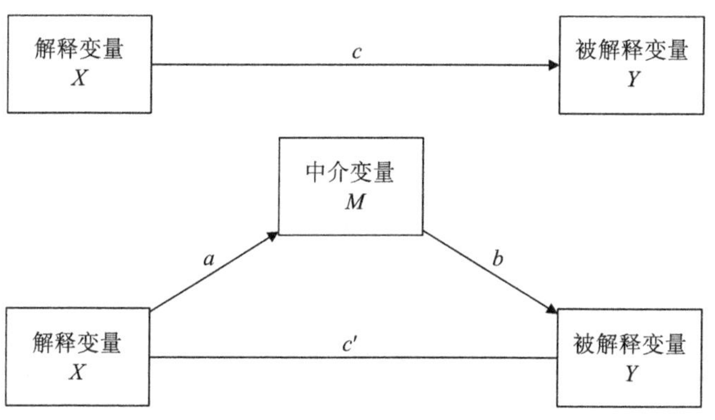

图 4－1　中介效应模型路径

中介效应是间接效应，在图 4－1 中，c 是 X 对 Y 的总效应，a、b 是经过中介变量 M 的中介效应，c'是直接效应，其关系是 $c = c' + ab$。

中介效应的检验方法有三种：依次检验回归系数、利用 Bootstrap 检验回归系数 ab 乘积是否显著、检验 c 与 c'差异是否显著。依次检验回归系数法操作简单，便于理解，如果检验出中介效应存在，就不需要使用其他方法进行检验（温忠麟等，2014）[351]。依次检验回归系数法包括三个步骤：（1）检验公式（4－3）中，系数 c 是否显著，如果显著则进行下一步检验；（2）检验公式（4－4）中系数 a 是否显著，如果显著则进行下一步检验；(3) 检验公式 (4-5) 中系数 b 是否显著，如果系数 b 显著，也就是说三个方程中 a、b、c 均显著，则中介效应存在。此时，如果公式 (4-5) 中 c' 不显著，则该中介效应是完全中介效应；如果 c' 显著，则该中介效应是部分中介效应。

4.2.3.2 中介效应模型构建

按照以上中介模型的构建和检验思路，构建模型 (4-6) 和模型 (4-7)，结合第3章模型 (3-1) 来检验投资规模的中介效应。

$$Inv_{t/t+1} = \alpha_0 + \alpha_1 \times Salary\_perc_t + \sum_{m=1}^{14} \alpha_{m+1} \times Control_{m,t} + \varepsilon \quad (4-6)$$

如果模型 (4-6) 中，α_1 显著大于0，则说明高管薪酬变动能够正向影响投资规模，具有激励效应。

在模型 (3-1) 的基础上，加入投资水平 Inv，构建模型 (4-7)。

$$ROA_{t+1} = \alpha_0 + \alpha_1 \times Salary\_perc_t + \beta_1 Inv_{t/t+1} + \sum_{m=1}^{14} \alpha_{m+1} \times Control_{m,t} + \varepsilon \quad (4-7)$$

第3章已经验证了高管薪酬变动对公司财务绩效的影响是显著的，如果模型 (4-6) 中的 α_1 和模型 (4-7) 的 β_1 显著，则说明投资规模在薪酬变动对公司财务绩效的影响中起到中介作用。对于模型 (4-6) 和模型 (4-7)，我们分别用投资规模 Inv_tot、研发支出 Inv_rd、资本支出 Inv_cap、并购支出 Inv_acq 作为变量 Inv 去检验。

为了检验高管薪酬变动对投资规模的影响是否存在非对称性，借鉴模型 (3-2)，以投资水平 Inv 为被解释变量构建模型 (4-8)。

$$Inv_{t/t+1} = \alpha_0 + \alpha_1 \times Salary\_perc_t + \beta_1 \times D_t + \beta_2 \times D_t \times Salary\_perc_t + \sum_{m=1}^{14} \alpha_{m+1} \times Control_{m,t} + \varepsilon \quad (4-8)$$

对于模型 (4-8)，如果交互项 $D \times Salary\_perc$ 的系数 β_2 显著为正，则说明薪酬减少对投资规模的影响程度将大于薪酬增加对投资规模的影响程度，分别用投资规模 Inv_tot、研发支出 Inv_rd、资本支出 Inv_cap、并购支出 Inv_acq 作为变量 Inv 去检验。

4.3 风险承担中介效应的实证检验

4.3.1 主要变量的描述性统计和相关性分析

4.3.1.1 主要变量的描述性统计

表 4-4 列示了中介变量的描述性统计结果，其他变量的结果如第 3 章的表 3-3 所示。

表 4-4　　中介变量描述性统计

变量	样本数	平均值	标准差	最小值	25% 分位	中位数	75% 分位	最大值
Inv_tot	35 970	0.068	0.058	-0.086	0.027	0.056	0.097	0.304
Inv_rd	35 970	0.018	0.020	0.000	0.000	0.014	0.027	0.130
Inv_cap	35 970	0.048	0.049	-0.047	0.012	0.034	0.069	0.290
Inv_acq	35 970	0.002	0.015	-0.079	0.000	0.000	0.000	0.174
StdROA	31 563	0.026	0.028	0.000	0.009	0.017	0.032	0.258

在表 4-4 中，就投资规模 *Inv_tot* 的描述性统计结果来看，平均值为 0.068，中位数为 0.056，标准差为 0.058，最小值为 -0.086，最大值为 0.304，数据整体均衡。

就研发支出 *Inv_rd* 的描述性统计结果来看，平均值为 0.018，中位数为 0.014，标准差为 0.020，最小值为 0，最大值为 0.130，数据整体均衡。

就资本支出 *Inv_cap* 的描述性统计结果来看，平均值为 0.048，中位数为 0.034，标准差为 0.049，最小值为 -0.047，最大值为 0.290，数据整体均衡，资本支出水平整体高于投资支出水平。

就并购支出 *Inv_acq* 的描述性统计结果来看，平均值为 0.002，中位数为 0，标准差为 0.015，最小值为 -0.079，最大值为 0.174，数据整体不均衡，存在大量零值。

就收益波动性 *StdROA* 的描述性统计结果来看，平均值为 0.026，中位数为 0.017，标准差为 0.028，最小值为 0，最大值为 0.258，数据整体呈左偏趋势。

4.3.1.2 主要变量的相关性分析

表4-5汇总了本章主要变量之间的Pearson相关性检验结果。结果表明，公司财务绩效 *ROA* 与投资规模 *Inv_tot*、研发支出 *Inv_rd*、资本支出 *Inv_cap*、并购支出 *Inv_acq* 之间呈显著正相关关系，与收益波动性 *StdROA* 之间呈显著正相关关系。薪酬变动率 *Salary_perc* 与研发支出 *Inv_rd*、资本支出 *Inv_cap*、并购支出 *Inv_acq*、收益波动性 *StdROA* 之间呈显著正相关关系。虽然投资规模 *Inv_tot* 与资本支出 *Inv_cap* 之间相关系数较大，但是两个变量不会出现在同一个模型中，不会引起严重的多重共线性问题。其他各变量之间不存在较高程度的相关性，回归后经膨胀因子检验得到的VIF值均小于5，也不存在严重的多重共线性问题，以上表明所选择的变量整体是可行、稳健的。

表4-5　　主要变量之间Pearson相关性检验

	ROA	*Salary_perc*	*D*	*Inv_tot*	*Inv_rd*	*Inv_cap*	*Inv_acq*	*StdROA*
ROA	1.000							
Salary_perc	0.029***	1.000						
D	-0.115***	-0.352***	1.000					
Inv_tot	0.189***	0.028***	-0.013**	1.000				
Inv_rd	0.151***	0.042***	0.001	0.387***	1.000			
Inv_cap	0.142***	0.018***	-0.013**	0.868***	0.028***	1.000		
Inv_acq	0.045***	0.007**	-0.009	0.314***	0.007	0.011**	1.000	
StdROA	0.233***	0.045***	0.041***	0.012**	0.076***	-0.035***	-0.029***	1.000

注：* $p < 0.1$，** $p < 0.05$，*** $p < 0.01$。

4.3.2 风险承担的中介效应检验

按照4.2.3节的中介效应检验方法和构建的中介效应模型，本节首先对薪酬变动是否显著影响高管风险承担水平进行检验，然后再验证风险承担对公司绩效是否存在显著影响。

4.3.2.1 高管薪酬对风险承担的影响检验

本节首先通过模型（4-6）检验薪酬变动对风险承担的影响，我们依次以投资规模 *Inv_tot* 及其构成部分研发支出 *Inv_rd*、资本支出 *Inv_cap*、并购支出 *Inv_acq* 作为被解释变量，并分别检验了对被解释变量 t 期和 $t+1$ 期的影响，回归结果如表4-6所示。

表 4-6　薪酬变动对风险承担影响的回归结果

	被解释变量：*Inv_tot*		被解释变量：*Inv_rd*		被解释变量：*Inv_cap*		被解释变量：*Inv_acq*	
	t 期	*t*+1 期	*t* 期	*t*+1 期	*t* 期	*t*+1 期	*t* 期	*t*+1 期
Salary_perc	0.0019***	0.0024***	0.0008***	0.0009***	0.0009**	0.0015***	0.0002**	0.0001
	(4.54)	(5.48)	(6.55)	(6.58)	(2.45)	(3.99)	(2.04)	(1.07)
lnSalary_lag	0.0080***	0.0071***	0.0034***	0.0032***	0.0048***	0.0040***	-0.0001	-0.0001
	(9.19)	(7.70)	(11.27)	(10.26)	(6.34)	(5.18)	(-0.55)	(-0.54)
Sharehold	0.0481***	0.0365***	0.0121***	0.0119***	0.0302***	0.0200***	0.0049***	0.0043***
	(8.17)	(5.93)	(5.50)	(5.07)	(5.91)	(3.80)	(4.14)	(3.02)
Size	0.0016***	0.0011*	-0.0015***	-0.0014***	0.0022***	0.0021***	0.0008***	0.0003***
	(2.65)	(1.77)	(-7.22)	(-6.16)	(4.07)	(3.72)	(7.37)	(3.02)
Lev	-0.0109***	-0.0288***	-0.0091***	-0.0093***	0.0008	-0.0118***	-0.0023***	-0.0059***
	(-3.36)	(-8.57)	(-8.13)	(-7.83)	(0.28)	(-4.18)	(-3.91)	(-8.66)
Growth	-0.0000***	0.0000	-0.0000	-0.0000***	-0.0000***	0.0000	-0.0000**	-0.0000
	(-6.08)	(0.13)	(-1.33)	(-2.82)	(-5.39)	(0.54)	(-2.04)	(-0.71)
Turnover	0.0058***	0.0104***	0.0058***	0.0054***	-0.0002	0.0038***	0.0001	0.0007**
	(3.81)	(6.35)	(10.19)	(9.26)	(-0.13)	(2.91)	(0.25)	(2.27)
SOE	-0.0150***	-0.0124***	-0.0012**	-0.0010*	-0.0112***	-0.0093***	-0.0022***	-0.0018***
	(-10.83)	(-8.72)	(-2.46)	(-1.93)	(-9.28)	(-7.61)	(-8.92)	(-7.05)
TOP1	0.0221***	0.0195***	-0.0016	-0.0022	0.0231***	0.0194***	0.0008	0.0019**
	(5.25)	(4.47)	(-1.15)	(-1.50)	(6.16)	(5.06)	(1.06)	(2.15)

续表

	被解释变量：*Inv_tot*		被解释变量：*Inv_rd*		被解释变量：*Inv_cap*		被解释变量：*Inv_acq*	
	t 期	$t+1$ 期	t 期	$t+1$ 期	t 期	$t+1$ 期	t 期	$t+1$ 期
Zindex	-0.0002***	-0.0002***	-0.0000*	-0.0000	-0.0002***	-0.0002***	-0.0000***	-0.0000**
	(-9.59)	(-8.95)	(-1.80)	(-1.57)	(-9.07)	(-8.79)	(-4.17)	(-2.29)
Independ	0.0095	0.0144	0.0051	0.0055	0.0037	0.0077	-0.0019	-0.0005
	(0.83)	(1.23)	(1.38)	(1.39)	(0.37)	(0.75)	(-0.84)	(-0.25)
Board	0.0073**	0.0102***	0.0007	0.0007	0.0065**	0.0083***	-0.0010*	-0.0003
	(2.05)	(2.75)	(0.63)	(0.58)	(2.11)	(2.64)	(-1.71)	(-0.44)
Dual	0.0018	0.0028*	0.0003	0.0003	0.0022*	0.0029**	-0.0005*	-0.0002
	(1.29)	(1.96)	(0.63)	(0.69)	(1.84)	(2.31)	(-1.93)	(-0.62)
Constant	-0.0955***	-0.0771***	0.0040	0.0029	-0.0841***	-0.0755***	-0.0092***	-0.0013
	(-5.93)	(-4.64)	(0.73)	(0.52)	(-5.78)	(-5.10)	(-3.38)	(-0.45)
Industry F. E.	*Yes*	*Yes*	*Yes*	*Yes*	*Yes*	*Yes*	*Yes*	*Yes*
Year F. E.	*Yes*	*Yes*	*Yes*	*Yes*	*Yes*	*Yes*	*Yes*	*Yes*
N	32 173	28 275	32 173	28 275	32 173	28 275	32 173	28 275
Adj. R^2	0.166	0.164	0.427	0.417	0.141	0.132	0.037	0.037
F	56.348	47.085	47.211	39.739	35.603	26.609	17.528	16.000

注：括号中的数值表示经过公司层面聚类调整后的 t 值。***、** 和 * 分别表示估计系数在 1%、5% 和 10% 的水平下显著。

对于投资规模 *Inv_tot* 来说，从表 4－6 可以看出，薪酬变动率 *Salary_perc* 对 *t* 期和 *t*+1 期投资规模的回归系数均为正，且在 1% 的水平下显著。薪酬变动与投资规模呈正相关关系，薪酬变动增长会引起投资规模的增加。

对于研发支出 *Inv_rd* 而言，从表 4－6 可以看出，薪酬变动率 *Salary_perc* 对 *t* 期和 *t*+1 期投资规模的回归系数均为正，且在 1% 的水平下显著。薪酬变动与研发支出呈正相关关系，薪酬变动增长会引起研发支出的增加。

对于投资支出 *Inv_cap* 而言，从表 4－6 可以看出，薪酬变动率 *Salary_perc* 对 *t* 期投资支出的回归系数为正且在 5% 的水平下显著，而对于 *t*+1 期投资支出的回归系数均为正且在 1% 的水平下显著。薪酬变动与投资支出呈正相关关系，薪酬变动增长会引起投资支出的增加。

对于并购支出 *Inv_acq* 而言，从表 4－6 可以看出，薪酬变动率 *Salary_perc* 对 *t* 期并购支出的回归系数为正且在 5% 的水平下显著，而对于 *t*+1 期投资支出的回归系数均为正但是不显著。薪酬变动与当期并购支出呈正相关关系，薪酬变动增长会引起当期并购支出的增长。

经过以上分析可以看出，高管薪酬变动对以投资规模衡量的风险承担存在显著正向影响。高管薪酬契约作为一种重要的公司治理工具，能够对高管行为产生重要影响。实证研究结果表明，薪酬变动与投资规模及其构成部分的研发支出、投资支出、并购支出都呈显著正相关关系，这说明通过高管薪酬变动调整激励强度，能够改变高管风险承担意识并实施具体的决策行为。

4.3.2.2　风险承担的中介效应检验

在 4.3.2.1 节薪酬变动对风险承担存在显著影响的基础上，依次以投资规模 *Inv_tot* 及其构成研发支出 *Inv_rd*、资本支出 *Inv_cap*、并购支出 *Inv_acq* 作为中介变量，使用模型（4－7）分别检验中介变量为 *t* 期和 *t*+1 期的中介效应，结果如表 4－7 所示。

对丁投资规模 *Inv_tot* 来说，从表 4－7 可以看出，*t* 期和 *t*+1 期中介变

续表

	t 期 *Inv_tot*	t+1 期 *Inv_tot*	t 期 *Inv_rd*	t+1 期 *Inv_rd*	t 期 *Inv_cap*	t+1 期 *Inv_cap*	t 期 *Inv_acq*	t+1 期 *Inv_acq*
Turnover	0.0205***	0.0198***	0.0187***	0.0190***	0.0209***	0.0205***	0.0209***	0.0208***
	(12.96)	(12.55)	(11.96)	(12.15)	(13.17)	(12.95)	(13.20)	(13.16)
SOE	-0.0058***	-0.0056***	-0.0065***	-0.0066***	-0.0065***	-0.0061***	-0.0067***	-0.0067***
	(-4.27)	(-4.10)	(-4.78)	(-4.86)	(-4.71)	(-4.43)	(-4.87)	(-4.90)
TOP1	0.0463***	0.0459***	0.0484***	0.0487***	0.0470***	0.0462***	0.0479***	0.0477***
	(10.82)	(10.71)	(11.37)	(11.44)	(10.96)	(10.77)	(11.18)	(11.16)
Zindex	-0.0002***	-0.0002***	-0.0002***	-0.0002***	-0.0002***	-0.0002***	-0.0002***	-0.0002***
	(-7.05)	(-6.86)	(-7.66)	(-7.71)	(-7.41)	(-7.08)	(-7.75)	(-7.77)
Independ	-0.0019	-0.0023	-0.0032	-0.0031	-0.0014	-0.0019	-0.0010	-0.0012
	(-0.17)	(-0.25)	(-0.29)	(-0.28)	(-0.12)	(-0.17)	(-0.09)	(-0.10)
Board	0.0059*	0.0054	0.0063*	0.0063*	0.0062*	0.0058*	0.0066**	0.0065*
	(1.78)	(1.63)	(1.89)	(1.89)	(1.85)	(1.73)	(1.98)	(1.95)
Dual	-0.0039***	-0.0041***	-0.0039***	-0.0039***	-0.0039***	-0.0040***	-0.0037***	-0.0038***
	(-2.86)	(-3.01)	(-2.85)	(-2.88)	(-2.84)	(-2.96)	(-2.72)	(-2.75)
Constant	-0.1845***	-0.1833***	-0.1937***	-0.1926***	-0.1880***	-0.1848***	-0.1906***	-0.1914***
	(-11.56)	(-11.54)	(-12.20)	(-12.14)	(-11.75)	(-11.57)	(-11.95)	(-12.01)
Industry F. E.	*Yes*	*Yes*	*Yes*	*Yes*	*Yes*	*Yes*	*Yes*	*Yes*
Year F. E.	*Yes*	*Yes*	*Yes*	*Yes*	*Yes*	*Yes*	*Yes*	*Yes*
N	28 275	28 275	28 275	28 275	28 275	28 275	28 275	28 275
Adj. R^2	0.166	0.171	0.171	0.170	0.163	0.167	0.163	0.163
F	116.950	123.884	116.906	114.701	113.099	120.659	112.400	113.950

注：括号中的数值表示经过公司层面聚类调整后的 t 值。***、** 和 * 分别表示估计系数在 1%、5% 和 10% 的水平下显著。

薪酬变动对投资规模有显著正向影响，可以得出，投资规模在薪酬变动对公司财务绩效影响中起到部分中介作用。

对于研发支出 *Inv_rd* 来说，从表 4－7 可以看出，*t* 期和 *t*＋1 期中介变量研发支出的回归系数均为正，且在 1% 水平下显著。薪酬变动率 *Salary_perc* 的系数显著为正，且在 1% 的水平下显著。结合 4.3.2.1 节的回归结果，薪酬变动对研发支出有显著正向影响，可以得出，研发支出在薪酬变动对公司财务绩效影响中起到部分中介作用。

对于资本支出 *Inv_cap* 来说，从表 4－7 可以看出，*t* 期和 *t*＋1 期中介变量资本支出的回归系数均为正，且在 1% 水平下显著。薪酬变动率 *Salary_perc* 的系数显著为正，且在 1% 的水平下显著。结合 4.3.2.1 节的回归结果，薪酬变动对资本支出有显著正向影响，可以得出，资本支出在薪酬变动对公司财务绩效影响中起到部分中介作用。

对于并购支出 *Inv_acq* 来说，从 4.3.2.1 节可以得知，薪酬变动对于 *t*＋1 期的并购支出影响不显著，因此我们只需要观察 *t* 期的并购支出是否存在中介效应。从表 4－7 可以看出，*t* 期中介变量并购支出的回归系数为 0.0641 且在 1% 的水平下显著，薪酬变动率 *Salary_perc* 的系数为 0.0974 且在 1% 水平下显著。结合 4.3.2.1 节的回归结果，薪酬变动对当期并购支出有显著正向影响，可以得出，当期并购支出在薪酬变动对公司财务绩效影响中起到部分中介作用。

经过以上分析可以看出，以投资规模衡量的风险承担在薪酬变动对公司财务绩效影响中起到了部分中介作用，假设 1 得以验证。高管薪酬变动能够显著影响风险承担水平，而风险承担水平能够显著影响公司财务绩效，因此风险承担在薪酬变动对公司财务绩效影响中起到中介效应。

4.3.3 高管薪酬对风险承担的非对称性影响检验

为了检验薪酬变动方向不同对风险承担的影响是否存在差异，本节依次以投资规模 *Inv_tot* 及其构成部分研发支出 *Inv_rd*、资本支出 *Inv_cap*、并购支出 *Inv_acq* 作为被解释变量，使用模型（4－8）分别检验了被解释

变量为 t 期和 $t+1$ 期的影响，回归结果如表 4－8 所示。为了做交叉检验，借鉴连玉君等（2017）检验分组回归后组间系数差异的方法[352]，依次以投资规模 *Inv_tot*、研发支出 *Inv_rd*、资本支出 *Inv_cap*、并购支出 *Inv_acq* 作为被解释变量，使用模型（4－6）分别检验薪酬增加和薪酬减少两种状态下薪酬变动的系数是否存在差异，回归结果如表 4－9 所示，其中 *bdiff_salary* 表示薪酬变动率 *Salary_perc* 回归系数的组间差异（薪酬增加组－薪酬减少组），*pvalue* 表示显著性水平。

对于投资规模 *Inv_tot* 来说，从表 4－8 可以看出，t 期薪酬变动率 *Salary_perc* 的回归系数为 0.0015，交互项 $D \times$ *Salary_perc* 的回归系数为 0.0092，且均在 1% 的水平下显著，这意味薪酬变动如果为正，其对投资规模的影响系数是 0.0015（$0.0015+0.0092\times0$），薪酬变动如果为负，其对投资规模的影响系数是 0.0107（$0.0015+0.0092\times1$），薪酬下降引起投资规模下降的幅度大于薪酬上升引起投资规模上升的幅度。这一点从表 4－9 分组回归结果中得到交叉验证，薪酬变动的组间系数差异（薪酬增加组－薪酬减少组）为－0.009，且在 1% 水平下显著。对于 $t+1$ 期投资规模 *Inv_tot* 回归结果而言，薪酬变动率 *Salary_perc* 的回归系数为 0.0016，交互项 $D \times$ *Salary_perc* 的回归系数为 0.0074，且均在 1% 的水平下显著，同样意味着薪酬下降引起投资规模下降的幅度大于薪酬上升引起投资规模上升的幅度。从表 4－9 可以看出，薪酬变动的组间系数差异（薪酬增加组－薪酬减少组）为－0.007，且在 1% 水平下显著，这也说明薪酬变动方向不同，薪酬变动对投资规模的影响程度是不一样的，薪酬变动对投资规模的影响存在非对称性，假设 2 得以验证。

对于研发支出 *Inv_rd* 来说，从表 4－8 可以看出，t 期薪酬变动率 *Salary_perc* 的回归系数为 0.0007，交互项 $D \times$ *Salary_perc* 的回归系数为 0.0022，且均在 1% 的水平下显著，这意味薪酬变动如果为正，其对研发支出的影响系数是 0.0007（$0.0007+0.0022\times0$），薪酬变动如果为负，其对研发支出的影响系数是 0.0029（$0.0007+0.0022\times1$），薪酬下降引起研发支出下降的幅度大于薪酬上升引起研发支出上升的幅度。这一点从表 4－9（续）

表 4-8 薪酬变动对风险承担非对称影响检验结果

	被解释变量：Inv_tot		被解释变量：Inv_rd		被解释变量：Inv_cap		被解释变量：Inv_acq	
	t 期	t+1 期	t 期	t+1 期	t 期	t+1 期	t 期	t+1 期
Salary_perc	0.0015***	0.0016***	0.0007***	0.0007***	0.0006	0.0009**	0.0002*	0.0001
	(3.27)	(3.32)	(5.00)	(4.96)	(1.62)	(2.18)	(1.77)	(0.75)
D	0.0007	-0.0024***	-0.0001	0.0001	0.0008	-0.0021***	-0.0001	-0.0005*
	(0.84)	(-2.74)	(-0.23)	(0.33)	(1.01)	(-2.74)	(-0.37)	(-1.83)
D × Salary_perc	0.0092***	0.0074***	0.0022***	0.0029***	0.0063***	0.0045**	0.0002	-0.0008
	(3.80)	(2.94)	(3.24)	(3.96)	(3.01)	(2.13)	(0.24)	(-1.03)
lnSalary_lag	0.0081***	0.0073***	0.0034***	0.0032***	0.0048***	0.0042***	-0.0001	-0.0001
	(9.23)	(7.92)	(11.34)	(10.31)	(6.36)	(5.37)	(-0.50)	(-0.43)
Sharehold	0.0475***	0.0361***	0.0120***	0.0117***	0.0298***	0.0198***	0.0049***	0.0043***
	(8.07)	(5.88)	(5.43)	(4.99)	(5.84)	(3.76)	(4.13)	(3.04)
Size	0.0016***	0.0010	-0.0015***	-0.0014***	0.0022***	0.0020***	0.0008***	0.0003***
	(2.62)	(1.64)	(-7.27)	(-6.20)	(4.05)	(3.60)	(7.33)	(2.95)
Lev	-0.0107***	-0.0283***	-0.0090***	-0.0092***	0.0009	-0.0114***	-0.0023***	-0.0059***
	(-3.28)	(-8.43)	(-8.06)	(-7.77)	(0.33)	(-4.05)	(-3.88)	(-8.65)
Growth	-0.0000***	0.0000	-0.0000	-0.0000*	-0.0000***	0.0000	-0.0000*	-0.0000
	(-5.74)	(0.69)	(-0.61)	(-1.73)	(-5.16)	(0.95)	(-1.91)	(-0.72)
Turnover	0.0058***	0.0102***	0.0058***	0.0054***	-0.0002	0.0037***	0.0001	0.0007**
	(3.75)	(6.24)	(10.14)	(9.21)	(-0.17)	(2.82)	(0.23)	(2.25)
SOE	-0.0148***	-0.0121***	-0.0011**	-0.0009*	-0.0111***	-0.0091***	-0.0021***	-0.0017***
	(-10.69)	(-8.49)	(-2.34)	(-1.81)	(-9.19)	(-7.42)	(-8.87)	(-6.97)

续表

	被解释变量：*Inv_tot*		被解释变量：*Inv_rd*		被解释变量：*Inv_cap*		被解释变量：*Inv_acq*	
	t 期	*t*+1 期	*t* 期	*t*+1 期	*t* 期	*t*+1 期	*t* 期	*t*+1 期
TOP1	0.0221***	0.0198***	-0.0016	-0.0022	0.0231***	0.0196***	0.0008	0.0019**
	(5.27)	(4.53)	(-1.14)	(-1.48)	(6.16)	(5.10)	(1.06)	(2.18)
Zindex	-0.0002***	-0.0002***	-0.0000*	-0.0000	-0.0002***	-0.0002***	-0.0000***	-0.0000**
	(-9.62)	(-8.58)	(-1.84)	(-1.60)	(-9.10)	(-8.81)	(-4.17)	(-2.29)
Independ	0.0096	0.0146	0.0051	0.0056	0.0038	0.0079	-0.0019	-0.0005
	(0.85)	(1.25)	(1.39)	(1.41)	(0.38)	(0.77)	(-0.84)	(-0.25)
Board	0.0072**	0.0101***	0.0007	0.0007	0.0065**	0.0082***	-0.0010*	-0.0003
	(2.03)	(2.73)	(0.61)	(0.56)	(2.10)	(2.62)	(-1.71)	(-0.43)
Dual	0.0016	0.0026*	0.0003	0.0003	0.0021*	0.0027**	-0.0005**	-0.0002
	(1.21)	(1.79)	(0.55)	(0.61)	(1.79)	(2.17)	(-1.96)	(-0.66)
Constant	-0.0954***	-0.0769***	0.0040	0.0030	-0.0840***	-0.0754***	-0.0092***	-0.0013
	(-5.93)	(-4.64)	(0.73)	(0.53)	(-5.78)	(-5.10)	(-3.37)	(-0.45)
Industry F. E.	*Yes*	*Yes*	*Yes*	*Yes*	*Yes*	*Yes*	*Yes*	*Yes*
Year F. E.	*Yes*	*Yes*	*Yes*	*Yes*	*Yes*	*Yes*	*Yes*	*Yes*
N	32 173	28 275	32 173	28 275	32 173	28 275	32 173	28 275
Adj. R^2	0.166	0.165	0.427	0.418	0.141	0.133	0.037	0.037
F	50.436	43.388	41.458	35.386	31.622	24.830	15.257	14.103

注：括号中的数值表示经过公司层面聚类调整后的 t 值。***、** 和 * 分别表示估计系数在 1%、5% 和 10% 的水平下显著。

表 4-9 薪酬增加和薪酬减少组间系数差异检验

	被解释变量：*Inv_tot*（*t* 期）		被解释变量：*Inv_tot*（*t*+1 期）		被解释变量：*Inv_rd*（*t* 期）		被解释变量：*Inv_rd*（*t*+1 期）	
	薪酬增加	薪酬减少	薪酬增加	薪酬减少	薪酬增加	薪酬减少	薪酬增加	薪酬减少
Salary_perc	0.0015***	0.0110***	0.0016***	0.0090***	0.0007***	0.0028***	0.0008***	0.0037***
	(3.21)	(4.68)	(3.32)	(3.71)	(5.10)	(4.13)	(5.06)	(5.13)
lnSalary_lag	0.0081***	0.0079***	0.0076***	0.0066***	0.0035***	0.0030***	0.0033***	0.0029***
	(8.52)	(7.28)	(7.45)	(5.94)	(11.14)	(8.67)	(10.06)	(7.66)
Sharehold	0.0508***	0.0392***	0.0432***	0.0179**	0.0117***	0.0126***	0.0113***	0.0126***
	(7.76)	(4.87)	(6.19)	(2.22)	(5.06)	(4.43)	(4.63)	(4.13)
Size	0.0018***	0.0012	0.0009	0.0015*	-0.0016***	-0.0015***	-0.0014***	-0.0013***
	(2.70)	(1.52)	(1.22)	(1.90)	(-7.02)	(-5.77)	(-6.01)	(-4.58)
Lev	-0.0120***	-0.0074*	-0.0277***	-0.0295***	-0.0094***	-0.0081***	-0.0101***	-0.0073***
	(-3.41)	(-1.75)	(-7.53)	(-6.95)	(-7.92)	(-6.02)	(-8.00)	(-4.94)
Growth	-0.0000***	-0.0000***	-0.0000***	0.0000	0.0000	-0.0000**	-0.0000	-0.0000**
	(-6.60)	(-4.97)	(-4.91)	(1.17)	(1.64)	(-2.14)	(-0.05)	(-2.10)
Turnover	0.0058***	0.0052**	0.0102***	0.0101***	0.0058***	0.0056***	0.0055***	0.0052***
	(3.74)	(2.53)	(5.84)	(4.96)	(10.39)	(7.55)	(9.48)	(6.66)
SOE	-0.0142***	-0.0162***	-0.0112***	-0.0144***	-0.0011**	-0.0011*	-0.0009*	-0.0011*
	(-9.79)	(-9.28)	(-7.36)	(-8.23)	(-2.39)	(-1.83)	(-1.68)	(-1.68)
TOP1	0.0202***	0.0272***	0.0204***	0.0187***	-0.0017	-0.0012	-0.0021	-0.0023
	(4.49)	(5.03)	(4.29)	(3.49)	(-1.24)	(-0.72)	(-1.40)	(-1.23)

续表

	被解释变量：*Inv_tot*（*t* 期）		被解释变量：*Inv_tot*（*t*+1 期）		被解释变量：*Inv_rd*（*t* 期）		被解释变量：*Inv_rd*（*t*+1 期）	
	薪酬增加	薪酬减少	薪酬增加	薪酬减少	薪酬增加	薪酬减少	薪酬增加	薪酬减少
Zindex	-0.0002***	-0.0003***	-0.0002***	-0.0002***	-0.0000	-0.0000*	-0.0000	-0.0000
	(-8.64)	(-7.17)	(-8.36)	(-5.75)	(-1.50)	(-1.89)	(-1.54)	(-1.27)
Independ	0.0164	-0.0063	0.0202	0.0000	0.0066*	0.0019	0.0068*	0.0026
	(1.36)	(-0.40)	(1.59)	(0.00)	(1.72)	(0.41)	(1.66)	(0.50)
Board	0.0100***	0.0006	0.0116***	0.0062	0.0014	-0.0007	0.0015	-0.0012
	(2.61)	(0.13)	(2.82)	(1.41)	(1.11)	(-0.50)	(1.15)	(-0.75)
Dual	0.0018	0.0013	0.0020	0.0040**	0.0004	-0.0003	0.0005	-0.0003
	(1.24)	(0.65)	(1.28)	(2.04)	(0.90)	(-0.47)	(0.98)	(-0.50)
Constant	-0.1071***	-0.0645***	-0.0821***	-0.0646***	0.0008	0.0114*	0.0001	0.0100
	(-6.21)	(-3.24)	(-4.53)	(-3.25)	(0.15)	(1.79)	(0.02)	(1.45)
Industry F. E.	*Yes*	*Yes*	*Yes*	*Yes*	*Yes*	*Yes*	*Yes*	*Yes*
Year F. E.	*Yes*	*Yes*	*Yes*	*Yes*	*Yes*	*Yes*	*Yes*	*Yes*
N	22 555	9 618	19 850	8 425	22 555	9 618	19 850	84 25
Adj. R^2	0.164	0.173	0.163	0.166	0.426	0.429	0.420	0.413
F	46.177	36.779	40.613	29.203	43.962	31.942	35.886	26.320
bdiff_salary	-0.009***		-0.007***		-0.002***		-0.003***	
pvalue	0.000		0.000		0.000		0.000	

注：本表和下表是同一个表，表格列数较多，限于文档宽度限制，拆分为两个表格显示，表名使用同一名称。

表 4－9（续） 薪酬增加和薪酬减少组间系数差异检验（横向续表）

	被解释变量：*Inv_cap*（*t* 期）		被解释变量：*Inv_cap*（*t*+1 期）		被解释变量：*Inv_acq*（*t* 期）		被解释变量：*Inv_acq*（*t*+1 期）	
	薪酬增加	薪酬减少	薪酬增加	薪酬减少	薪酬增加	薪酬减少	薪酬增加	薪酬减少
Salary_perc	0.0006	0.0074***	0.0009**	0.0056***	0.0002*	0.0002	0.0001	-0.0010
	(1.45)	(3.62)	(2.17)	(2.74)	(1.79)	(0.34)	(0.70)	(-1.28)
lnSalary_lag	0.0045***	0.0053***	0.0043***	0.0039***	-0.0000	-0.0002	-0.0000	-0.0002
	(5.58)	(5.54)	(5.02)	(4.11)	(-0.23)	(-0.91)	(-0.17)	(-0.59)
Sharehold	0.0327***	0.0220***	0.0260***	0.0040	0.0047***	0.0058***	0.0049***	0.0026
	(5.72)	(3.16)	(4.32)	(0.58)	(3.45)	(3.07)	(3.08)	(1.08)
Size	0.0023***	0.0021***	0.0019***	0.0022***	0.0009***	0.0004***	0.0003**	0.0004**
	(3.86)	(3.09)	(3.16)	(3.34)	(7.18)	(3.00)	(2.31)	(2.05)
Lev	0.0005	0.0023	-0.0105***	-0.0132***	-0.0028***	-0.0012	-0.0055***	-0.0068***
	(0.16)	(0.65)	(-3.40)	(-3.79)	(-3.94)	(-1.35)	(-6.79)	(-5.74)
Growth	-0.0000***	-0.0000***	-0.0000***	0.0000	-0.0000**	-0.0000	0.0000	-0.0000
	(-5.98)	(-4.59)	(-7.79)	(1.52)	(-2.49)	(-1.21)	(0.26)	(-0.02)
Turnover	0.0000	-0.0010	0.0037***	0.0034**	-0.0001	0.0005	0.0005	0.0012**
	(0.01)	(-0.61)	(2.63)	(2.14)	(-0.47)	(1.08)	(1.49)	(2.38)
SOE	-0.0104***	-0.0126***	-0.0085***	-0.0107***	-0.0022***	-0.0021***	-0.0016***	-0.0021***
	(-8.24)	(-8.32)	(-6.43)	(-7.28)	(-7.61)	(-5.54)	(-5.50)	(-5.16)
TOP1	0.0214***	0.0275***	0.0206***	0.0178***	0.0010	0.0007	0.0020**	0.0017
	(5.35)	(5.74)	(4.94)	(3.84)	(1.06)	(0.55)	(1.98)	(1.20)

续表

	被解释变量：*Inv_cap*（*t* 期）		被解释变量：*Inv_cap*（*t*+1 期）		被解释变量：*Inv_acq*（*t* 期）		被解释变量：*Inv_acq*（*t*+1 期）	
	薪酬增加	薪酬减少	薪酬增加	薪酬减少	薪酬增加	薪酬减少	薪酬增加	薪酬减少
Zindex	-0.0002***	-0.0002***	-0.0002***	-0.0002***	-0.0000***	-0.0000***	-0.0000**	-0.0000
	(-8.33)	(-6.61)	(-8.21)	(-6.01)	(-3.48)	(-2.83)	(-2.39)	(-0.45)
Independ	0.0089	-0.0083	0.0106	0.0005	-0.0025	-0.0004	0.0001	-0.0027
	(0.83)	(-0.62)	(0.95)	(0.04)	(-0.98)	(-0.11)	(0.05)	(-0.78)
Board	0.0083**	0.0020	0.0089**	0.0064*	-0.0008	-0.0015	-0.0008	0.0008
	(2.50)	(0.51)	(2.54)	(1.77)	(-1.18)	(-1.64)	(-0.99)	(0.86)
Dual	0.0019	0.0029*	0.0021	0.0041**	-0.0003	-0.0011***	-0.0005	0.0007
	(1.45)	(1.77)	(1.56)	(2.46)	(-0.99)	(-2.64)	(-1.62)	(1.41)
Constant	-0.0866***	-0.0751***	-0.0781***	-0.0692***	-0.0130***	-0.0001	-0.0007	-0.0033
	(-5.57)	(-4.25)	(-4.81)	(-4.06)	(-4.17)	(-0.03)	(-0.20)	(-0.71)
Industry F. E.	*Yes*	*Yes*	*Yes*	*Yes*	*Yes*	*Yes*	*Yes*	*Yes*
Year F. E.	*Yes*	*Yes*	*Yes*	*Yes*	*Yes*	*Yes*	*Yes*	*Yes*
N	22 555	9 618	19 850	8 425	22 555	9 618	19 850	8 425
Adj. R^2	0.138	0.150	0.132	0.131	0.039	0.034	0.036	0.042
F	28.386	25.373	24.959	16.593	13.883	6.497	10.856	7.567
bdiff_salary	-0.007***		-0.005***		0.000		0.001***	
pvalue	0.000		0.000		0.480		0.000	

注：（1）括号中的数值表示经过公司层面聚类调整后的 t 值。***、** 和 * 分别表示估计系数在 1%、5% 和 10% 的水平下显著。

（2）*bdiff_salary* 表示薪酬变动 *Salary_perc* 回归系数的组间差异（薪酬增加组 - 薪酬减少组），*pvalue* 表示显著性水平，采用费舍尔组合检验（permutation test），bootstrap 抽样 1000 次。

分组回归结果中得到交叉验证，薪酬变动的组间系数差异（薪酬增加组 - 薪酬减少组）为 -0.002，且在1%水平下显著。对于 $t+1$ 期研发支出 *Inv_rd* 回归结果而言，也支持相同的结论。由此可见，薪酬变动方向不同，薪酬变动对研发支出的影响程度是不一样的，薪酬变动对投资规模的影响存在非对称性。

对于资本支出 *Inv_cap* 来说，从表 4 - 8 可以看出，t 期的薪酬变动率 *Salary_perc* 的回归系数为 0.0006 但不显著，交互项 $D \times$ *Salary_perc* 的回归系数为 0.0063 且在1%的水平下显著，这意味着薪酬变动如果为正，其对资本支出的影响不显著，薪酬变动如果为负，其对资本支出存在显著影响，薪酬下降引起资本支出下降的幅度大于薪酬上升引起资本支出上升的幅度。这一点从表 4 - 9 分组回归结果中得到交叉验证，薪酬上升组薪酬变动率 *Salary_perc* 的回归系数不显著，薪酬下降组薪酬变动率 *Salary_perc* 的回归系数显著大于0，薪酬变动的组间系数差异（薪酬增加组 - 薪酬减少组）为 -0.007，且在1%水平下显著。这些都说明薪酬变动方向不同对资本支出影响程度存在显著差异。对于 $t+1$ 期的资本支出 *Inv_cap* 的回归结果而言，从表 4 - 8 可以看出，薪酬变动率 *Salary_perc* 的回归系数为 0.0009，交互项 $D \times$ *Salary_perc* 的回归系数为 0.0045，且均在5%的水平下显著，同样意味着薪酬下降引起资本支出下降的幅度大于薪酬上升引起资本支出上升的幅度。从表 4 - 9 分组回归结果来看，薪酬变动的组间系数差异（薪酬增加组 - 薪酬减少组）为 -0.005，且在1%水平下显著。以上数据表明，薪酬增加对资本支出的增加影响不显著，而薪酬减少显著影响了资本支出的减少，薪酬变动对资本支出的影响存在非对称性。

对于并购支出 *Inv_acq* 来说，4.3.2.1 节中发现薪酬变动对于 t 期并购支出的影响是显著的，对于 $t+1$ 期并购支出的影响是不显著的，因此我们重点关注对 t 期资本支出的影响是否存在非对称性。从表 4 - 8 可以看出，t 期交互项 $D \times$ *Salary_perc* 的回归系数为 0.0002，但是不显著。从表 4 - 9 分组回归结果来看，薪酬增加组薪酬变动的回归系数为正且在10%水平下显著，薪酬减少组薪酬变动的回归系数为正但不显著，薪酬变动的组间系数差异（薪酬增加组 - 薪酬减少组）不显著。以上数据表明，薪酬变动方向不同时，薪酬变动对并购支出的影响并没有显著差异。

经过以上检验，当薪酬变动方向不同时，以投资规模衡量的风险承担在薪酬变动对公司财务绩效影响的中介效应是存在显著差异的，假设 2 得以验证。高管薪酬增加和薪酬减少对于风险承担，即投资规模及其构成研发支出、资本支出的影响程度是不同的。结合 4.3.2 节的分析可以看出，风险承担在高管薪酬变动对公司财务绩效的中介作用如图 4 - 2 所示。当薪酬增加时，薪酬变动会增强公司风险承担水平，引起投资规模扩大，主要是通过增加研发支出，进而使得公司财务绩效增长；当薪酬减少时，薪酬变动会减弱公司风险承担水平，引起投资规模缩减，主要通过减少研发支出和资本支出，进而使得公司财务绩效下降。

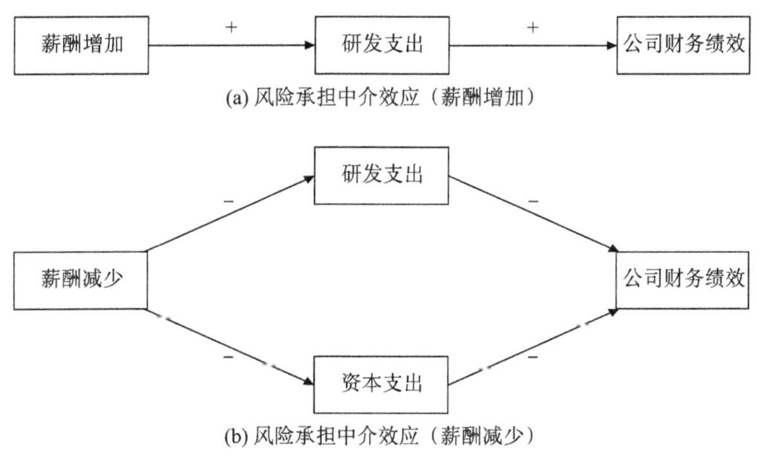

图 4 - 2　风险承担中介效应的非对称性

经过以上分析可以看出，薪酬变动对风险承担的影响存在非对称性。上一章已经证实高管薪酬变动对公司财务绩效的影响存在非对称性，本节通过实证研究进一步证实，这种非对称性是通过风险承担传导的。对于投资规模而言，薪酬减少对其影响的幅度均大于薪酬增加对其影响的幅度，进而传递到对公司财务绩效产生影响。

4.4 风险承担中介效应的稳健性检验

4.4.1 替换被解释变量衡量方式

在4.3.2节回归分析中均使用总资产收益率*ROA*来作为被解释变量公司财务绩效的衡量指标进行分析，现在使用总资产息税前利润率*ROTA*、净资产收益率*ROE*以及每股收益*EPS*来作为公司财务绩效替代性指标，对回归结果做稳健性测试。

以总资产息税前利润率*ROTA*、净资产收益率*ROE*、每股收益*EPS*作为公司财务绩效变量指标对模型（4－7）进行回归分析，汇总结果如表4－10所示。

表4－10　替换被解释变量的回归结果

	被解释变量：*ROTA*	被解释变量：*ROE*	被解释变量：*EPS*
	模型（4－7）	模型（4－7）	模型（4－7）
Inv_tot	0.0713***	0.1142***	0.5424***
	(7.90)	(7.72)	(5.44)
Salary_perc	0.0044***	0.0070***	0.0430***
	(8.03)	(7.01)	(8.51)
lnSalary_lag	0.0133***	0.0232***	0.1375***
	(13.91)	(14.63)	(13.44)
Sharehold	0.0182***	0.0284***	0.3090***
	(2.74)	(2.93)	(4.71)
Size	0.0028***	0.0057***	0.1281***
	(3.78)	(4.66)	(13.30)
Lev	－0.0690***	－0.0646***	－0.5600***
	(－16.52)	(－9.67)	(－13.16)
Growth	0.0175***	0.0313***	0.1577***
	(15.24)	(15.19)	(13.17)
Turnover	0.0203***	0.0355***	0.1795***
	(11.51)	(11.87)	(8.52)

续表

	被解释变量：*ROTA*	被解释变量：*ROE*	被解释变量：*EPS*
	模型（4-7）	模型（4-7）	模型（4-7）
SOE	-0.0075***	-0.0097***	-0.0045
	(-4.78)	(-3.91)	(-0.25)
*TOP*1	0.0461***	0.0863***	0.3915***
	(9.55)	(11.34)	(7.34)
Zindex	-0.0002***	-0.0003***	-0.0021***
	(-5.90)	(-7.11)	(-8.39)
Independ	-0.0035	-0.0053	-0.1212
	(-0.28)	(-0.26)	(-0.91)
Board	0.0065*	0.0078	-0.0291
	(1.74)	(1.26)	(-0.71)
Dual	-0.0040***	-0.0060**	-0.0203
	(-2.66)	(-2.46)	(-1.37)
Constant	-0.1945***	-0.4089***	-4.2077***
	(-10.72)	(-13.99)	(-17.90)
Industry F. E.	*Yes*	*Yes*	*Yes*
Year F. E.	*Yes*	*Yes*	*Yes*
N	28 275	28 275	28 275
Adj. R^2	0.152	0.119	0.171
F	94.540	91.389	78.733

注：括号中的数值表示经过公司层面聚类调整后的t值。***、**和*分别表示估计系数在1%、5%和10%的水平下显著。

从表4-10可以看出，在分别以总资产息税前利润率*ROTA*、净资产收益率*ROE*、每股收益*EPS*作为被解释变量的模型（4-7）中，投资规模*Inv_tot*的系数均为正，且均在1%的水平下显著。假设1得到进一步验证，风险承担在高管薪酬变动对公司财务绩效影响中存在部分中介作用，回归结果是稳健的。

4.4.2 替换解释变量衡量方式

本章4.3节回归分析中使用公司CEO货币薪酬为基础来计算公司高管

薪酬变量的衡量指标，且并未区分 CEO 更替情况（非同一 CEO）。现在使用以下三种情况来替换原有模型的解释变量进行稳健性测试：(1) 同一公司同一 CEO 的货币薪酬；(2) 董事长货币薪酬；(3) 薪酬最高前三名高管货币薪酬。

以同一 CEO、董事长、薪酬最高前三名高管的货币薪酬为基础计算的解释变量，分别对模型（4-6）和模型（4-8）进行回归分析，汇总结果如表 4-11 所示。

表 4-11　替换解释变量的回归结果

	模型（4-6）			模型（4-8）		
	同一 CEO	董事长	前三名高管	同一 CEO	董事长	前三名高管
Salary_perc	0.0025***	0.0086***	0.0046***	0.0019***	-0.0008	0.0025**
	(4.77)	(4.05)	(5.31)	(3.56)	(-0.27)	(2.40)
D				-0.0032***	-0.0004	-0.0006
				(-3.12)	(-0.38)	(-0.73)
D × *Salary_perc*				0.0074*	0.0308***	0.0170***
				(1.70)	(5.11)	(4.13)
lnSalary_lag	0.0078***	0.0055***	0.0113***	0.0081***	0.0057***	0.0116***
	(7.83)	(7.14)	(11.45)	(8.13)	(7.45)	(11.72)
Sharehold	0.0325***	0.0405***	0.0460***	0.0330***	0.0399***	0.0456***
	(5.02)	(6.88)	(7.94)	(5.10)	(6.79)	(7.88)
Size	0.0003	0.0015**	0.0005	0.0002	0.0013*	0.0004
	(0.42)	(2.02)	(0.79)	(0.29)	(1.87)	(0.63)
Lev	-0.0262***	-0.0118***	-0.0098***	-0.0257***	-0.0112***	-0.0092***
	(-7.21)	(-3.18)	(-3.07)	(-7.09)	(-3.02)	(-2.88)
Growth	0.0001	0.0110***	0.0104***	0.0001	0.0113***	0.0104***
	(0.79)	(9.61)	(11.48)	(0.76)	(9.87)	(11.54)
Turnover	0.0114***	0.0060***	0.0036**	0.0112***	0.0058***	0.0034**
	(6.60)	(3.25)	(2.32)	(6.49)	(3.16)	(2.22)
SOE	-0.0122***	-0.0125***	-0.0143***	-0.0119***	-0.0119***	-0.0142***
	(-8.01)	(-7.65)	(-10.59)	(-7.80)	(-7.24)	(-10.53)

续表

	模型（4－6）			模型（4－8）		
	同一 CEO	董事长	前三名高管	同一 CEO	董事长	前三名高管
*TOP*1	0.0193 ***	0.0271 ***	0.0216 ***	0.0196 ***	0.0268 ***	0.0216 ***
	(4.18)	(5.72)	(5.22)	(4.25)	(5.68)	(5.23)
Zindex	－0.0002 ***	－0.0003 ***	－0.0002 ***	－0.0002 ***	－0.0003 ***	－0.0002 ***
	(－8.76)	(－8.61)	(－9.15)	(－8.84)	(－8.60)	(－9.17)
Independ	0.0236 *	0.0084	0.0099	0.0239 *	0.0083	0.0103
	(1.88)	(0.65)	(0.90)	(1.89)	(0.65)	(0.93)
Board	0.0110 ** *	0.0065	0.0062 *	0.0110 ***	0.0064	0.0060 *
	(2.80)	(1.59)	(1.78)	(2.80)	(1.57)	(1.72)
Dual	0.0032 **	0.0008	0.0017	0.0031 **	0.0005	0.0016
	(2.04)	(0.55)	(1.27)	(1.97)	(0.36)	(1.19)
Constant	－0.0738 ***	－0.0568 ***	－0.1241 ***	－0.0753 ***	－0.0553 ***	－0.1251 ***
	(－4.11)	(－3.15)	(－7.48)	(－4.19)	(－3.08)	(－7.55)
Industry F. E.	*Yes*	*Yes*	*Yes*	*Yes*	*Yes*	*Yes*
Year F. E.	*Yes*	*Yes*	*Yes*	*Yes*	*Yes*	*Yes*
N	22 558	24 778	32 767	22 558	24 778	32 767
Adj. R^2	0.170	0.158	0.174	0.171	0.159	0.175
F	41.896	43.553	66.594	37.700	42.306	60.602

注：括号中的数值表示经过公司层面聚类调整后的 t 值。***、** 和 * 分别表示估计系数在 1%、5% 和 10% 的水平下显著。

从表 4－11 可以看出，在分别同一 CEO、董事长、薪酬最高前三名高管的货币薪酬为基础计算的解释变量的模型（4－6）中，薪酬变动率 *Salary_perc* 的系数均为正，均在 1% 的水平下显著；在模型（4－8）中，薪酬变动与薪酬变动虚拟变量的交互项 *D*×*Salary_perc* 的系数均为正，分别在 10%、1%、1% 的水平下显著。假设 2 得到进一步验证，以上结果表明回归结果是稳健的。

4.4.3 替换中介变量衡量方式

在4.3节中使用投资规模来衡量公司风险承担水平，本节使用收益波动性 *StdROA* 来替代衡量公司风险承担水平，使用模型（4-6）、模型（4-7）、模型（4-8），来分别检验假设1、假设2，回归结果如表4-12所示。

表4-12　　替换中介变量的回归结果

	模型（4-6）	模型（4-7）	模型（4-8）
Salary_perc	0.0014***	0.0058***	0.0024***
	(5.91)	(13.64)	(8.68)
StdROA		0.4916***	
		(21.12)	
D			0.0019***
			(4.40)
D × *Salary_perc*			0.0111***
			(7.91)
lnSalary_lag	0.0003	0.0137***	0.0001
	(0.73)	(17.88)	(0.18)
Sharehold	-0.0060**	0.0308***	-0.0054**
	(-2.40)	(6.04)	(-2.17)
Size	-0.0034***	0.0055***	-0.0033***
	(-11.00)	(9.54)	(-10.80)
Lev	0.0109***	-0.1328***	0.0103***
	(6.07)	(-39.72)	(5.77)
Growth	0.0003	0.0303***	0.0005
	(0.60)	(28.52)	(0.86)
Turnover	-0.0023***	0.0238***	-0.0021***
	(-3.37)	(15.28)	(-3.15)
SOE	-0.0026***	-0.0070***	-0.0029***
	(-4.07)	(-5.50)	(-4.67)
TOP1	-0.0109***	0.0399***	-0.0111***
	(-5.58)	(10.75)	(-5.74)

续表

	模型（4-6）	模型（4-7）	模型（4-8）
Zindex	0.0000**	-0.0001***	0.0000***
	(2.55)	(-5.92)	(2.69)
Independ	0.0064	-0.0088	0.0061
	(1.22)	(-0.88)	(1.17)
Board	-0.0044***	0.0030	-0.0043***
	(-2.77)	(1.04)	(-2.73)
Dual	0.0006	-0.0030***	0.0009
	(0.95)	(-2.65)	(1.37)
Constant	0.1057***	-0.2266***	0.1055***
	(14.13)	(-15.00)	(14.20)
Industry F. E.	*Yes*	*Yes*	*Yes*
Year F. E.	*Yes*	*Yes*	*Yes*
N	31 069	31 069	31 069
Adj. R^2	0.083	0.360	0.090
F	24.406	315.892	30.008

注：括号中的数值表示经过公司层面聚类调整后的 t 值。***、** 和 * 分别表示估计系数在 1%、5% 和 10% 的水平下显著。

从表 4-12 可以看出，模型（4-6）的结果中，薪酬变动率 *Salary_perc* 对收益波动性 *StdROA* 的回归系数为 0.0014 且在 1% 水平下显著，这表示薪酬变动与收益波动性呈正相关关系，薪酬变动增长会引起收益波动性增大，说明薪酬增加能够提高企业的风险承担水平，降低了经理人的代埋问题，使公司高管愿意承担更大风险。

从表 4-12 可以看出，模型（4-7）的结果中，中介变量收益波动性 *StdROA* 的回归系数为 0.4916 且在 1% 水平下显著，薪酬变动率 *Salary_perc* 的系数显著为正且在 1% 水平下显著。由中介效应的判定方法可以得出，收益波动性在薪酬变动对公司财务绩效影响中起到部分中介作用，由此假设 1 得到进一步验证。

从表 4-12 可以看出，模型（4-8）的结果中，薪酬变动率 *Salary_*

perc 的回归系数为 0.0024，交互项 $D \times Salary\_perc$ 的回归系数为 0.0111，均在 1% 水平下显著。这意味着薪酬变动如果为正，其对收益波动性的影响系数是 0.0024（0.0024 +0.0111 ×0），薪酬变动如果为负，其对收益波动性的影响系数是 0.0121（0.0020 +0.0111 ×1）。由此可以看出，高管薪酬变动对收益波动性存在非对称性影响，假设 2 得到进一步验证，以上结果表明回归结果是稳健的。

4.4.4 滞后相关变量

高管薪酬变动和公司风险承担存在相互影响的关系，为了降低模型本身的内生性问题，分别使用以下方法进行了处理：（1）分别在解释变量中加入被解释变量 *Inv_tot* 滞后项；（2）将薪酬变动率 *Salary_perc* 滞后一期作为解释变量；（3）将控制变量滞后一期。通过以上三种方法对模型（4 -6）进行回归分析，汇总结果如表 4 - 13 所示。

表 4 - 13　　　　滞后相关变量的回归结果

	加入 *Inv_tot* 滞后项	将 *Salary_perc* 滞后一期	将控制变量滞后一期
Salary_perc	0.0013***	0.0022***	0.0023***
	(3.98)	(5.09)	(5.41)
Inv_tot_lag	0.5309***		
	(70.12)		
lnSalary_lag	0.0040***	0.0066***	0.0085***
	(8.55)	(7.34)	(9.54)
Sharehold	0.0218***	0.0498***	0.0359***
	(6.64)	(7.90)	(6.25)
Size	0.0000	0.0027***	0.0000
	(0.01)	(4.26)	(0.03)
Lev	-0.0116***	-0.0108***	-0.0301***
	(-6.55)	(-3.22)	(-9.22)
Growth	-0.0000***	-0.0000***	0.0067***
	(-16.18)	(-5.57)	(8.08)

续表

	加入 *Inv_tot* 滞后项	将 *Salary_perc* 滞后一期	将控制变量滞后一期
Turnover	0.0052***	0.0064***	0.0102***
	(6.34)	(4.00)	(6.51)
SOE	-0.0072***	-0.0142***	-0.0125***
	(-10.17)	(-10.08)	(-8.88)
TOP1	0.0126***	0.0171***	0.0211***
	(5.73)	(3.90)	(5.00)
Zindex	-0.0001***	-0.0002***	-0.0002***
	(-8.98)	(-9.25)	(-8.25)
Independ	0.0051	0.0079	0.0181
	(0.83)	(0.67)	(1.56)
Board	0.0049***	0.0077**	0.0119***
	(2.66)	(2.08)	(3.31)
Dual	0.0010	0.0012	0.0026*
	(1.24)	(0.86)	(1.90)
Constant	-0.0343***	-0.1025***	-0.0763***
	(-4.16)	(-6.17)	(-4.67)
Industry F. E.	*Yes*	*Yes*	*Yes*
Year F. E.	*Yes*	*Yes*	*Yes*
N	31 069	28 275	30 469
Adj. R^2	0.411	0.163	0.177
F	552.672	48.949	63.655

注：括号中的数值表示经过公司层面聚类调整后的t值。***、**和*分别表示估计系数在1%、5%和10%的水平下显著。

从表4-13中可以看出，三种方法的模型（4-6）结果中，薪酬变动率 *Salary_perc* 的系数均为正，均在1%的水平下显著。假设1得到进一步验证，回归结果是稳健的。

4.4.5 替换中介效应检验方法

在4.3.2节检验中介效应时采用了逐步检验回归系数法，本节将采用系数乘积检验法来检验风险承担的中介效应。系数乘积检验法是针对图4-1

中经过中介路径上的回归系数乘积 ab 进行检验，检验其是否显著，即针对原假设 H_0：$ab=0$ 进行检验，如果拒绝原假设，则中介效应显著（温忠麟等，2004）[350]。目前常用的检验方法是 Sobel 检验，检验统计量为 z，计算方法如公式（4－9）所示。

$$z=\frac{\hat{a}\hat{b}}{\sqrt{\hat{a}^2 se_b^2+\hat{b}^2 se_a^2}} \tag{4-9}$$

其中，$\hat{a}$和$\hat{b}$分别是 a 和 b 的估计值，se_a和se_b分别是$\hat{a}$和$\hat{b}$的标准误。将统计量 z 值与临界值表对比进行检验。

本节使用 Sobel 检验分别对衡量风险承担的投资规模 *Inv_tot* 及其构成研发支出 *Inv_rd*、资本支出 *Inv_cap*、并购支出 *Inv_acq* 中介效应进行检验，汇总结果如表 4－14 所示。

表 4－14　　中介效应检验结果（Sobel 检验）

		Coef	Std Err	Z	P>Z
中介变量：*Inv_tot*	Sobel	0.000093	0.000044	2.12***	0.033983
	Goodman－1（Aroian）	0.000093	0.000044	2.117***	0.034235
	Goodman－2	0.000093	0.000044	2.123***	0.033732
中介变量：*Inv_rd*	Sobel	0.000172	0.000028	6.08***	0.000000
	Goodman－1（Aroian）	0.000172	0.000028	6.059***	0.000000
	Goodman－2	0.000172	0.000028	6.101***	0.000000
中介变量：*Inv_cap*	Sobel	0.000099	0.000026	3.76***	0.000170
	Goodman－1（Aroian）	0.000099	0.000026	3.746***	0.000180
	Goodman－2	0.000099	0.000026	3.775***	0.000160
中介变量：*Inv_acq*	Sobel	0.000046	0.0000190	2.405***	0.016159
	Goodman－1（Aroian）	0.000046	0.0000194	2.355***	0.018511
	Goodman－2	0.000046	0.0000186	2.459***	0.013943

注：***、** 和 * 分别表示估计系数在 1%、5% 和 10% 的水平下显著。

从表 4－14 中可以看出，以投资规模 *Inv_tot* 及其构成研发支出 *Inv_rd*、资本支出 *Inv_cap*、并购支出 *Inv_acq* 为中介变量的 sobel 均在 1% 水平下显著，假设 1 得到进一步验证，回归结果是稳健的。

4.5　本章小结

本章从自我决定理论和委托代理理论出发，分析了风险承担在高管薪酬与公司绩效关系的作用机理，以投资规模和收益波动性作为风险承担的衡量指标提出了本章研究假设，构建中介效应模型进行检验。实证研究结果表明：（1）高管薪酬对风险承担存在显著正向影响；（2）风险承担在高管薪酬对公司绩效影响中存在显著的中介作用；（3）风险承担中介效应存在非对称性。

第5章　产权性质调节效应的非对称性分析

坚持和完善以公有制为主体、多种所有制经济共同发展的社会主义市场经济体制，是中国特色社会主义的重大理论和实践创新，是社会主义基本经济制度的重要组成部分。当前，中国特色社会主义已经进入新时代，经济由高速增长阶段转向高质量发展阶段，但是我国市场体系还存在市场激励不足、要素流动不畅、资源配置效率不高、微观经济活力不强等问题。不同产权性质的企业在当前市场经济环境下协同发展是一个重要的研究内容。

在第4章，本书证实了以投资规模和收益波动性衡量的风险承担，在高管薪酬对公司绩效影响中起到中介作用，而这种中介作用会受到哪些因素的影响，尤其是是否受产权性质的影响，是本章的研究焦点所在。本章主要研究以下两个问题：（1）产权性质是否影响风险承担在高管薪酬与公司绩效之间的中介效应？（2）如果影响存在，其在薪酬增加和薪酬减少两种情境下，是否存在差异？

5.1　产权性质调节效应的理论分析与研究假设

5.1.1　产权性质的调节效应

国有企业的高管多由行政任命，其薪酬受到诸多政策性影响，例如，2019年施行的《中央企业负责人经营业绩考核办法》第四十四条规定：任期激励收入根据任期经营业绩考核结果，在不超过企业负责人任期内年薪总水平的 30% 以内确定[302]。国有企业高管薪酬受到政策干预，经济激励作用和路径将会受到影响，而良好激励机制可以激发高管提高风险承担意识，选择更有价值的投资机会。相较于民营企业，国有企业具有双重性质——政治性质和经济性质，国有企业除了承担经济职能外，还要承担社会稳定、就业保障、环境保护、社会公益等社会性职能。林毅夫等（2004）指出，中国的国有企业普遍承担着战略性政策负担和社会性政策负担双重压力，前者是指投资于不具有比较优势的资本密集型产业，后者是指承担过多冗员和工人福利[353]。国有企业的管理层在经营过程中不仅要考虑企业的盈利问题，同时还要兼顾其社会影响和政治要求，自身还有很强的政治晋升需求（徐悦等，2018；卢馨等，2019）[354, 355]。在这种情况下，为了满足考核目标要求，实现国有资产的保值增值，国有企业高管更倾向于风险规避，在投资决策中风险承担意识较弱，对于风险较高的投资项目表现出更多的保守倾向，减少投资项目支出。相对而言，私有企业的治理要优于国有企业（孙永祥，2001）[356]，非国有企业高管面临着较为市场化的经理人市场，可以较为自由地流动，也可以通过努力工作建立职业声誉（黎文靖等，2014）[357]，薪酬激励的效果在非国有企业更为显著。

行政干预的存在使国有企业经营目标由企业价值最大化转变为目标多元化，导致公司财务绩效与管理者付出之间的关系模糊（陈冬华等，2005）[146]。李春涛等（2010）认为，在相同的激励机制下，国有企业高管会为了政治目标而放弃研发项目可能带来的经济利益，从而降低薪酬激励对创新的促进作用，并通过制造业公司数据进行了验证[322]。Conyon 和 He（2011）研究发现，国有企业的管理者对薪酬不太敏感，因为他们是由国家任命的，通过实现经营目标来获得政治晋升[31]。李小燕等（2011）研究发现，国有企业高管具备利用并购增加个人收益的动机和条件，高管薪酬变化与并购业绩无关，而民营企业高管在相对激烈的市场竞争及严格的内部监管环境下，提高并购业绩或许是增加个人收益的更好选择，高管薪酬变化与并购业绩相关[358]。张楠和卢洪友（2017）的研究发现，限薪令表现为国有企业高管薪酬下降，抑制了高管风险承担水平，减少了过度投资[359]。徐经长等（2019）进一步证实了与非国有企业相比，国有企业高管薪酬降低后，高管更不愿意承担风险，公司风险承担水平显著下降[303]。高磊（2018）研究发现，高管货币薪酬显著影响公司风险承担水平，而公司所有权性质起到了调节作用[112]。Jiang 等（2020）研究表明，与民营企业相比，国有企业高管薪酬、并购活动和绩效之间的联系相对较弱[360]。王亚等（2021）研究发现，薪酬激励对国有控股企业技术创新投入具有显著抑制效应，而对非国有控股企业具有显著促进作用[361]。Wang 和 Deng（2021）研究发现，高管薪酬激励显著降低公司股权成本，而国有产权削弱了这一积极作用[362]。应千伟和何思怡（2021）研究发现，相比较于非国有企业，国有企业由于所有者缺位和薪酬管制，激励机制难以发挥效用[363]。

根据以上分析，本章提出如下假设：

假设1：产权性质调节了风险承担在高管薪酬与公司绩效关系中的中介作用，同等条件下，相比较于非国有企业，国有企业的风险承担中介效应偏低。

5.1.2 产权性质调节效应的非对称性

当高管薪酬变化方向不同，即加薪和减薪，产权性质的调节作用可能存在差异。当薪酬增加时，5.1.1 节分析中产权性质的调节作用是可能存在的，即相较于非国有企业，国有企业高管在面对薪酬增加激励时，由于国有企业经营目标的多样性和高管考核的多重性，其激励效果弱于非国有企业高管，通过风险承担影响公司财务绩效的中介效应也会弱一些。

当薪酬减少时，这一负向激励方案的实施会产生明显负面、消极的影响，第4章实证检验证实了这一点，薪酬减少引起了公司投资规模大幅下降。同时，劳动经济学的研究表明，减薪与员工士气高度相关。Loewenstein 和 Sicherman（1991）研究发现，企业员工会将减薪视为其工作努力程度不被认可的信号，证明了减薪与员工士气之间的联系[364]。Kawaguchi 和 Ohtake（2007）研究表明，即使在通货紧缩时期，减薪也会削弱员工士气，破坏员工对公司的认同感，影响他们对公司的信任和薪酬满意度[365]。因此，本书预测，当薪酬减少时，产权性质的调节作用可能不存在，即当薪酬减少时，无论国有企业高管还是非国有企业高管都会感到沮丧、消极、士气低沉，产权性质对风险承担的中介效应没有显著影响。

根据以上分析，本章提出如下假设：

假设 2：薪酬变动方向不同，产权性质调节效应存在非对称性，即同等条件下，薪酬增加时，产权性质调节效应显著；薪酬减少时，产权性质调节效应不显著。

5.2　产权性质调节效应的研究设计

5.2.1　样本选择和数据来源

本章主要研究产权性质在高管薪酬变动对公司财务绩效影响过程中的作用机制，为了保证本书前后研究结论的一致性，本章的样本选择和数据来源同前两章保持一致，按照 3.2.1 节和 4.2.1 节的方法来查询数据和选择样本。

5.2.2　变量定义和度量

5.2.2.1　被解释变量

本章研究的被解释变量仍然是公司财务绩效，为了保证本书前后研究结论的一致性，本章仍然采用 3.2.2.1 节和 4.2.2.1 节的定义和度量方法，选择总资产收益率 *ROA* 作为公司财务绩效的衡量指标，净资产收益率 *ROE* 和每股收益 *EPS* 作为替代指标进行稳健性测试。其中，总资产收益率 *ROA* 用净利润除以平均总资产来计算；净资产收益率 *ROE* 用净利润除以平均净资产来计算；每股收益 *EPS* 用净利润除以平均总股本来计算。

5.2.2.2　解释变量

本章研究的解释变量仍然是高管薪酬变动，同样为了保证本书前后研究结论的一致性，本章仍然采用3.2.2.2节和4.2.2.2节的定义和度量方法，选取公司CEO货币薪酬增长率作为高管薪酬变动的衡量指标，以董事长和年薪最高的前三名高管薪酬增长率作为稳健性检验的替代性指标。薪酬增长率用货币薪酬总额当年与上一年的差额除以上一年货币薪酬总额来表示。

5.2.2.3 中介变量

本章研究的中介变量仍然是风险承担，同样为了保证本书前后研究结论的一致性，本章采用4.2.2.3节的定义和度量方法，使用投资规模 *Inv* 作为衡量风险承担的代理变量，将收益波动性作为衡量风险承担的替代性指标进行稳健性测试。投资规模 *Invt* 等于研发支出、资本支出和并购支出的合计。其中，研发支出用研发支出金额除以期末资产总额来计算；资本支出用购建固定资产、无形资产和其他长期资产所支付的现金减去处置固定资产、无形资产和其他长期资产收回的现金净额，再除以期末资产总额来计算；并购支出用取得子公司及其他营业单位支付的现金净额减去处置子公司及其他营业单位收到的现金净额，再除以期末资产总额来计算。收益波动性 *StdROA*，选用经行业均值调整后公司总资产收益率 *ROA* 的三年移动标准差作为衡量指标，具体计算公式见4.2.2.3节的描述。

5.2.2.4 调节变量

产权性质SOE，用虚拟变量来衡量，如果是国有企业，取值为1，否则为0。

5.2.2.5 控制变量

控制变量，与上一章相同，按照3.2.2.3节的方法来度量。

各变量名称和度量方式如表5-1所示。

表5-1　变量名称和度量

变量类别	变量代码	变量名称	计算方法
被解释变量	*ROA*	总资产收益率	净利润除以平均资产总额［（期初资产总额+期末资产总额）÷2］

续表

变量类别	变量代码	变量名称	计算方法
解释变量	*Salary_perc*	薪酬变动率	（当年 CEO 货币薪酬 - 上一年 CEO 货币薪酬）÷上一年 CEO 货币薪酬
	D	薪酬变动方向	薪酬下降，取 1，否则取 0
中介变量	*Inv*	投资规模	[研发支出 +（购建固定资产、无形资产和其他长期资产所支付的现金 - 处置固定资产、无形资产和其他长期资产收回的现金净额）+（取得子公司及其他营业单位支付的现金净额 - 处置子公司及其他营业单位收到的现金净额）] ÷期末资产总额
	StdROA	收益波动性	参见公式（4 - 1）
调节变量	*SOE*	产权性质	如果是国有企业，取值为 1，否则为 0
控制变量	*lnSalary_lag*	上一年 CEO 货币薪酬	上一年 CEO 薪酬总额的对数
	Size	公司规模	期末资产总额的对数
	Lev	资产负债率	期末负债总额÷期末资产总额
	Growth	营业收入增长率	（本年营业收入 - 上一年营业收入）÷上一年营业收入
	Turnover	总资产周转率	营业收入除以平均资产总额 [（期初资产总额 + 期末资产总额）÷2]
	TOP1	第 1 大股东持股比例	第 1 大股东持股数量÷公司总股数
	Sharehold	管理层持股	CEO 持股数量÷公司总股数
	Zindex	股权制衡度	第 1 大股东持股数量÷第 2 大股东持股数量
	Independ	独立董事比例	独立董事人数÷董事会人数
	Dual	两职合一	如果董事长和总经理是同一人，则该变量取值为 1，否则为 0
	Board	董事会规模	董事会人数取对数
	Industry	行业	按照证监会 2012 版的行业分类标准
	Year	年度	2007—2021 年

5.2.3 有调节的中介效应模型构建

5.2.3.1 有调节的中介效应模型检验方法

有调节的中介效应模型（moderated mediation model）是一种同时包含中介变量和调节变量的模型，在这种模型中，解释变量 X 通过中介变量 W 对被解释变量 Y 产生影响，而中介过程受到调节变量 U 的调节。温忠麟等(2014) 总结了有调节的中介效应模型的类型和检验方法[351]，其将有调节的中介效应模型区分为调节前半路径的中介效应模型（见图 5－1）、调节后半路径的中介效应模型（见图 5－2）以及同时调节前后路径的中介效应模型（见图5－3）。显然，图 5－1 和图 5－2 所示的模型都是图 5－3 所示模型的特例。

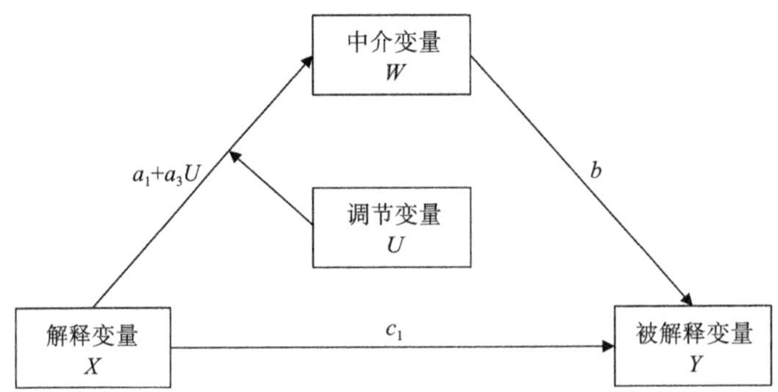

图 5－1 调节前半路径的中介效应模型

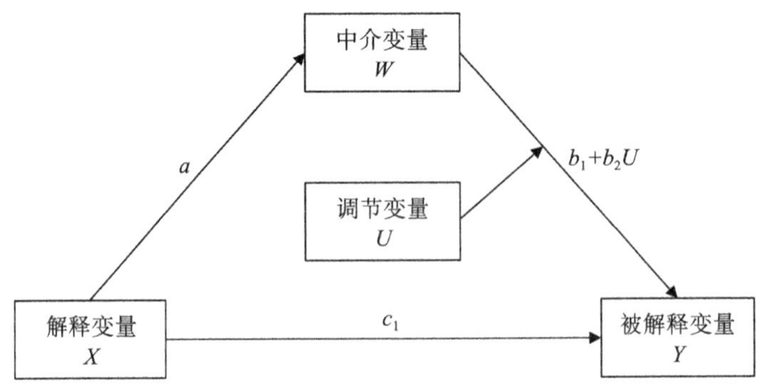

图 5－2 调节后半路径的中介效应模型

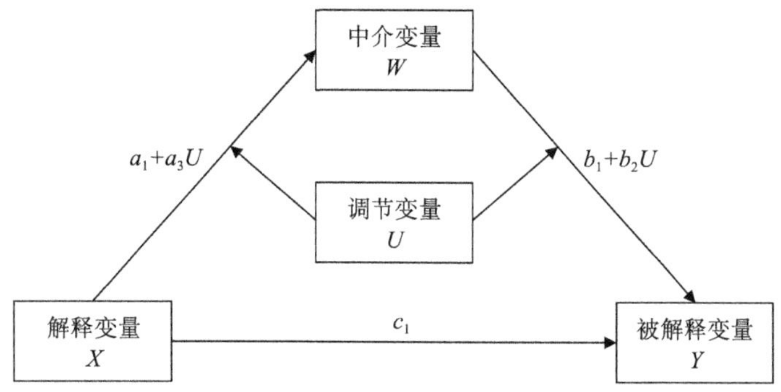

图 5－3　调节前后路径的中介效应模型

对于有调节的中介效应模型来说，可以通过依次检验法来进行检验：

（1）构建以变量 Y 为因变量，变量 X 和 U 为自变量的回归方程进行检验，见模型（5－1）。如果变量 X 的系数 c_1 显著，再进行下一步检验。

$$Y = c_0 + c_1X + c_2U + e_1 \tag{5-1}$$

（2）构建以变量 W 为因变量，变量 X、变量 U 及其交互项 XU 为自变量的回归方程进行检验，见模型（5－2）。

$$W = a_0 + a_1X + a_2U + a_3UX + e_2 \tag{5-2}$$

（3）构建以变量 Y 为因变量，变量 X、变量 U、变量 W 以及变量 U 和 W 的交互项 UW 为自变量的回归方程进行检验，见模型（5－3）。

$$Y = c'_0 + c'_1X + c'_2U + b_1W + b_2UW + e_3 \tag{5-3}$$

首先对模型（5－1）进行检验，如果变量 X 的系数 c_1 显著，才能进一步检验模型（5－2）和模型（5－3）。如果模型（5－2）中交互项 UX 的系数 a_3 显著，且模型（5－3）中变量 W 的系数 b_1 显著，则图 5－1 所示的调节前半路径的中介效应模型成立；如果模型（5－2）中变量 X 的系数 a_1 显著，且模型（5－3）中交互项 UW 的系数 b_2 显著，则图 5－2 所示的调节后半路径的中介效应模型成立；如果以上 a_3 与 b_1、a_1 与 b_2 两组系数均显著，则图 5－3 所示的调节前后路径的中介效应模型成立。

5.2.3.2　有调节的中介效应模型构建

按照以上方法，构建有调节的中介效应模型来检验假设 1，依次建立模型（5－4）、模型（5－5）和模型（5－6）。

$$ROA_{t+1}=\alpha_0+\alpha_1\times Salary\_perc_t+\gamma_1\times SOE+\sum_{m=1}^{13}\alpha_{m+1}\times Control_{m,t}+\varepsilon \qquad (5-4)$$

$$Inv_t=\alpha_0+\alpha_1\times Salary\_perc_t+\theta_1\times SOE+\theta_2\times SOE\times Salary\_perc_t+\sum_{m=1}^{13}\alpha_{m+1}\times Control_{m,t}+\varepsilon \qquad (5-5)$$

$$ROA_{t+1}=\alpha_0+\alpha_1\times Salary\_perc_t+\gamma_1\times SOE+\pi_1\times Inv_t+\pi_2\times SOE\times Inv_t+\sum_{m=1}^{13}\alpha_{m+1}\times Control_{m,t}+\varepsilon \qquad (5-6)$$

如果模型（5－4）中α_1显著，且模型（5－5）中的α_1和模型（5－6）中的π_2、模型（5－5）中的θ_2和模型（5－6）中的π_1，两组中至少一组均显著，则说明有调节的中介效应成立，假设1得以验证。

为了检验假设2，在模型（5－5）的基础上，加入薪酬变动方向D、产权性质SOE和薪酬变动率$Salary_perc$三者交互项$D\times SOE\times Salary_perc$，构建模型（5－7）。同时为了保证交互项验证的完整性，还需要将其两两交互项加入模型（5－7）。在模型（5－6）的基础上，加入薪酬变动方向D、产权性质SOE和投资规模Inv三者交互项$D\times SOE\times Inv$，构建模型（5－8）。同时为了保证交互项验证的完整性，还需要将其两两交互项加入模型（5－8）。

$$Inv_t=\alpha_0+\alpha_1\times Salary\_perc_t+\theta_1\times SOE+\theta_2\times SOE\times Salary\_perc_t+\rho_1\times D+\rho_2\times D\times SOE+\rho_3\times D\times Salary\_perc_t+\rho_4\times D\times SOE\times Salary\_perc_t+\sum_{m=1}^{13}\alpha_{m+1}\times Control_{m,t}+\varepsilon \qquad (5-7)$$

$$ROA_{t+1}=\alpha_0+\alpha_1\times Salary\_perc_t+\gamma_1\times SOE+\pi_1\times Inv_t+\pi_2\times SOE\times Inv_t+\rho_1\times D+\rho_2\times D\times SOE+\tau_1\times D\times Inv_t+\tau_2\times D\times SOE\times Inv_t+\sum_{m=1}^{13}\alpha_{m+1}\times Control_{m,t}+\varepsilon \qquad (5-8)$$

由于薪酬变动方向D，在薪酬减少时取1，在薪酬增加时取0，所以当薪酬增加时，产权性质对风险承担的调节系数是θ_2（前半路径）和π_2（后半路径）；当薪酬减少时，产权性质对风险承担的调节系数是$\theta_2+\rho_4$（前半路径）和$\pi_2+\tau_2$（后半路径）。因此只要模型（5－7）中交互项 $D \times SOE \times Salary\_perc$ 的系数ρ_4或模型（5－8）中交互项 $D \times SOE \times Inv$ 的系数τ_2显著大于零，则说明薪酬减少时产权性质的调节作用影响程度将大于薪酬增加时的影响程度，假设 2 得以验证。

同时为了交叉检验假设 2，将样本分为薪酬增加组和薪酬减少组，分别使用模型（5－4）、模型（5－5）、模型（5－6）进行回归，检验其组间系数是否存在显著差异。

5.3　产权性质调节效应的实证检验

5.3.1　主要变量的描述性统计和相关性分析

5.3.1.1　主要变量的描述性统计

表 5－2 列示了主要变量全样本、薪酬增加组、薪酬减少组的描述性统计结果。

在表 5－2 中，总资产收益率 *ROA* 的分组描述性统计结果显示，在全样本情况下，非国有企业总资产收益率 *ROA* 均值为 5.7%，显著高于国有企业总资产收益率 *ROA* 均值 3.7%，中位数差异显著且方向一致。在薪酬增加组中，非国有企业总资产收益率 *ROA* 均值为 5.5%，显著高于国有企业总资产收益率 *ROA* 均值 4.1%，中位数差异显著且方向一致。在薪酬减少组中，非国有企业总资产收益率 *ROA* 均值为 4.0%，显著高于国有企业总资产收益率 *ROA* 均值 2.7%，中位数差异显著且方向一致。整体而言，非国有企业财务绩效显著优于国有企业财务绩效。

公司 CEO 货币薪酬 *TotalSalary* 分组描述性统计结果显示，在全样本情况下，非国有企业 CEO 货币薪酬均值为 93 万元，显著高于国有企业 CEO 货币薪酬均值 80 万元，中位数差异显著且方向一致。在薪酬增加组中，非国有企业 CEO 货币薪酬均值为 99 万元，显著高于国有企业 CEO 货币薪酬

表 5-2 主要变量描述性统计

分组	变量	非国有企业			国有企业			均值差异	中位数差异
		样本量	均值	中位数	样本量	均值	中位数	T 检验	非参数检验
全样本	*ROA*	22 564	0. 057	0. 053	13 406	0. 037	0. 032	0. 020 ***	1 419. 887 ***
	TotalSalary	22 564	930 000	620 000	13 406	800 000	570 000	130 000 ***	86. 293 ***
	Salary_perc	19 533	0. 241	0. 036	12 640	0. 304	0. 067	-0. 063 ***	97. 815 ***
	lnSalary	22 564	13. 362	13. 337	13 406	13. 216	13. 253	0. 147 ***	86. 293 ***
	Inv	22 564	0. 076	0. 064	13 406	0. 055	0. 043	0. 021 ***	998. 670 ***
	StdROA	19 320	0. 028	0. 019	12 243	0. 022	0. 014	0. 006 ***	401. 502 ***
薪酬增加组	*ROA*	14 039	0. 055	0. 051	8 516	0. 041	0. 035	0. 014 ***	582. 127 ***
	TotalSalary	14 039	990 000	660 000	8 516	870 000	620 000	110 000 ***	37. 800 ***
	Salary_perc	14 039	0. 416	0. 125	8 516	0. 577	0. 188	-0. 161 ***	192. 592 ***
	lnSalary	14 039	13. 432	13. 400	8 516	13. 327	13. 334	0. 105 ***	37. 800 ***
	Inv	14 039	0. 076	0. 065	8 516	0. 055	0. 044	0. 021 ***	635. 679 ***
	StdROA	13 720	0. 027	0. 018	7 919	0. 022	0. 013	0. 006 ***	302. 608 ***
薪酬减少组	*ROA*	5 494	0. 040	0. 039	4 124	0. 027	0. 026	0. 012 ***	191. 207 ***
	TotalSalary	5 494	820 000	560 000	4 124	660 000	470 000	160 000 ***	92. 183 ***
	Salary_perc	5 494	-0. 207	-0. 125	4 124	-0. 260	-0. 171	0. 053 ***	87. 496 ***
	lnSalary	5 494	13. 232	13. 236	4 124	12. 990	13. 056	0. 243 ***	92. 183 ***
	Inv	5 494	0. 076	0. 063	4 124	0. 054	0. 042	0. 021 ***	274. 403 ***
	StdROA	5 435	0. 031	0. 020	3 995	0. 024	0. 015	0. 007 ***	123. 381 ***

注：*** 、** 和 * 分别表示估计系数在 1% 、5% 和 10% 的水平下显著。

均值87万元，中位数差异显著且方向一致。在薪酬减少组中，非国有企业CEO货币薪酬均值为82万元，显著高于国有企业CEO货币薪酬均值66万元，中位数差异显著且方向一致。整体而言，非国有企业CEO货币薪酬高于国有企业CEO货币薪酬。

公司CEO货币薪酬变动率 *Salary_perc* 分组描述性统计结果显示，在全样本情况下，非国有企业CEO货币薪酬变动均值为24.1%，显著低于国有企业CEO货币薪酬变动均值30.4%，中位数差异显著且方向一致。在薪酬增加组中，非国有企业CEO货币薪酬变动均值41.6%，显著低于国有企业CEO货币薪酬变动均值57.7%，中位数差异显著且方向一致。在薪酬减少组中，非国有企业CEO货币薪酬变动均值-20.7%，显著低于国有企业CEO货币薪酬变动均值-26.0%，中位数差异显著且方向一致。整体而言，非国有企业CEO薪酬变动的幅度小于国有企业CEO薪酬变动幅度。

公司投资规模 *Inv* 分组描述性统计结果显示，在全样本情况下，非国有企业投资规模均值为0.076，显著高于国有企业投资规模均值0.055，中位数差异显著且方向一致。在薪酬增加组中，非国有企业投资规模均值为0.076，显著高于国有企业投资规模均值0.055，中位数差异显著且方向一致。在薪酬减少组中，非国有企业投资规模均值为0.076，显著高于国有企业投资规模均值0.054，中位数差异显著且方向一致。整体而言，非国有企业投资规模高于国有企业投资规模。

公司收益波动性 *StdROA* 分组描述性统计结果显示，在全样本情况下，非国有企业收益波动性均值为0.028，显著高于国有企业收益波动性均值0.022，中位数差异显著且方向一致。在薪酬增加组中，非国有企业收益波动性均值为0.027，显著高于国有企业收益波动性均值0.022，中位数差异显著且方向一致。在薪酬减少组中，非国有企业收益波动性均值为0.031，显著高于国有企业收益波动性均值0.024，中位数差异显著且方向一致。整体而言，非国有企业收益波动性高于国有企业收益波动性。结合投资规模的描述性统计结果可以得知，就描述性统计结果而言，非国有企业风险承担水平高于国有企业风险承担水平。

5.3.1.2 主要变量的相关性分析

各主要变量相关性系数如表 5 - 3 所示。

表 5 - 3　　主要变量之间 Pearson 相关性检验

	ROA	*Salary_perc*	*D*	*SOE*	*Inv_tot*	*StdROA*
ROA	1.000					
Salary_perc	0.029 ***	1.000				
D	-0.115 ***	-0.352 ***	1.000			
SOE	-0.156 ***	0.033 ***	0.048 ***	1.000		
Inv	0.189 ***	0.028 ***	-0.013 **	-0.175 ***	1.000	
StdROA	0.233 ***	0.045 ***	-0.041 ***	-0.103 ***	0.012 **	1.000

注：* $p < 0.1$，** $p < 0.05$，*** $p < 0.01$。

表 5 - 3 汇总了本章主要变量之间的 Pearson 相关性检验结果。大部分变量相关性结果在前两章已经分析过。这里主要分析调节变量产权性质 *SOE* 与其他变量之间的关系，产权性质 *SOE* 与中介变量投资规模 *Inv*、收益波动性 *StdROA* 相关系数为负且显著，与解释变量薪酬变动率 *Salary_perc* 相关系数为正且显著，与被解释变量 *ROA* 相关系数为负且显著。其他各变量之间不存在较高程度的相关性，回归后经膨胀因子检验得到的 VIF 值均小于5，也不存在严重的多重共线性问题，以上表明所选择的变量整体是可行、稳健的。

5.3.2 产权性质的调节效应检验

本节首先通过模型（5 - 4）、模型（5 - 5）、模型（5 - 6）检验产权性质在风险承担作为中介变量的调节作用，回归结果如表 5 - 4 所示。

模型（5 - 4）实际上就是第 3 章的模型（3 - 1），从表 5 - 4 的结果可以看出，薪酬变动率 *Salary_perc* 的系数为 0.0052，在 1% 水平下显著，按照之前设定好的检验步骤，可以继续做下一步分析。模型（5 - 5）中薪酬变动率 *Salary_perc* 的系数为 0.0039 且在 10% 水平下显著，但是模型（5 - 6）中产权性质与投资规模交互项 *SOE* × *Inv* 的系数不显著，也就是图 5 - 2 所

表 5-4　有调节的中介效应模型回归结果

	模型（5-4） 被解释变量：*ROA*	模型（5-5） 被解释变量：*Inv*	模型（5-6） 被解释变量：*ROA*
Salary_perc	0.0052***	0.0039*	0.0051***
	(12.51)	(1.70)	(12.34)
SOE	-0.0062***	-0.0145***	-0.0031**
	(-4.92)	(-10.50)	(-2.14)
SOE × *Salary_perc*		-0.0012*	
		(1.85)	
Inv			0.0982***
			(10.85)
SOE × *Inv*			-0.0317
			(-1.23)
lnSalary_lag	0.0135***	0.0083***	0.0128***
	(17.29)	(9.53)	(16.49)
Sharehold	0.0337***	0.0463***	0.0292***
	(6.48)	(7.90)	(5.68)
Size	0.0071***	0.0014**	0.0070***
	(12.09)	(2.27)	(11.97)
Lev	-0.1373***	-0.0116***	-0.1362***
	(-39.48)	(-3.58)	(-39.30)
Growth	0.0285***	0.0106***	0.0275***
	(27.14)	(11.57)	(26.60)
Turnover	0.0247***	0.0043***	0.0243***
	(15.58)	(2.78)	(15.38)
TOP1	0.0449***	0.0215***	0.0429***
	(11.67)	(5.14)	(11.17)
Zindex	-0.0002***	-0.0002***	-0.0001***
	(-7.35)	(-9.25)	(-6.53)
Independ	-0.0115	0.0104	-0.0124
	(-1.12)	(0.92)	(-1.23)
Board	0.0056*	0.0077**	0.0051*
	(1.86)	(2.18)	(1.71)
Dual	-0.0033***	0.0018	-0.0035***
	(-2.75)	(1.35)	(-2.93)

续表

	模型（5-4） 被解释变量：*ROA*	模型（5-5） 被解释变量：*Inv*	模型（5-6） 被解释变量：*ROA*
Constant	-0.2760***	-0.0956***	-0.2695***
	(-18.56)	(-5.97)	(-18.14)
Industry F. E.	*Yes*	*Yes*	*Yes*
Year F. E.	*Yes*	*Yes*	*Yes*
N	32 173	32 173	32 173
Adj. R^2	0.308	0.171	0.314
F	266.819	58.621	246.580

注：括号中的数值表示经过公司层面聚类调整后的 t 值。***、** 和 * 分别表示估计系数在 1%、5% 和 10% 的水平下显著。

示的调节后半路径中介效应不成立。模型（5-5）中产权性质与薪酬变动交互项 *SOE* × *Salary_perc* 的系数为 -0.0012 且在 10% 水平下显著，同时模型（5-6）投资规模 *Inv* 的系数为 0.0982 且在 1% 水平下显著，如图 5-4 所示的调节前半路径中介效应成立，也就是对于中介变量风险承担而言，产权性质调节了中介效应的前半路径，假设 1 得到验证。

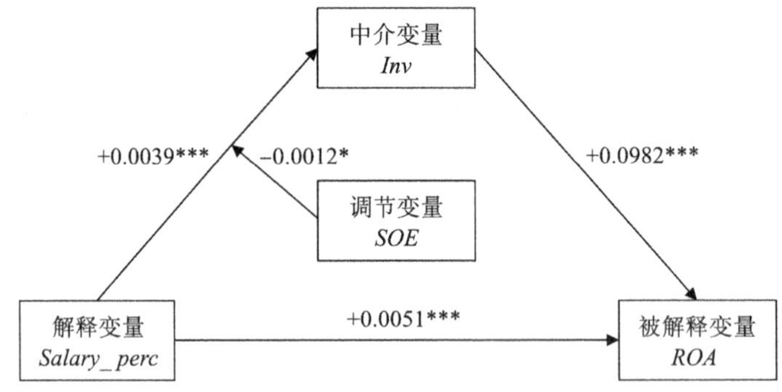

图 5-4　产权性质的调节作用（*Inv*）

从图 5-4 可以看出，产权性质对于中介效应的前半路径调节系数为负，这意味着相对于非国有企业而言，国有企业高管薪酬变动引起风险承担的变化幅度较小，薪酬变动激励效果在非国有企业更加突出。

通过以上分析可以看出，产权性质调节了风险承担在高管薪酬变动对公司财务绩效影响中的中介效应。产权性质作为公司治理重要的构成内容，能够对高管薪酬契约产生重要影响。在上一章证实，风险承担能够在高管薪酬变动与公司财务绩效之间起到中介作用。本节实证研究结果表明，以产权性质为调节变量、风险承担水平为中介变量、高管薪酬变动为解释变量、公司财务绩效为被解释变量的有调节中介效应模型成立。这进一步说明，产权性质不同，风险承担发挥的中介效应存在差异，相较于非国有企业，国有企业的风险承担中介效应更低，进而影响公司财务绩效相对较差。

5.3.3　产权性质调节效应的非对称性影响检验

本节检验假设 2 是否成立，即薪酬变动方向不同时，以风险承担为中介变量、产权性质为调节变量的有调节中介效应是否存在差异，分别对模型（5－7）和模型（5－8）进行检验，汇总结果如表 5－5 所示。

表 5－5　　产权性质调节效应的非对称性影响检验（*Inv*）

	模型（5－7）	模型（5－8）
	被解释变量：*Inv*	被解释变量：*ROA*
Salary_perc	0.00038*	0.0033***
	(1.75)	(7.54)
SOE	－0.0142***	－0.0036**
	(－9.54)	(－2.34)
SOE × *Salary_perc*	0.0009	
	(1.26)	
D	－0.0006	－0.0128***
	(－0.58)	(－13.89)
D × *SOE*	0.0011	0.0037**
	(0.71)	(2.52)
D × *SOE* × *Salary_perc*	0.0072**	
	(2.34)	
Inv		0.0978***
		(10.89)

续表

	模型（5-7） 被解释变量：*Inv*	模型（5-8） 被解释变量：*ROA*
SOE × *Inv*		-0.0234
		(-1.57)
D × *SOE* × *Inv*		-0.0286*
		(-1.85)
lnSalary_lag	0.0083***	0.0135***
	(9.48)	(17.47)
Sharehold	0.0463***	0.0293***
	(7.90)	(5.77)
Size	0.0014**	0.0067***
	(2.27)	(11.58)
Lev	-0.0115***	-0.1349***
	(-3.56)	(-39.36)
Growth	0.0106***	0.0270***
	(11.55)	(26.48)
Turnover	0.0043***	0.0239***
	(2.75)	(15.39)
*TOP*1	0.0216***	0.0436***
	(5.16)	(11.44)
Zindex	-0.0002***	-0.0002***
	(-9.28)	(-6.67)
Independ	0.0106	-0.0122
	(0.94)	(-1.22)
Board	0.0077**	0.0050*
	(2.17)	(1.69)
Dual	0.0018	-0.0041***
	(1.32)	(-3.46)
Constant	-0.0956***	-0.2686***
	(-5.96)	(-18.19)
Industry F. E.	*Yes*	*Yes*
Year F. E.	*Yes*	*Yes*
N	32 173	32 173
Adj. R^2	0.171	0.321
F	48.642	222.420

注：括号中的数值表示经过公司层面聚类调整后的 t 值。***、** 和 * 分别表示估计系数在 1%、5% 和 10% 的水平下显著。

根据5.2.3节模型构建中的判定规则，从表5-5中可以看出，模型（5-7）中交互项 $D\times SOE\times Salary\_perc$ 的系数为正且在5%水平下显著，说明薪酬减少时产权性质的调节作用影响程度将大于薪酬增加时的影响程度，假设2得以验证。

为了交叉检验假设2，分别使用模型（5-4）、模型（5-5）、模型（5-6）对薪酬增加和薪酬减少的子样本进行检验，汇总结果如表5-6所示。为了检验表5-6组间系数差异是否显著，借鉴连玉君等（2017）检验分组回归后组间系数差异的方法[352]，分别对模型（5-4）、模型（5-5）、模型（5-6）进行检验，汇总结果如表5-7所示，其中 *bdiff* 表示变量回归系数的组间差异（薪酬增加组-薪酬减少组），*pvalue* 表示显著性水平。

表5-6　　产权性质调节效应的分组检验结果（*Inv*）

	薪酬增加组			薪酬减少组		
	模型(5-4) 被解释变量：ROA	模型(5-5) 被解释变量：Inv	模型(5-6) 被解释变量：ROA	模型(5-4) 被解释变量：ROA	模型(5-5) 被解释变量：Inv	模型(5-6) 被解释变量：ROA
Salary_perc	0.0033*** (7.11)	0.0036** (2.21)	0.0032*** (6.98)	0.0188*** (7.72)	0.0134*** (3.67)	0.0179*** (7.39)
SOE	-0.0058*** (-4.28)	-0.0140*** (-9.33)	-0.0032** (-2.01)	-0.0045*** (-2.86)	-0.0164*** (-7.88)	-0.0003 (-0.14)
SOE × Salary_perc		-0.0011** (-2.13)			-0.0044 (-0.94)	
Inv			0.0968*** (9.66)			0.0952*** (7.05)
SOE × Inv			-0.0241 (-1.55)			-0.0512 (-1.46)
lnSalary_lag	0.0148*** (17.69)	0.0083*** (8.70)	0.0141*** (16.93)	0.0131*** (12.35)	0.0085*** (7.83)	0.0125*** (11.86)
Sharehold	0.0381*** (6.76)	0.0485*** (7.43)	0.0334*** (5.99)	0.0206*** (2.82)	0.0381*** (4.74)	0.0170** (2.34)

续表

	薪酬增加组			薪酬减少组		
	模型(5-4)被解释变量：*ROA*	模型(5-5)被解释变量：*Inv*	模型(5-6)被解释变量：*ROA*	模型(5-4)被解释变量：*ROA*	模型(5-5)被解释变量：*Inv*	模型(5-6)被解释变量：*ROA*
Size	0.0071***	0.0015**	0.0069***	0.0063***	0.0009	0.0062***
	(11.06)	(2.34)	(10.93)	(8.42)	(1.15)	(8.38)
Lev	-0.1367***	-0.0128***	-0.1355***	-0.1333***	-0.0078*	-0.1328***
	(-35.30)	(-3.63)	(-35.13)	(-30.50)	(-1.84)	(-30.50)
Growth	0.0258***	0.0100***	0.0249***	0.0332***	0.0121***	0.0323***
	(21.94)	(9.75)	(21.51)	(18.01)	(6.90)	(17.66)
Turnover	0.0256***	0.0044***	0.0251***	0.0210***	0.0035*	0.0207***
	(15.52)	(2.80)	(15.32)	(11.13)	(1.68)	(11.04)
*TOP*1	0.0456***	0.0195***	0.0438***	0.0459***	0.0267***	0.0436***
	(11.28)	(4.35)	(10.87)	(8.86)	(4.97)	(8.41)
Zindex	-0.0002***	-0.0002***	-0.0002***	-0.0002***	-0.0003***	-0.0002***
	(-6.81)	(-8.30)	(-6.11)	(-6.02)	(-6.94)	(-5.35)
Independ	-0.0049	0.0173	-0.0065	-0.0250*	-0.0054	-0.0245*
	(-0.45)	(1.45)	(-0.60)	(-1.70)	(-0.34)	(-1.69)
Board	0.0046	0.0105***	0.0038	0.0065	0.0011	0.0068*
	(1.40)	(2.74)	(1.17)	(1.59)	(0.24)	(1.67)
Dual	-0.0033**	0.0019	-0.0035***	-0.0058***	0.0013	-0.0060***
	(-2.52)	(1.31)	(-2.68)	(-3.36)	(0.66)	(-3.47)
Constant	-0.2876***	-0.1058***	-0.2795***	-0.2536***	-0.0672***	-0.2520***
	(-18.23)	(-6.17)	(-17.71)	(-13.36)	(-3.40)	(-13.29)
Industry F. E.	*Yes*	*Yes*	*Yes*	*Yes*	*Yes*	*Yes*
Year F. E.	*Yes*	*Yes*	*Yes*	*Yes*	*Yes*	*Yes*
N	22 555	22 555	22 555	9 618	9 618	9 618
Adj. R^2	0.312	0.169	0.319	0.302	0.180	0.308
F	225.391	48.186	205.031	144.250	34.437	132.029

注：括号中的数值表示经过公司层面聚类调整后的 t 值。***、** 和 * 分别表示估计系数在 1%、5% 和 10% 的水平下显著。

当薪酬增加时，从表 5 - 6 可以看出，模型（5 - 4）中薪酬变动率 *Salary_perc* 的系数为 0.0033，在 1% 水平下显著，按照之前设定好的检验步骤，可以继续做下一步分析。模型（5 - 5）中薪酬变动率 *Salary_perc* 的系数为 0.0036 且在 5% 水平下显著，但是模型（5 - 6）中产权性质与投资规模交互项 *SOE* × *Inv* 的系数不显著，也就是图 5 - 2 所示的调节后半路径中介效应不成立。模型（5 - 5）中产权性质与薪酬变动交互项 *SOE* × *Salary_perc* 的系数为 -0.0011 且在 5% 水平下显著，同时模型（5 - 6）投资规模 *Inv* 的系数为 0.0968 且在 1% 水平显著，也就是图 5 - 1 所示的调节前半路径中介效应成立。

当薪酬减少时，从表 5 - 6 可以看出，模型（5 - 4）中薪酬变动率 *Salary_perc* 的系数为 0.0188，在 1% 水平下显著，按照之前设定好的检验步骤，可以继续做下一步分析。模型（5 - 5）中薪酬变动率 *Salary_perc* 的系数为 0.0134 且在 1% 水平下显著，但是模型（5 - 6）中产权性质与投资规模交互项 *SOE* × *Inv* 的系数不显著，也就是图 5 - 2 所示的调节后半路径中介效应不成立。虽然模型（5 - 6）投资规模 *Inv* 的系数为 0.0952 且在 1% 水平下显著，但模型（5 - 5）中产权性质与薪酬变动交互项 *SOE* × *Salary_perc* 的系数不显著，也就是图 5 - 1 所示的调节前半路径中介效应不成立。薪酬增加和薪酬减少的有调节中介效应模型如图 5 - 5 和图 5 - 6 所示。

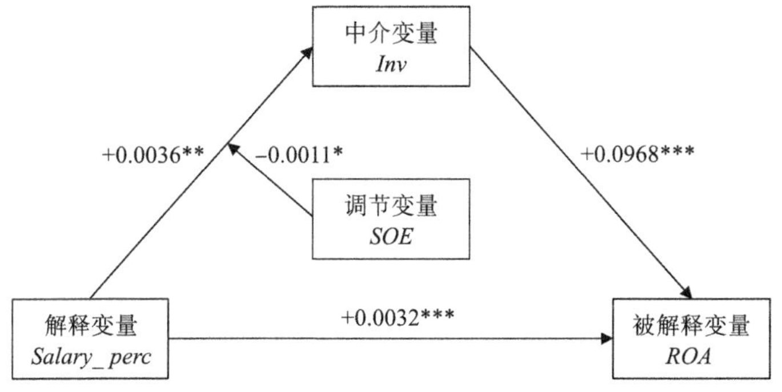

图 5 - 5　薪酬增加时产权性质的调节作用（*Inv*）

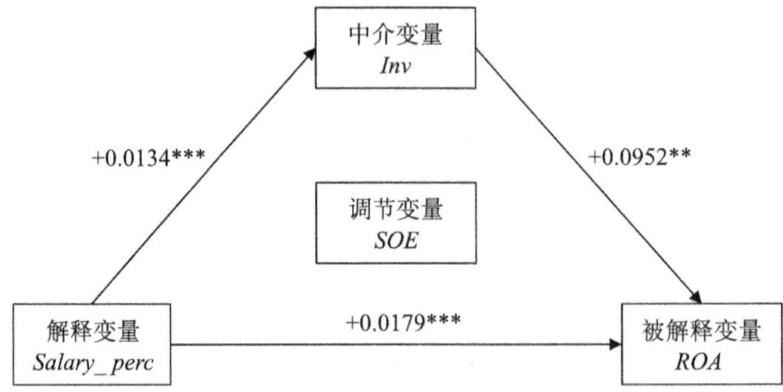

图 5－6　薪酬减少时产权性质的调节作用（*Inv*）

从表 5－7 可以看出，模型（5－5）的产权性质与薪酬变动交互项 *SOE*×*Salary_perc* 的系数差异在 1% 水平下显著，而模型（5－6）的产权性质与投资规模交互项 *SOE*×*Inv* 的系数差异不显著。

表 5－7　　组间系数差异检验结果

	模型（5－4）		模型（5－5）		模型（5－6）	
	bdiff	*pvalue*	*bdiff*	*pvalue*	*bdiff*	*pvalue*
Salary_perc	－0.0154***	0.0000	－0.0127***	0.0000	－0.0147***	0.0000
SOE	－0.0013***	0.0010	0.0024***	0.0000	－0.0029***	0.0000
SOE×*Salary_perc*			0.0055***	0.0000		
Inv					0.0271***	0.0000
SOE×*Inv*					0.0016	0.3600
lnSalary_lag	0.0017***	0.0000	－0.0002	0.2630	0.0015***	0.0000
Sharehold	0.0175***	0.0000	0.0104***	0.0000	0.0165***	0.0000
Size	0.0008***	0.0010	0.0007***	0.0010	0.0007***	0.0000
Lev	－0.0034***	0.0070	－0.0050***	0.0000	－0.0027**	0.0130
Turnover	－0.0074***	0.0000	－0.0021***	0.0000	－0.0074***	0.0000
TOP1	0.0045***	0.0000	0.0009*	0.0520	0.0044	0.0000
Zindex	－0.0002	0.4680	－0.0072***	0.0000	0.0002	0.4600
Independ	0.0000	0.2020	0.0000***	0.0020	0.0000	0.1930
Board	0.0202***	0.0000	0.0227***	0.0000	0.0180***	0.0000

续表

	模型（5-4）		模型（5-5）		模型（5-6）	
	bdiff	*pvalue*	*bdiff*	*pvalue*	*bdiff*	*pvalue*
Dual	-0.0019*	0.0560	0.0094***	0.0000	-0.0030***	0.0040
Constant	0.0025***	0.0000	0.0006	0.1050	0.0025***	0.0000

注：(1) *bdiff* 表示各模型中变量回归系数的组间差异（薪酬增加组 - 薪酬减少组），*pvalue* 表示显著性水平，采用费舍尔组合检验（permutation test），bootstrap 抽样 1000 次。

(2) ***、** 和 * 分别表示系数组间差异在 1%、5% 和 10% 的水平下显著。

从以上分析可以看出，薪酬变动方向不同时，以投资规模为中介变量、产权性质为调节变量的有调节的中介效应存在差异，有调节的中介效应只存在于薪酬增加的情况下，这意味着薪酬变动方向不同，有调节的中介效应也存在非对称性，假设 2 得到验证。当薪酬增加时，产权性质发挥了调节作用，上述的有调节中介效应模型得到检验；而薪酬减少时，产权性质没有发挥调节作用，上述的有调节中介效应模型没有通过检验。也就是说，当薪酬增加时，国有企业与非国有企业在高管薪酬—风险承担—公司绩效这一影响路径上的表现存在差异，而当薪酬减少时，国有企业与非国有企业在高管薪酬—风险承担—公司绩效这一影响路径上的表现不存在差异。由此可以得知，产权性质调节作用存在非对称性。

5.4　产权性质调节效应的稳健性检验

5.4.1　替换被解释变量衡量方式

5.3 节的回归分析中均使用总资产收益率 *ROA* 作为被解释变量公司财务绩效的衡量指标进行分析，现在使用总资产息税前利润率 *ROTA*、净资产收益率 *ROE* 以及每股收益 *EPS* 作为公司财务绩效替代性指标，对回归结果做稳健性测试。

以总资产息税前利润率 *ROTA*、净资产收益率 *ROE*、每股收益 *EPS* 作为公司财务绩效变量衡量指标对模型（5-4）、模型（5-5）和模型（5-6）进行回归分析，汇总结果如表 5-8 所示。

表 5-8　　替换被解释变量的回归结果

	被解释变量：*ROTA*			被解释变量：*ROE*			被解释变量：*EPS*		
	模型（5-4）	模型（5-5）	模型（5-6）	模型（5-4）	模型（5-5）	模型（5-6）	模型（5-4）	模型（5-5）	模型（5-6）
Salary_perc	0.0058***	0.0009*	0.0057***	0.0101***	0.0009*	0.0099***	0.0572***	0.0009*	0.0562***
	(12.14)	(1.70)	(11.98)	(11.95)	(1.70)	(11.77)	(11.43)	(1.70)	(11.28)
SOE	-0.0086***	-0.0145***	-0.0057***	-0.0112***	-0.0145***	-0.0093***	-0.0331**	-0.0145***	-0.0029
	(-5.83)	(-10.50)	(-3.40)	(-4.81)	(-10.50)	(-3.29)	(-2.04)	(-10.50)	(-0.15)
SOE × *Salary_perc*		-0.0012*			-0.0012*			-0.0012*	
		(-1.85)			(-1.85)			(-1.85)	
Inv			0.0962***			0.1346***			0.8363***
			(9.36)			(8.48)			(7.93)
SOE × *Inv*			-0.0274			0.0015			-0.3434*
			(-1.64)			(0.05)			(-1.77)
lnSalary_lag	0.0144***	0.0083***	0.0137***	0.0242***	0.0083***	0.0230***	0.1485***	0.0083***	0.1429***
	(16.04)	(9.53)	(15.33)	(16.46)	(9.53)	(15.65)	(15.16)	(9.53)	(14.62)
Sharehold	0.0316***	0.0463***	0.0272***	0.0491***	0.0463***	0.0429***	0.4949***	0.0463***	0.4564***
	(5.36)	(7.90)	(4.66)	(5.96)	(7.90)	(5.26)	(8.08)	(7.90)	(7.48)
Size	0.0078***	0.0014**	0.0077***	0.0156***	0.0014**	0.0154***	0.1653***	0.0014**	0.1644***
	(11.45)	(2.27)	(11.35)	(13.38)	(2.27)	(13.27)	(18.94)	(2.27)	(18.77)
Lev	-0.1177***	-0.0116***	-0.1166***	-0.1473***	-0.0116***	-0.1457***	-0.9107***	-0.0116***	-0.9014***
	(-29.69)	(-3.58)	(-29.53)	(-21.52)	(-3.58)	(-21.42)	(-22.67)	(-3.58)	(-22.36)
Growth	0.0314***	0.0106***	0.0305***	0.0573***	0.0106***	0.0558***	0.2528***	0.0106***	0.2450***
	(27.05)	(11.57)	(26.52)	(28.15)	(11.57)	(27.66)	(20.06)	(11.57)	(19.66)

续表

	被解释变量：*ROTA*			被解释变量：*ROE*			被解释变量：*EPS*		
	模型（5-4）	模型（5-5）	模型（5-6）	模型（5-4）	模型（5-5）	模型（5-6）	模型（5-4）	模型（5-5）	模型（5-6）
Turnover	0.0284***	0.0043***	0.0280***	0.0486***	0.0043***	0.0481***	0.2187***	0.0043***	0.2150***
	(15.83)	(2.78)	(15.65)	(15.89)	(2.78)	(15.70)	(11.12)	(2.78)	(10.89)
*TOP*1	0.0441***	0.0215***	0.0421***	0.0809***	0.0215***	0.0780***	0.3817***	0.0215***	0.3649***
	(9.93)	(5.14)	(9.50)	(11.77)	(5.14)	(11.35)	(7.87)	(5.14)	(7.52)
Zindex	-0.0002***	-0.0002***	-0.0002***	-0.0004***	-0.0002***	-0.0003***	-0.0021***	-0.0002***	-0.0020***
	(-6.43)	(-9.25)	(-5.71)	(-7.68)	(-9.25)	(-7.00)	(-8.37)	(-9.25)	(-7.71)
Independ	-0.0146	0.0104	-0.0155	-0.0265	0.0104	-0.0279	-0.1613	0.0104	-0.1690
	(-1.24)	(0.92)	(-1.33)	(-1.44)	(0.92)	(-1.53)	(-1.31)	(0.92)	(-1.38)
Board	0.0054	0.0077**	0.0049	0.0050	0.0077**	0.0039	-0.0337	0.0077**	-0.0374
	(1.55)	(2.18)	(1.41)	(0.89)	(2.18)	(0.70)	(-0.90)	(2.18)	(-1.00)
Dual	-0.0035**	0.0018	-0.0037***	-0.0052**	0.0018	-0.0055**	-0.0247*	0.0018	-0.0264**
	(-2.56)	(1.35)	(-2.71)	(-2.43)	(1.35)	(-2.55)	(-1.84)	(1.35)	(-1.97)
Constant	-0.2942***	-0.0956***	-0.2875***	-0.5946***	-0.0956***	-0.5816***	-4.9962***	-0.0956***	-4.9475***
	(-16.93)	(-5.97)	(-16.56)	(-21.67)	(-5.97)	(-21.16)	(-23.15)	(-5.97)	(-22.74)
Industry F. E.	*Yes*	*Yes*	*Yes*	*Yes*	*Yes*	*Yes*	*Yes*	*Yes*	*Yes*
Year F. E.	*Yes*	*Yes*	*Yes*	*Yes*	*Yes*	*Yes*	*Yes*	*Yes*	*Yes*
N	32 173	32 173	32 173	32 173	32 173	32 173	32 173	32 173	32 173
Adj. R^2	0.266	0.171	0.272	0.226	0.171	0.230	0.247	0.171	0.251
F	198.929	58.621	184.705	190.063	58.621	177.538	136.880	58.621	127.511

注：括号中的数值表示经过公司层面聚类调整后的 t 值。***、** 和 * 分别表示估计系数在 1%、5% 和 10% 的水平下显著。

从表5-8可以看出，在分别以总资产息税前利润率 *ROTA*、净资产收益率 *ROE* 作为被解释变量的模型（5-4）中，薪酬变动率 *Salary_perc* 的系数均为正，且均在1%水平下显著，按照有调节的中介效应检验步骤，可以继续做下一步检验。模型（5-5）中产权性质与薪酬变动交互项 *SOE* ×*Salary_perc* 的系数为-0.0012且在10%水平下显著，在分别以 *ROTA*、*ROE*、*EPS* 作为被解释变量的模型（5-6）中投资规模 *Inv* 的系数均为正数且在1%水平下显著，根据判断标准可以确定调节前半路径的中介效应成立，也就是对于中介变量风险承担而言，产权性质调节了中介效应的前半路径，假设1得到验证，这与以总资产收益率 *ROA* 衡量公司财务绩效的结果是一致的，回归结果是稳健的。

5.4.2 替换解释变量衡量方式

5.3节的回归分析中使用公司CEO货币薪酬为基础来计算公司高管薪酬变量的衡量指标，且并未区分CEO更替情况（非同一CEO）。现在使用以下三种情况来替换原有模型的解释变量进行稳健性测试：（1）同一公司同一CEO的货币薪酬；（2）董事长货币薪酬；（3）薪酬最高前三名高管货币薪酬。

以同一CEO、董事长、薪酬最高前三名高管的货币薪酬为基础计算的薪酬变动解释变量，分别对模型（5-4）、模型（5-5）和模型（5-6）进行回归分析，汇总结果如表5-9所示。

从表5-9可以看出，在分别同一CEO、董事长、薪酬最高前三名高管的货币薪酬为基础计算的薪酬变动解释变量的模型（5-4）中，薪酬变动率 *Salary_perc* 的系数均为正，且均在1%水平下显著，按照有调节的中介效应检验步骤，可以继续做下一步检验。在模型（5-5）中产权性质与薪酬变动交互项 *SOE* × *Salary_perc* 的系数均为负数且在10%水平下显著，同时在模型（5-6）中投资规模 *Inv* 的系数均为正数且在1%水平下显著，根据判断标准可以确定调节前半路径中介效应成立，也就是对于中介变量风险承担而言，产权性质调节了中介效应的前半路径，假设1得到验证，这与之前的结果是一致的，回归结果是稳健的。

表 5－9　替换解释变量的回归结果

	同一 CEO 薪酬			董事长薪酬			前三名高管薪酬		
	模型（5－4）	模型（5－5）	模型（5－6）	模型（5－4）	模型（5－5）	模型（5－6）	模型（5－4）	模型（5－5）	模型（5－6）
Salary_perc	0.0049***	0.0012*	0.0047***	0.0261***	0.0070**	0.0253***	0.0132***	0.0043***	0.0128***
	(9.89)	(1.90)	(9.70)	(12.01)	(2.57)	(11.71)	(16.53)	(3.71)	(16.20)
SOE	－0.0061***	－0.0139***	－0.0029*	－0.0029*	－0.0126***	－0.0010	－0.0066***	－0.0145***	－0.0038***
	(－4.54)	(－9.40)	(－1.83)	(－1.91)	(－7.77)	(－0.55)	(－5.23)	(－10.68)	(－2.59)
SOE × Salary_perc		－0.0010*			－0.0046*			－0.0009*	
		(－1.85)			(－1.74)			(－1.81)	
Inv			0.0897***			0.0959***			0.0947***
			(9.60)			(10.26)			(10.58)
SOE × Inv			－0.0356			－0.0125			－0.0272
			(－0.85)			(－0.69)			(－0.56)
lnSalary_lag	0.0136***	0.0086***	0.0129***	0.0076***	0.0055***	0.0071***	0.0152***	0.0113***	0.0142***
	(16.41)	(9.23)	(15.70)	(10.53)	(7.14)	(9.93)	(17.31)	(11.45)	(16.28)
Sharehold	0.0296***	0.0394***	0.0261***	0.0306***	0.0405***	0.0267***	0.0313***	0.0459***	0.0269***
	(5.54)	(6.46)	(4.94)	(5.86)	(6.89)	(5.18)	(6.10)	(7.93)	(5.31)
Size	0.0074***	0.0004	0.0074***	0.0098***	0.0015**	0.0097***	0.0064***	0.0005	0.0064***
	(11.92)	(0.64)	(11.95)	(14.21)	(2.02)	(14.08)	(10.78)	(0.79)	(10.77)
Lev	－0.1385***	－0.0081**	－0.1378***	－0.1481***	－0.0118***	－0.1470***	－0.1358***	－0.0098***	－0.1349***
	(－37.82)	(－2.36)	(－37.75)	(－37.03)	(－3.18)	(－36.84)	(－39.31)	(－3.06)	(－39.17)
Growth	0.0343***	0.0150***	0.0332***	0.0321***	0.0111***	0.0310***	0.0269***	0.0104***	0.0260***
	(25.57)	(12.66)	(25.03)	(24.16)	(9.65)	(23.75)	(26.55)	(11.50)	(25.92)

续表

	同一 CEO 薪酬			董事长薪酬			前三名高管薪酬		
	模型（5-4）	模型（5-5）	模型（5-6）	模型（5-4）	模型（5-5）	模型（5-6）	模型（5-4）	模型（5-5）	模型（5-6）
Turnover	0.0246***	0.0052***	0.0241***	0.0293***	0.0060***	0.0288***	0.0243***	0.0036**	0.0239***
	(14.52)	(3.17)	(14.29)	(15.59)	(3.25)	(15.46)	(15.53)	(2.32)	(15.37)
TOP1	0.0435***	0.0223***	0.0416***	0.0467***	0.0271***	0.0442***	0.0449***	0.0216***	0.0430***
	(10.79)	(5.07)	(10.32)	(10.47)	(5.72)	(9.92)	(11.77)	(5.22)	(11.27)
Zindex	-0.0002***	-0.0003***	-0.0001***	-0.0002***	-0.0003***	-0.0001***	-0.0002***	-0.0002***	-0.0001***
	(-6.26)	(-9.81)	(-5.54)	(-5.97)	(-8.61)	(-5.01)	(-7.38)	(-9.15)	(-6.56)
Independ	-0.0124	0.0172	-0.0137	-0.0074	0.0083	-0.0082	-0.0130	0.0099	-0.0138
	(-1.12)	(1.43)	(-1.26)	(-0.63)	(0.65)	(-0.71)	(-1.29)	(0.89)	(-1.38)
Board	0.0046	0.0085**	0.0042	0.0078**	0.0065	0.0072**	0.0045	0.0062*	0.0041
	(1.43)	(2.29)	(1.29)	(2.21)	(1.59)	(2.07)	(1.50)	(1.77)	(1.38)
Dual	-0.0033**	0.0029**	-0.0036***	-0.0041***	0.0008	-0.0041***	-0.0031***	0.0017	-0.0033***
	(-2.56)	(1.97)	(-2.80)	(-3.27)	(0.54)	(-3.35)	(-2.62)	(1.27)	(-2.78)
Constant	-0.2802***	-0.0846***	-0.2756***	-0.2618***	-0.0567***	-0.2570***	-0.2961***	-0.1241***	-0.2870***
	(-17.64)	(-4.93)	(-17.35)	(-15.31)	(-3.15)	(-15.09)	(-19.44)	(-7.48)	(-18.84)
Industry F. E.	*Yes*	*Yes*	*Yes*	*Yes*	*Yes*	*Yes*	*Yes*	*Yes*	*Yes*
Year F. E.	*Yes*	*Yes*	*Yes*	*Yes*	*Yes*	*Yes*	*Yes*	*Yes*	*Yes*
N	25 918	25 918	25 918	24 778	24 778	24 778	32 767	32 767	32 767
Adj. R^2	0.315	0.177	0.320	0.313	0.158	0.319	0.309	0.174	0.315
F	242.638	56.164	225.392	212.496	41.258	200.973	281.608	62.207	259.176

注：括号中的数值表示经过公司层面聚类调整后的 t 值。***、** 和 * 分别表示估计系数在 1%、5% 和 10% 的水平下显著。

5.4.3　替换中介变量衡量方式

本节使用收益波动性 *StdROA* 代替投资规模 *Inv* 来衡量风险承担水平，通过模型（5－4）、模型（5－5）、模型（5－6）检验产权性质在风险承担作为中介变量的调节作用，回归结果如表 5－10 所示。

表 5－10　　替换中介变量的回归结果

	模型（5－4）	模型（5－5）	模型（5－6）
Salary_perc	0.0052***	0.0019***	0.0058***
	(12.51)	(5.81)	(13.73)
SOE	－0.0062***	－0.0023***	－0.0131***
	(－4.92)	(－3.69)	(－8.74)
SOE × *Salary_perc*		－0.0009**	
		(－2.37)	
StdROA			0.5602***
			(20.27)
SOE × *StdROA*			0.2515***
			(5.26)
lnSalary_lag	0.0135***	0.0003	0.0138***
	(17.29)	(0.67)	(18.11)
Sharehold	0.0337***	－0.0059**	0.0307***
	(6.48)	(－2.34)	(6.02)
Size	0.0071***	－0.0034***	0.0057***
	(12.09)	(－10.97)	(9.79)
Lev	－0.1373***	0.0109***	－0.1331***
	(－39.48)	(6.04)	(－39.88)
Growth	0.0285***	0.0003	0.0303***
	(27.14)	(0.53)	(28.36)
Turnover	0.0247***	－0.0023***	0.0237***
	(15.58)	(－3.37)	(15.26)
TOP1	0.0449***	－0.0109***	0.0402***
	(11.67)	(－5.58)	(10.83)

续表

	模型（5-4）	模型（5-5）	模型（5-6）
Zindex	-0.0002***	0.0000**	-0.0001***
	(-7.35)	(2.55)	(-6.00)
Independ	-0.0115	0.0064	-0.0080
	(-1.12)	(1.22)	(-0.80)
Board	0.0056*	-0.0044***	0.0030
	(1.86)	(-2.77)	(1.02)
Dual	-0.0033***	0.0006	-0.0030***
	(-2.75)	(0.96)	(-2.62)
Constant	-0.2760***	0.1058***	-0.2299***
	(-18.56)	(14.15)	(-15.24)
Industry F. E.	*Yes*	*Yes*	*Yes*
Year F. E.	*Yes*	*Yes*	*Yes*
N	32 173	31 069	31 069
Adj. R^2	0.308	0.084	0.362
F	266.819	22.795	301.088

注：括号中的数值表示经过公司层面聚类调整后的t值。***、**和*分别表示估计系数在1%、5%和10%的水平下显著。

从表5-10中可以看出，模型（5-4）中薪酬变动率 *Salary_perc* 的系数为0.0052，且在1%水平下显著，按照有调节的中介效应检验步骤，可以继续做下一步检验。模型（5-5）中产权性质与薪酬变动交互项 *SOE* × *Salary_perc* 的系数为-0.0009且在5%水平下显著，同时模型（5-6）中收益波动 *StdROA* 的系数为0.5602且在1%水平下显著，根据判断标准可以确定调节前半路径的中介效应成立，也就是对于中介变量风险承担而言，产权性质调节了中介效应的前半路径，假设1得到验证，这与之前的结果是一致的，回归结果是稳健的。

在表5-10中，模型（5-5）中薪酬变动率 *Salary_perc* 的系数为

0.0019且在1%水平下显著，同时模型（5-6）中产权性质与收益波动交互项 *SOE* × *StdROA* 的系数为0.2515且在1%水平下显著，根据判断标准可以确定调节后半路径的中介效应成立。模型数据如图5-7所示，在本章5.3.3.1节中以投资规模衡量的风险承担中介变量模型中，调节后半路径的中介效应是不显著的，对比图5-4和图5-7可知，产权性质调节后半路径的中介效应不够稳健。

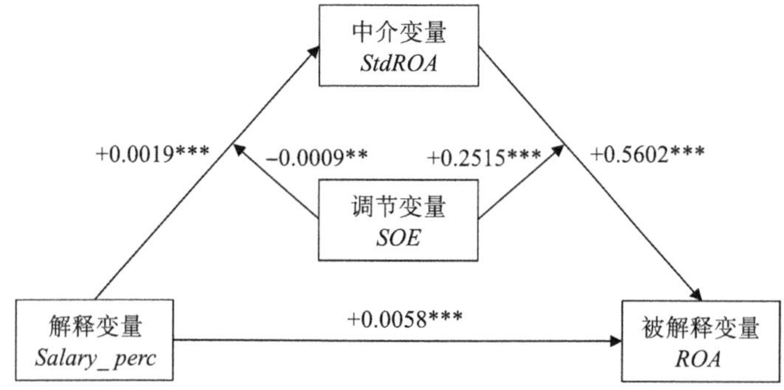

图5-7　产权性质的调节作用（*StdROA*）

接着检验薪酬变动方向不同时，以收益波动为中介变量、产权性质为调节变量的有调节中介效应是否存在差异，分别对模型（5-4）、模型（5-5）、模型（5-6）在薪酬增加和薪酬减少子样本进行检验，回归结果如表5-11所示。

表5-11　产权性质调节效应的非对称性影响检验（*StdROA*）

	薪酬增加			薪酬减少		
	模型(5-4)	模型(5-5)	模型(5-6)	模型(5-4)	模型(5-5)	模型(5-6)
Salary_perc	0.0033***	0.0029***	0.0040***	0.0188***	0.0125***	0.0126***
	(7.11)	(7.68)	(8.37)	(7.72)	(5.79)	(5.58)
SOE	-0.0058***	-0.0019***	-0.0146***	-0.0045***	-0.0019*	-0.0086***
	(-4.28)	(-2.69)	(-8.90)	(-2.86)	(-1.95)	(-4.34)
SOE × *Salary_perc*		-0.0014***			-0.0072	
		(-3.05)			(0.65)	

续表

	薪酬增加			薪酬减少		
	模型(5-4)	模型(5-5)	模型(5-6)	模型(5-4)	模型(5-5)	模型(5-6)
StdROA			0.4732***			0.7017***
			(14.22)			(14.55)
SOE×StdROA			0.3525***			0.0837
			(6.17)			(1.18)
lnSalary_lag	0.0148***	-0.0003	0.0149***	0.0131***	0.0005	0.0136***
	(17.69)	(-0.82)	(17.97)	(12.35)	(0.88)	(13.54)
Sharehold	0.0381***	-0.0072***	0.0353***	0.0206***	-0.0005	0.0199***
	(6.76)	(-2.74)	(6.29)	(2.82)	(-0.12)	(2.88)
Size	0.0071***	-0.0031***	0.0062***	0.0063***	-0.0036***	0.0038***
	(11.06)	(-9.63)	(9.83)	(8.42)	(-8.47)	(5.29)
Lev	-0.1367***	0.0077***	-0.1350***	-0.1333***	0.0153***	-0.1235***
	(-35.30)	(4.03)	(-36.24)	(-30.50)	(6.16)	(-29.86)
Growth	0.0258***	0.0019***	0.0281***	0.0332***	-0.0030***	0.0324***
	(21.94)	(3.00)	(22.98)	(18.01)	(-2.89)	(17.71)
Turnover	0.0256***	-0.0016**	0.0252***	0.0210***	-0.0034***	0.0188***
	(15.52)	(-2.21)	(15.29)	(11.13)	(-3.68)	(10.36)
TOP1	0.0456***	-0.0109***	0.0422***	0.0459***	-0.0113***	0.0387***
	(11.28)	(-5.32)	(10.64)	(8.86)	(-4.27)	(8.00)
Zindex	-0.0002***	0.0000**	-0.0002***	-0.0002***	0.0000**	-0.0001***
	(-6.81)	(2.18)	(-5.66)	(-6.02)	(2.55)	(-4.73)
Independ	-0.0049	0.0053	-0.0026	-0.0250*	0.0078	-0.0185
	(-0.45)	(0.98)	(-0.24)	(-1.70)	(1.03)	(-1.37)
Board	0.0046	-0.0043***	0.0026	0.0065	-0.0044**	0.0030
	(1.40)	(-2.60)	(0.82)	(1.59)	(-2.01)	(0.77)
Dual	-0.0033**	0.0006	-0.0031**	-0.0058***	0.0017*	-0.0046***
	(-2.52)	(0.94)	(-2.41)	(-3.36)	(1.71)	(-2.91)

续表

	薪酬增加			薪酬减少		
	模型(5－4)	模型(5－5)	模型(5－6)	模型(5－4)	模型(5－5)	模型(5－6)
Constant	－0.2876***	0.1067***	－0.2556***	－0.2536***	0.1059***	－0.1837***
	(－18.23)	(14.05)	(－15.99)	(－13.36)	(10.21)	(－9.61)
Industry F. E.	*Yes*	*Yes*	*Yes*	*Yes*	*Yes*	*Yes*
Year F. E.	*Yes*	*Yes*	*Yes*	*Yes*	*Yes*	*Yes*
N	22 555	21 639	21 639	9 618	9 430	9 430
Adj. R^2	0.312	0.087	0.350	0.302	0.099	0.402
F	225.391	25.550	227.685	144.250	19.327	161.660

注：括号中的数值表示经过公司层面聚类调整后的 t 值。*** 、** 和 * 分别表示估计系数在1% 、5% 和 10% 的水平下显著。

当薪酬增加时，从表 5－11 中可以看出，模型（5－4）中薪酬变动率 *Salary_perc* 的系数为 0.0033 且在 1% 水平下显著，可以继续做下一步分析。模型（5－5）中产权性质与薪酬变动交互项 *SOE* × *Salary_perc* 的系数为 －0.0014 且在 1% 水平下显著，同时模型（5－6）中收益波动 *StdROA* 的系数为 0.4732 且在 1% 水平下显著，根据判断标准可以确定调节前半路径的中介效应成立，如图 5－8 所示。

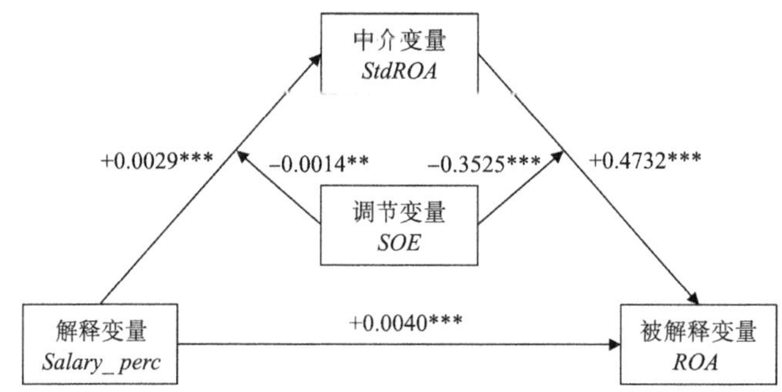

图 5－8　薪酬增加时产权性质的调节作用（*StdROA*）

当薪酬减少时，从表 5－11 中可以看出，模型（5－4）中薪酬变动率 *Salary_perc* 的系数为 0.0188 且在 1% 水平下显著，可以继续做下一步分析。虽然模型（5－5）中收益波动性 *StdROA* 的系数为 0.7017 且在 1% 水平下显著，但模型（5－6）中产权性质与薪酬变动交互项 *SOE* × *Salary_perc* 的系数不显著，根据判断标准可以确定调节前半路径的中介效应不成立，如图 5－9 所示。

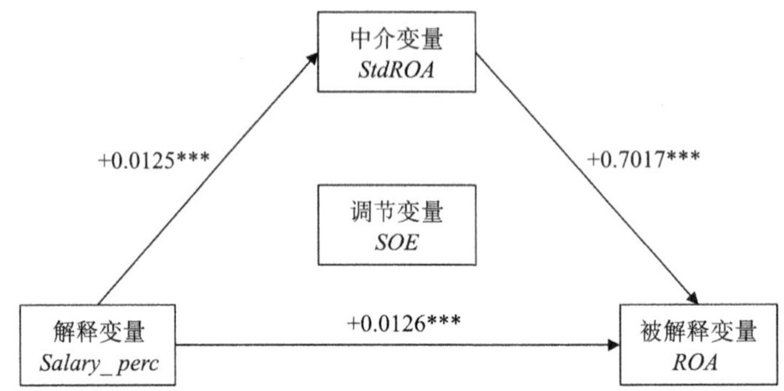

图 5－9　薪酬减少时有调节中介效应模型（*StdROA*）

对于以收益波动性 *StdROA* 衡量风险承担的有调节中介效应模型而言，当薪酬增加时，产权性质调节了前半路径的中介效应；当薪酬减少时，产权性质没有调节前半路径的中介效应，这说明薪酬变动方向不同，产权性质的调节效应存在非对称性，假设 2 得到验证，与 5.3.3.2 节的结果一致，说明结果是稳健的。

根据上一部分内容分析可知，产权性质调节后半路径中介效应的结论不够稳健，那么其在薪酬增加和薪酬减少中的表现不再进行分析。

5.4.4　滞后相关变量

为了降低模型本身的内生性问题，分别使用以下方法进行了处理：（1）分别在解释变量中加入被解释变量的滞后项；（2）将薪酬变动率 *Salary_perc* 滞后一期作为解释变量；（3）将控制变量滞后一期。通过以上三种方法对模型（5－4）、模型（5－5）和模型（5－6）进行回归分析，汇总结果如表 5－12 所示。

表 5－12　滞后相关变量的回归结果

	加入被解释变量的滞后项			将 *Salary_perc* 滞后一期			将控制变量滞后一期		
	模型（5－4）	模型（5－5）	模型（5－6）	模型（5－4）	模型（5－5）	模型（5－6）	模型（5－4）	模型（5－5）	模型（5－6）
Salary_perc	0.0033***	0.0037***	0.0043***	0.0036***	0.0034**	0.0038***	0.0060***	0.0047***	0.0078***
	(8.31)	(2.97)	(7.02)	(7.80)	(2.57)	(4.98)	(12.41)	(3.51)	(9.56)
SOE	－0.0028***	－0.0082***	－0.0040**	－0.0077***	－0.0170***	－0.0119***	－0.0061***	－0.0125***	－0.0073***
	(－3.63)	(－5.89)	(－2.39)	(－5.70)	(－7.80)	(－4.54)	(－4.52)	(－5.75)	(－2.77)
SOE × *Salary_perc*		－0.0020*			－0.0011*			－0.0032**	
		(－1.91)			(－1.87)			(－2.12)	
Inv_tot			0.0168*			0.0485***			0.0542***
			(1.92)			(3.56)			(3.85)
SOE × *Inv_tot*			－0.0005			0.0175			－0.0152
			(－0.03)			(0.73)			(－0.64)
ROA_lag	0.5085***		0.5496***						
	(38.65)		(27.74)						
Inv_tot_lag		0.4865***							
		(35.48)							
lnSalary_lag	0.0052***	0.0050***	0.0054***	0.0084***	0.0070***	0.0087***	0.0151***	0.0093***	0.0161***
	(10.04)	(5.06)	(6.54)	(10.18)	(4.54)	(6.60)	(17.58)	(6.17)	(11.62)
Sharehold	0.0085***	0.0209***	0.0080**	0.0200***	0.0289***	0.0180**	0.0166***	0.0297***	0.0145*
	(2.65)	(3.38)	(1.99)	(3.45)	(2.91)	(2.31)	(2.87)	(3.10)	(1.88)
Size	0.0040***	－0.0011	0.0044***	0.0083***	－0.0011	0.0107***	0.0012*	－0.0029***	0.0038***
	(10.53)	(－1.55)	(7.76)	(12.29)	(－0.99)	(10.79)	(1.86)	(－2.66)	(3.94)
Growth	0.0302***	0.0087***	0.0301***	0.0297***	0.0109***	0.0288***	0.0153***	0.0067***	0.0147***
	(29.86)	(10.37)	(29.60)	(26.69)	(10.67)	(26.14)	(15.77)	(8.11)	(15.39)

续表

	加入被解释变量的滞后项			将 *Salary_perc* 滞后一期			将控制变量滞后一期		
	模型（5-4）	模型（5-5）	模型（5-6）	模型（5-4）	模型（5-5）	模型（5-6）	模型（5-4）	模型（5-5）	模型（5-6）
Lev	-0.0688***	-0.0180***	-0.0635***	-0.1262***	-0.0191***	-0.1347***	-0.0812***	-0.0419***	-0.0913***
	(-24.27)	(-4.62)	(-16.08)	(-31.05)	(-3.18)	(-24.75)	(-22.03)	(-6.95)	(-17.28)
Turnover	0.0163***	0.0054***	0.0161***	0.0259***	0.0073***	0.0265***	0.0168***	0.0098***	0.0169***
	(15.02)	(3.43)	(10.87)	(14.67)	(2.87)	(11.28)	(11.95)	(4.23)	(8.95)
*TOP*1	0.0218***	0.0133***	0.0095***	0.0429***	0.0179**	0.0248***	0.0455***	0.0204***	0.0280***
	(8.70)	(2.99)	(2.68)	(9.83)	(2.55)	(3.95)	(10.74)	(2.93)	(4.38)
Zindex	-0.0001***	-0.0002***	-0.0001***	-0.0002***	-0.0003***	-0.0002***	-0.0002***	-0.0002***	-0.0002***
	(-6.01)	(-5.72)	(-2.99)	(-7.64)	(-6.20)	(-4.34)	(-8.79)	(-4.25)	(-6.29)
Independ	-0.0143**	-0.0074	-0.0155*	-0.0232**	0.0099	-0.0258*	-0.0156	0.0094	-0.0213
	(-2.25)	(-0.58)	(-1.73)	(-2.10)	(0.51)	(-1.76)	(-1.49)	(0.50)	(-1.44)
Board	0.0012	0.0002	-0.0011	0.0036	0.0087	0.0016	0.0036	0.0102	-0.0025
	(0.66)	(0.05)	(-0.37)	(1.09)	(1.32)	(0.33)	(1.12)	(1.63)	(-0.47)
Dual	-0.0017**	0.0008	-0.0014	-0.0019	0.0031	-0.0016	0.0026**	-0.0022	0.0029
	(-2.05)	(0.50)	(-1.20)	(-1.40)	(1.28)	(-0.88)	(2.03)	(-0.97)	(1.58)
Constant	-0.1245***	0.0054	-0.1331***	-0.2269***	-0.0027	-0.2726***	-0.1789***	0.0079	-0.2273***
	(-13.30)	(0.30)	(-9.80)	(-13.73)	(-0.10)	(-12.60)	(-11.59)	(0.29)	(-10.37)
Industry F. E.	*Yes*	*Yes*	*Yes*	*Yes*	*Yes*	*Yes*	*Yes*	*Yes*	*Yes*
Year F. E.	*Yes*	*Yes*	*Yes*	*Yes*	*Yes*	*Yes*	*Yes*	*Yes*	*Yes*
N	32 169	31 069	32 169	27 175	27 175	27 175	30 469	30 469	30 469
Adj. R^2	0.468	0.415	0.468	0.293	0.174	0.298	0.203	0.177	0.210
F	689.015	497.788	616.634	216.493	48.554	195.706	183.703	59.115	175.515

注：括号中的数值表示经过公司层面聚类调整后的 t 值。***、** 和 * 分别表示估计系数在 1%、5% 和 10% 的水平下显著。

从表 5-12 中可以看出，三种方法下模型（5-4）结果中，薪酬变动率 *Salary_perc* 的系数均为正，均在 1% 水平下显著，按照有调节的中介效应检验步骤，可以继续做下一步检验。三种方法下模型（5-5）中产权性质与薪酬变动交互项 *SOE* × *Salary_perc* 的系数均为负数且在 10%、10%、5% 水平下显著，同时在模型（5-6）中投资规模 *Inv* 的系数均为正数且在 10%、1%、1% 水平下显著，根据判断标准可以确定调节前半路径的中介效应成立，假设 1 得到进一步验证，回归结果是稳健的。

5.5　本章小结

本章从委托代理理论、前景理论和自我决定理论出发，分析了产权性质、风险承担在高管薪酬与公司绩效关系中的作用路径，提出了本章假设，构建了有调节的中介效应模型。实证结果表明：（1）产权性质调节了风险承担在高管薪酬对公司绩效影响的中介效应；（2）在薪酬增加和薪酬减少两种状况下，产权性质的调节作用存在非对称性。

第6章　优化高管薪酬机制提升公司绩效的对策建议

经过前几章的理论分析和实证研究，可以看到，建立在委托代理理论基础上的薪酬激励制度是推动公司持续发展的重要基础，同时也是公司治理水平的重要体现。高管薪酬可以显著影响公司绩效升降，但是其程度存在差异。前几章以高管薪酬为出发点，产权性质为调节因素，风险承担为中介路径，公司绩效为影响结果的逻辑线条，多维度、多层次地探讨了高管薪酬运行机制与影响路径，是非常重要的。如何保证薪酬激励机制合理设计和有效运行，不仅是公司薪酬治理的根本目标，更是影响我国生产力发展、收入分配、社会治理的重要内容。为了提高公司高管薪酬契约有效性、完善公司治理结构、提升资源配置效率，需要深入挖掘薪酬激励效果非对称性的根源，剖析高管薪酬的影响因素和经济后果。目前，我国经济发展进入改革的“深水区”，宏观经济结构还需要进一步转型，企业改革尚需向纵深推进。结合前几章研究内容和结论，本章从宏观层面和微观层面提出对策建议。

6.1　宏观层面的对策建议

6.1.1　完善职业经理人市场

公司高管作为公司重要的人力资本构成部分，在公司价值创造中具有举足轻重的地位。要想充分发挥高管这一核心人力资本的作用，就需要完善职业经理人市场，建立职业经理人进入和退出的有序机制，引入市场竞争，使高管能够在人力资本市场自由竞争，优胜劣汰，充分发挥职业经理人的人力资本价值。在一个相对成熟的职业经理人市场，高管的专业水平、素养、道德品质等信息比较充分。高管由于能力不足、消极怠工导致公司业绩不佳，或者非法侵害公司权益、道德低下等，会被公司所辞退，高管由于努力工作、恪尽职守，而会被继续聘用。

与西方发达国家职业经理人市场相比，我国的职业经理人市场还存在一定的差距。人才储备不足、制度和程序不规范、监督机制不完善等问题亟待解决。尤其是国有企业高管任命更多来自行政命令，而非市场公开选拔，透明度较差。从第 5 章研究过程和结论可以看出，行政干预的存在使得国有企业高管薪酬激励对风险承担中介效应的影响弱于非国有企业，在一定程度上降低了薪酬契约的激励性和合理性。

完善职业经理人市场，就需要推进职业经理人市场化，建立规范的、符合市场竞争精神的招聘流程，制定合理的高管价值评估体系，设计公平、公正、公开的招聘程序，实施有区分的薪酬制定模式，甄选出适合公司发展需要的高管人员。

6.1.2　加强资本市场监管

6.1.2.1　提高上市公司高管薪酬信息披露的透明度

上市公司高管薪酬信息披露质量直接影响到薪酬信息的相关性和可靠性，资本市场参与者需要根据公司所披露信息进行各种经营决策。当前，我国上市公司高管薪酬披露内容还不够完善，披露的信息过于笼统，且缺乏统一的标准。中国证监会发布的《公开发行证券的公司信息披露内容与格式准则第 2 号——年度报告的内容与格式（2021 年修订）》规定，上市公司需要披露公司董事、监事和高级管理人员在报告期内从公司获得的税前报酬总额。目前，上市公司遵照规定，只披露了高管薪酬总额，很少公司披露薪酬详细构成如基本工资、奖金、津贴、补贴、职业年金等信息。上市公司虽然也遵照规定披露了高管薪酬确定依据，但大多数是简单描述，很少披露高管薪酬方案确定的具体构成，同时缺少薪酬委员会参与过程信息。

从第 3 章的研究过程和结论可以看出，薪酬是反映高管市场声誉高低的重要指标，是激励高管努力工作的重要动力。提升上市公司高管薪酬信息披露透明度，对于加强资本市场监管、维持市场稳定发展具有重要意义，可以从以下几个方面进行改进：首先，明确上市公司高管薪酬信息披露的具体内容、衡量标准、发放形式和时间，细化薪酬信息的构成，充分披露上市公司高管的基本工资、绩效工资、津贴、奖金等货币薪酬构成，以及授予期权或受限制股票的数量、价格、期末价值等股权激励构成。其次，除了在上市公司年度报告中进行披露外，还可以尝试建立上市公司高管薪酬信息披露平台，增加高管薪酬信息披露频率和内容，增强上市公司高管的自我约束。再次，引导上市公司对高管薪酬方案设计和执行过程进行第三方审计，提高高管薪酬信息披露的真实性。最后，加强外部公司治理的监督力度，强化新闻媒体、中介机构、社会公众的监督作用，形成对上市公司高管的舆论和社会压力，降低公司高管通过管理层权力操纵薪酬的空间。

6.1.2.2 充分发挥新闻媒体监督职能

近些年，新闻媒体对上市公司高管“天价薪酬”“薪酬与业绩倒挂”现象进行了广泛报道，增强了社会公众对高管薪酬的关注度，对高管自利行为形成一定的震慑，提升了信息披露的价值和意义。

新闻媒体对高管薪酬的影响主要体现在以下两个方面：一方面，新闻媒体通过对新闻事件的搜集、整理和传播，降低社会公众的信息搜索成本。新闻媒体对高管薪酬的报道，扩大了知情人的范围。另一方面，新闻媒体与上市公司一般不存在利益往来，具有中立的道德基础。新闻媒体站在社会公众的立场上，对高管薪酬中的不合理现象进行解析和批评，对高管自身的声誉和监管形成舆论压力，促使高管行为和监管政策发生改变，使高管薪酬更加合理化。当然，新闻媒体监督作用的发挥依赖于政府和社会公众的支持，新闻媒体要坚持正确导向，自觉践行核心价值和职业道德，维护社会、经济和谐稳定发展。

6.1.3　加大国有企业人事制度改革力度

党的十八届三中全会对混合所有制改革进行了系统阐述，明确指出国有资本、集体资本、非公有资本等交叉持股、相互融合的混合所有制经济，是基本经济制度的重要实现形式。党的二十大报告进一步提出，深化国资国企改革，加快国有经济布局优化和机构结构调整，推动国有资本和国有企业做大做强，提升企业核心竞争力。实行混合所有制改革的主要目标是实现不同产权资本的共同发展和有效制衡，实现国有企业经营机制的成功转换。

从第 4 章研究过程和结论可以看出，风险承担在高管薪酬激励与公司绩效之间起到显著的中介作用，因此在推进国有企业混合所有制改革时，在激励机制方面，需要进一步采取措施调动公司高管和业务骨干的积极性，增强高管风险承担意识，激发国有企业经营活力，实现国有资产保值、增值。首先，积极推行国有企业职业经理人制度，积极探索并推进董事会按照市场化方式选聘和管理职业经理人的目标，对职业经理人实行市场化薪酬分配方案；其次，对于已经完成混合所有制改革的国有企业，探索并推出面向公司高管和业务骨干的股权激励计划，建立中长期激励机制；再次，建立健全与激励制度相适应的约束机制，可以采取业绩考核、责任审计、延期支付、追索补偿等方式进行约束；最后，推进劳动、人事、分配等制度改革，建立市场化用工制度，实现管理人员能上能下、能进能出的人才流动机制。

6.2　微观层面的对策建议

6.2.1　建立多元化高管激励体系

6.2.1.1　优化高管薪酬结构

当前，固定薪酬比例大、激励薪酬比例小，激励薪酬中货币薪酬多、股权激励少是公司高管薪酬体系中的突出问题。如何调整薪酬各组成部分，充分发挥公司高管的人力资本作用，对于提升公司价值具有重要影响。从第3章、第4章研究过程和结论可以看出，高管薪酬的激励效果受到预期薪酬和风险承担中介的影响，因此不同形式、不同比例的薪酬对公司高管的激励强度、约束力度存在差异，进而对公司资源配置、财务绩效产生不同的影响。高管薪酬中固定薪酬比例越高，薪酬变动的幅度就越小，对高管的激励效果就会越差，容易降低高管的风险承担意识，诱发高管的短视行为，减少投资支出，导致公司绩效下滑。因此，提高激励薪酬比例，也就是增大薪酬变动的比重，具有重要的现实意义。

（1）优化货币性薪酬结构。

首先，降低基础性货币薪酬水平，提高绩效性货币薪酬比重。目前大多数公司采取基础性货币薪酬与绩效性货币薪酬相结合的薪酬模式，其中，绩效性货币薪酬主要与公司当前经营业绩情况挂钩。随着市场经济、信息技术的快速发展，公司经营环境变得越来越复杂，市场竞争越来越激烈，公司高管面临的经营决策难度越来越大。对于公司股东而言，由于其能够通过多元化投资规避系统风险，面对公司的高风险高收益项目表现出风险追求的偏好。但是对于公司高管而言，由于其没有更多分散系统风险的手段，在面对公司的高风险高收益项目表现出风险规避的态度。公司股东为了实现利益最大化，需要通过董事会制定合适的薪酬激励政策，提升高管风险承担意识，激发其经营决策的意愿，提升绩效性货币薪酬的比重是一种有效的薪酬管理策略。

其次，合理设计货币性薪酬增长幅度。本书第3章的研究结果显示，增加高管货币性薪酬，确实能够带来公司绩效的提升，但是存在一个合理的区间。当加薪幅度过小时，高管对于薪酬变动的感知不够明显，导致公司绩效没有发生显著变化，因此加薪幅度需要高于最低阈值。同时第3章的研究结果表明，加薪幅度并不是越大越好，其存在边际效应递减的现象。当加薪幅度过大时，公司高管虽然受到了更大的外在动机刺激，但是由于薪酬增加所产生的控制效应更加明显，导致高管胜任、自主、关系等基本心理需求受到挫败，内在动机受到极大破坏，最终产生负面效应，导致公司绩效不升反降。因此合理设计高管货币性薪酬增长幅度对于发挥高管薪酬激励机制具有重要意义。

最后，谨慎使用减薪这一薪酬治理工具。本书第 3 章、第 4 章的研究结论表明，薪酬变动方向不同对于公司绩效的影响存在非对称性。当高管薪酬减少时，其引起公司绩效的下降幅度大于薪酬增加所引起公司绩效上升的幅度，也就是说，减薪只是单纯地惩戒了公司高管，但没有产生正向的激励效果。当然在这里并非表明不能使用减薪手段，而是要建立起与减薪相适应的公司治理环境。

（2）加大股权激励薪酬力度。

委托代理理论认为，对公司高管实施股权激励可以降低公司高管的短视行为，提高其风险承担意识，协调高管与股东利益的一致性，缓解委托代理问题。有证据表明，实施股权激励能够扩大高管的决策范围，鼓励高管寻求更多的投资机会，进而对公司绩效产生积极的影响。

随着我国资本市场逐渐完善，股权激励制度也逐步在我国上市公司进行了实施。2005 年 9 月 30 日，中国证券监督管理委员会发布了《上市公司股权激励管理办法（试行）》（以下简称《管理办法》），于 2006 年 1 月 1 日起施行。《管理办法》的颁布标志着我国股权激励机制的正式建立。为了进一步规范上市公司的股权激励，中国证券监督管理委员会于 2008 年 5 月公布《股权激励有关事项备忘录 1 号》《股权激励有关事项备忘录 2 号》，2008 年 9 月公布《股权激励有关事项备忘录 3 号》。为了规范和引导上市公司实施员工持股计划及其相关活动，中国证券监督管理委员会于 2014 年 6 月 20 日公布了《关于上市公司实施员工持股计划试点的指导意见》，标志着我国上市公司股权激励范围进一步扩大，股权激励制度日趋完善。2016 年 5 月 4 日，中国证券监督管理委员会审议通过了《上市公司股权激励管理办法》，于 2016 年 8 月 13 日起施行。为了吸引外籍优秀人才，中国证券监督管理委员会于 2018 年 8 月 15 日对《上市公司股权激励管理办法》进行修正，对激励对象包含外籍员工予以确认并对上市公司股权激励对象、限制性股票、股票期权、实施程序、信息披露和监督管理提出明确要求。

虽然我国资本市场已经初步建立上市公司股权激励制度，但是总体而言，股权激励的数量和力度还是处于较低水平。据作者统计，2006—2019年，我国 A 股市场共有 1 588 家上市公司公布了 2 695 个股权激励计划，总数不足上市公司数量的 30%，年均不足 3%。截至 2019 年 12 月 31 日，已实施股权激励上市公司所在市场及类别分布如图 6－1 所示。从图 6－1 可以看出，深圳证券交易所共有 1111 家上市公司公布股权激励计划，主要集中在创业板和中小板，主板上市公司数量相对较少；上海证券交易所共有 477 家上市公司公布股权激励计划，主要是主板 469 家，科创板由于创立时间较晚，上市公司家数总体数量较少，公布股权激励计划的只有 8 家。

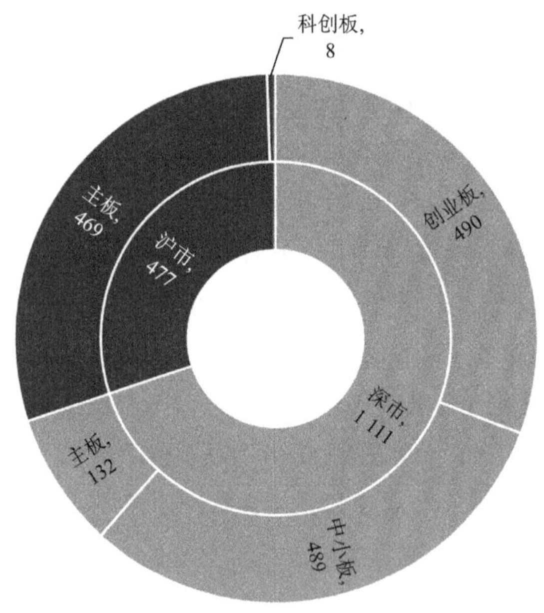

图 6－1　实施股权激励上市公司地点及类别分布

上市公司应该积极推进股权激励计划，提高高管激励性薪酬所占的比重。股权激励作为一种长期激励手段，有助于抑制高管短期行为，提升高管风险承担水平，协调高管与股东利益趋于一致。上市公司可以探索创新股权激励形式，除了常规的股票期权、限制性股票、股票增值权等形式外，还可以尝试合伙人计划、跟投计划、加速绩效限制性股票激励计划等形式。当然股权激励能否发挥作用与公司治理结构是否完善直接相关，实施股权激励需要做好公司治理的顶层设计，建立良好的内部治理环境，制定相应的约束机制。

6.2.1.2　加强对高管的精神激励

除了给予公司高管货币薪酬、股权激励等物质激励以外，还需要加强对高管的精神激励。目前，上市公司高管薪酬水平显著高于普通员工薪酬，其基本物质需求普遍得到满足，更多的需求主要体现在自我价值实现和社会认同方面。按照自我决定理论来说，精神激励可以对胜任、自主和关系三大基本心理需求产生积极的正向影响，可以激发高管的内在动机，提升公司绩效。

加强对高管的精神激励可以从以下几方面入手。首先，建立和谐的公司文化。营造积极向上、公平有序的公司文化氛围，使高管能够找到归属感和认同感，实现个人利益和公司利益导向的一致性。其次，推进高管参与各类评优活动。授予公司高管各种荣誉奖励，充分肯定其所创造的价值，满足胜任、关系等基本心理需求，激发其内在动机。最后，建立公平、透明的晋升机制。对优秀高管进行晋升激励，为其提供更大的平台和工作机会，增加其自主决策的权利范围，激发高管的主观能动性，为提升公司业绩而努力。

6.2.2　提高公司治理水平

高管薪酬激励是否有效很大程度上取决于公司治理机制是否完善。股东大会、董事会和监事会能否履行各自职责，能否对高管薪酬契约进行全程的监督，能否对高管权力进行有效的约束，是公司治理领域的核心话题。

6.2.2.1　完善公司内部治理结构

公司治理结构能否发挥作用，很大程度上与公司产权性质、公司特征、行业、地域等因素密切相关。国家法规政策对于董事会、监事会、独立董事等数量和比例的要求，起到基础的保障作用。上市公司还需要根据公司所处环境和自身特征，建立适合公司发展需要的公司内部治理结构，优化董事会、监事会治理路径，增强董事、监事的业务能力和管理水平，建立权责利相协调的治理机制，充分发挥公司治理在高管薪酬契约中的核心作用。

首先，适当控制董事会规模，增强董事会管理、监督职能。通过减少执行董事人数，使各个董事减少“搭便车”心理，承担起董事的责任和义务，降低高管对董事的影响力。其次，适度增加独立董事比例，强化独立董事的独立性。独立董事作为保护中小股东利益的重要参与者，能够对上市公司高管选聘、薪酬制定、绩效考核等产生重要影响。上市公司需要建立完备而透明的独立董事选聘程序，隔离公司高管、其他董事对独立董事的影响力，保障独立董事对高管决策行为、薪酬制度独立发表意见的权利。最后，加强监事会对公司高管的监督。当前，上市公司监事会的人员构成不够独立，权力保障措施不够完备，使得监事会没有真正发挥对高管的监督职能。监事会作为公司内部治理重要的组成部分，上市公司应该切实保障监事履行职责，对董事、高管人员的行为进行监督，防止董事、高管人员权力滥用、损害公司利益。

6.2.2.2 充分发挥薪酬委员会在高管薪酬契约制定中的主导作用

《上市公司治理准则（2018 年）》明确规定，上市公司董事会可以根据需要设立战略、提名、薪酬与考核等相关专门委员会。薪酬与考核委员会（也称薪酬委员会）中独立董事应当占多数并担任召集人，其主要职责包括：研究董事与高级管理人员考核的标准，进行考核并提出建议；研究和审查董事、高级管理人员的薪酬政策与方案。由此可见，薪酬委员会承担了高管薪酬方案制定的主导作用，而且其大多数由独立董事组成，保证了较高的独立性，能够站在更为客观的角度对高管薪酬方案的制定发挥作用。如何保障薪酬委员会履行职责、顺利开展工作，是发挥高管薪酬契约作用的重要前提。上市公司需要建立和完善薪酬委员会规章制度，为薪酬委员会的独立有效运行提供保障。此外，薪酬委员会可以聘请专业人员或者社会中介机构对高管薪酬进行整体规划，制定详细的薪酬考核办法，提升薪酬委员会的专业性和工作效率。

6.2.3　提升高管风险承担意识

本书第 4 章的研究过程和研究结果表明，提升高管风险承担意识有助于提高公司绩效，因此可以适度地培养公司高管的冒险精神。首先，可以制定一些鼓励高管勇于创新的激励制度。公司高管面对投资决策表现出风险规避的原因在于，担心项目如果失败而产生的负面影响，因此，公司可以制定一些决策免责条款，使得高管在实施充分论证、科学决策后免于未来项目失败的追责影响，从而使得其敢于决策、勇于决策。其次，实施科技创新的发展战略。制定创新型发展战略，加大科研投入、产品创新力度，适度进行公司并购，在战略引导下，提高高管的风险偏好程度。最后，为公司高管终身学习创造条件。提升高管风险承担能力，核心还是在于高管自身，加强高管的自主学习，为高管知识更新和能力提升创造条件尤为重要。

6.3　本章小结

本章在前几章理论分析和实证研究的基础上，从宏观和微观两个层面，围绕薪酬治理机制，提出提升公司绩效的政策建议。在宏观层面，继续完善职业经理人市场，加强资本市场监管，加大国有企业人事制度改革力度；在微观层面，建立多元化高管激励体系，提高公司治理水平，提升高管风险承担意识。

结　论

高管是公司战略管理、运营管理、财务管理等核心决策的制定者和实施者，其行为后果会对公司绩效产生重要影响。而薪酬体系作为激励高管的主要措施，会对高管行为产生重大影响，进而影响到公司绩效。本书以委托代理理论、管理层权力理论、前景理论和自我决定理论为基础，从高管薪酬激励与公司绩效的关系入手，将薪酬变动对绩效的非对称性影响作为研究切入点，引入风险承担这一中介因素，分析高管薪酬—风险承担—公司绩效之间的路径关系。进一步，以产权性质为调节因素，研究不同公司治理环境下，风险承担在高管薪酬对公司绩效影响中的差异性。得出以下主要结论：

（1）从薪酬增加和薪酬减少两个视角，分析了高管薪酬对公司绩效影响的非对称性。

经过理论分析和实证检验发现，高管薪酬能够引起公司绩效同向变化，这说明高管薪酬是公司绩效的重要驱动力，与委托代理理论的观点是一致的，即高管薪酬契约的设计可以激励职业经理人追求股东利益，减少公司高管的自利倾向。同时研究发现，受到高管的损失厌恶心理和外在激励对内在动机挤出效应的影响，当薪酬变动方向不同时，高管薪酬对公司绩效的影响是非对称的，减薪所引起的公司绩效下降的幅度显著大于等量加薪所引起的公司绩效增长幅度。在区分加薪和减薪不同情境的进一步研究中发现，加薪对公司绩效影响呈现倒“U”型结构，且加薪的效应受到高管心理预期影响而存在一定的阈值，只有超过特定阈值的加薪才会有激励效果；减薪对公司绩效影响呈现“U”型结构。

（2）在委托代理理论和自我决定理论的理论基础上，探究了高管薪酬—风险承担—公司绩效这一影响路径。

经过理论分析和实证检验发现，高管薪酬能够显著提升高管风险承担水平，而风险承担水平的提升能够显著带来公司绩效的增长，因此风险承担在薪酬变动对公司绩效影响中起到显著中介效应。进一步研究发现，薪酬变动方向不同时，风险承担这一中介效应存在非对称性，相较于薪酬增加，等量薪酬减少引起风险承担变动幅度更大，传递到公司绩效的影响也更大，是导致薪酬变动对公司绩效非对称性影响的原因之一。

（3）从公司治理角度，研究了产权性质在高管薪酬—风险承担—公司绩效这一影响路径中的调节作用。

经过理论分析和实证检验发现，产权性质作为公司治理重要的要素，会对高管薪酬契约产生重要影响。产权性质不同，风险承担所发挥的中介效应存在差异，相较于非国有企业，国有企业的风险承担中介效应更低，进而导致公司绩效相对较差。进一步研究发现，薪酬变动方向不同时，产权性质的调节效应存在非对称性，即当薪酬增加时，国有企业与非国有企业在高管薪酬—风险承担—公司绩效这一影响路径上的表现存在显著差异；而当薪酬减少时，国有企业与非国有企业在高管薪酬—风险承担—公司绩效这一影响路径上的表现不存在显著差异。

本书的创新性工作体现在以下几个方面：

（1）提出并检验了高管薪酬对公司绩效影响的非对称性。

本书将前景理论、自我决定理论等心理学理论纳入公司治理的研究领域，通过区分薪酬变动方向，分别研究薪酬增加和薪酬减少对公司绩效影响的差异性，提出高管薪酬对公司绩效存在非对称性影响。本书整合了心理学的相关理论与观点，将高管心理和动机因素引入薪酬激励效果的研究中，拓宽了现有高管激励研究的理论基础。现有高管激励研究领域中，区分薪酬变动方向进行研究的较少，且以单独研究薪酬增加为主，研究薪酬减少的极少，仅有的研究也是以实验研究方法进行。本书将薪酬增加和薪酬减少作对比分析，并运用上市公司面板数据进行验证，弥补了高管激励领域减薪研究的不足，使高管激励领域研究更加全面完整。此外，本书研究发现小幅加薪存在阈值效应，当加薪幅度大于7.3%时，加薪才会发挥激励效果，这也是首次在非实验环境下发现的研究结论，丰富了高管激励领域的研究成果。

（2）提出并检验了风险承担在高管薪酬对公司绩效影响中的中介效应及其非对称性。

本书从自我决定理论和委托代理理论出发，从薪酬增加和薪酬减少两个视角，分析和检验了风险承担在高管薪酬与公司绩效关系的作用机理。研究表明，高管薪酬变化方向不同，风险承担在高管薪酬对公司绩效影响中的中介效应存在显著差异，相比薪酬增加，薪酬减少引起风险承担变动幅度更大。该研究结论揭示了风险承担中介效应的非对称性，丰富了风险承担研究领域的研究成果。

（3）提出并检验了产权性质对风险承担中介效应的调节作用及其非对称性。

现有关于公司绩效的文献，较多地使用单一的中介效应或调节效应模型，来研究影响公司绩效的因素、路径和边界问题。本书将心理学、组织行为学中经常使用的有调节的中介效应模型引入绩效研究领域，检验了以产权性质为调节变量、风险承担为中介变量在高管薪酬对公司绩效影响中的作用，拓展了有调节的中介效应模型的适用领域。研究表明产权性质不同，风险承担所发挥的中介效应存在显著差异，并且产权性质作用程度又受到薪酬变动方向不同的影响。该研究结果揭示了产权性质在了高管薪酬—风险承担—公司绩效这一影响路径的调节效应，丰富了财务绩效研究领域的研究成果。

尽管本书详细地分析并验证了高管薪酬对公司绩效具有正向且非对称性影响，并在基础上分析了风险承担、产权性质在这一过程中的作用机制，构建了有调节的中介效应模型进行验证，得出了较为稳健和可靠的结论，但是研究尚处于阶段性研究成果，仍然存在诸多不足之处尚需进一步完善。本书研究的局限性以及未来的研究方向如下：

第一，本书所研究的薪酬激励仅考虑了货币薪酬，没有包括股权激励以及晋升激励、在职消费等隐性薪酬，以及外部薪酬差距、延期支付等复杂场景的影响。尽管股权激励目前规模和数量较小，晋升激励、在职消费等隐性薪酬面临计量问题，但如果这些因素或方法得以提升或改善，那么非货币薪酬激励同样会影响高管人员行为变化，进而影响公司绩效，这将是未来需要进一步研究的问题。

第二，本书所研究的高管薪酬与公司绩效之间存在一定的互为因果关联。虽然本书在第 3、4、5 章使用一定的技术处理弱化了内生性问题，但是也未能完全消除其影响，而现有相关文献也未能提供完美的解决办法，这一问题在一定程度上可能影响研究结论的稳健性。

第三，本书没有量化非对称性效果。本书的研究主要发现了高管薪酬对公司绩效影响的非对称性、中介效应的非对称性以及调节效应的非对称性，但是由于缺乏非对称性效应程度的详细度量方法，没有量化非对称性程度。

第四，本书的研究方法只使用了实证研究方法，没有运用实地研究法、案例研究法就研究结论的可靠性进行验证，本书研究方法还不够全面。

参考文献

［1］ Thibault Landry A., Zhang Y., Papachristopoulos K., et al. Applying Self - Determination Theory to Understand the Motivational Impact of Cash Rewards: New Evidence from Lab Experiments ［J］. International Journal of Psychology, 2020, 55 (3): 487 - 498.

［2］ Gerhart B., Fang M. Pay for (Individual) Performance: Issues, Claims, Evidence and the Role of Sorting Effects ［J］. Human Resource Management Review, 2014, 24 (1): 41 - 52.

［3］ 胡俏，贾伊萌．人力资本对企业绩效的影响研究——薪酬的中介作用［J］．技术经济，2020，39（10）：87 - 91.

［4］ Hill M. S., Lopez T. J., Reitenga A. L. CEO Excess Compensation: The Impact of Firm Size and Managerial Power ［J］. Advances in Accounting, 2016 (33): 35 - 46.

［5］ 孙林，李维安．高管薪酬—业绩倒挂与薪酬调整决策——基于薪酬正当性维护视角的分析与检验［J］．财贸研究，2016，27（2）：137 - 146.

［6］ 肖土盛，孙瑞琦，岳张洋．企业税收筹划影响高管薪酬契约吗?［J］．中央财经大学学报，2019（1）：67 - 79.

［7］ 钟晓红．高管薪酬与公司绩效［D］．南昌：江西财经大学，2019：8 - 9.

［8］ Zoghlami F. Does CEO Compensation Matter in Boosting Firm Performance? Evidence from Listed French Firms ［J］. Managerial and decision economics, 2021, 42 (1): 143 -155.

[9] 洪永淼，汪寿阳．大数据如何改变经济学研究范式？[J]．管理世界，2021，37 (10)：40 -55.

[10] Schunk D. H., DiBenedetto M. K. Motivation and Social Cognitive Theory [J]. Contemporary Educational Psychology, 2020 (60): 101832.

[11] Merchant K. A., Van der Stede W. A., Lin T. W., et al. Performance Measurement and Incentive Compensation: An Empirical Analysis and Comparison of Chinese and Western Firms' Practices [J]. The European Accounting Review, 2011, 20 (4): 639 -667.

[12] Jensen M. C., Murphy K. J. Performance Pay and Top - Management Incentives [J]. The Journal of Political Economy, 1990, 98 (2): 225 -264.

[13] Andjelkovic A., Boyle G., McNoe W. Public Disclosure of Executive Compensation: Do Shareholders Need to Know? [J]. Pacific - Basin Finance Journal, 2002, 10 (1): 97 -117.

[14] Gregg P., Jewell S., Tonks I. Executive Pay and Performance in the UK 1994 -2002 [J]. Ian Tonks, 2005.

[15] Fernandes N. Board Compensation and Firm Performance: The Role of Independent Board Members [J]. Journal of Multinational Financial Management, 2008, 18 (1): 30 -44.

[16] Ozkan N. CEO Compensation and Firm Performance: An Empirical Investigation of UK Panel Data [J]. European Financial Management, 2011, 17 (2): 260 -285.

[17] Ozkan N. Do Corporate Governance Mechanisms Influence CEO Compensation? An Empirical Investigation of UK Companies [J]. Journal of Multinational Financial Management, 2007, 17 (5): 349 -364.

[18] Krauter E., de Sousa A. F. Executive Compensation and Corporate Financial Performance: Empirical Evidences on Brazilian Industrial Companies

[J]. Journal of Modern Accounting and Auditing, 2013, 9 (5): 650 -661.

[19] Dittrich L. O., Srbek P. Managerial Compensation and Firm Performance: Is there any Relationship? [J]. International Advances in Economic Research, 2016, 22 (4): 467 -468.

[20] Acero I., Alcalde N. Directors' Compensation. What Really Matters? [J]. Journal of Business Economics and Management, 2020, 21 (1): 180 - 199.

[21] Abudy M. M., Amiram D., Rozenbaum O., et al. Do Executive Compensation Contracts Maximize Firm Value? Indications from a Quasi - Natural Experiment [J]. Journal of Banking and Finance, 2020, 114: 105787.

[22] Bebchuk L. A., Fried J. M. Executive Compensation as an Agency Problem [J]. Journal of Economic Perspectives, 2003, 17 (3): 71 -92.

[23] Bebchuk L. A., Fried J. M. Pay without Performance: Overview of the Issues [J]. Academy of Management Perspectives, 2006, 20 (1): 5 -24.

[24] Duffhues P., Kabir R. Is the Pay - Performance Relationship Always Positive? [J]. Journal of Multinational Financial Management, 2008, 18 (1): 45 -60.

[25] Aslam E., Haron R., Tahir M. N. How Director Remuneration Impacts Firm Performance: An Empirical Analysis of Executive Director Remuneration in Pakistan [J]. Borsa Istanbul Review, 2019, 19 (2): 186 -196.

[26] Murphy K. J. Corporate Performance and Managerial Remuneration: An Empirical Analysis [J]. Journal of Accounting and Economics, 1985, 7 (1 - 3): 11 -42.

[27] Carpenter M. A., Sanders W. G. Top Management Team Compensation: The Missing Link Between CEO Pay and Firm Performance? [J]. Strategic Management Journal, 2002, 23 (4): 367 -375.

[28] McKnight P., Tomkins C. The Implications of Firm and Individual Characteristics On CEO Pay [J]. European Management Journal, 2004, 22

(1): 27 -40.

[29] Kato T., Long C. Executive Compensation, Firm Performance, and Corporate Governance in China: Evidence from Firms Listed in the Shanghai and Shenzhen Stock Exchanges [J]. Economic Development and Cultural Change, 2006, 54 (4): 945 -983.

[30] Sigler K. CEO Compensation and Company Performance [J]. Business & Economics Journal, 2011.

[31] Conyon M. J., He L. Executive Compensation and Corporate Governance in China [J]. Journal of Corporate Finance, 2011, 17 (4): 1158 - 1175.

[32] Balafas N., Floracki C. CEO Compensation and Future Shareholder Returns: Evidence from the London Stock Exchange [J]. Journal of Empirical Finance, 2014 (27): 97 -115.

[33] Raithatha M., Komera S. Executive Compensation and Firm Performance: Evidence from Indian Firms [J]. IIMB Management Review, 2016, 28 (3): 160 -169.

[34] Broye G., François A., Moulin Y. The Cost of CEO Duality: Evidence from French Leadership Compensation [J]. European Management Journal, 2017, 35 (3): 336 -350.

[35] Amarou Y., Bensaid M. The Impact of Firm Performance On Executive Compensation in France [J]. Mediterranean Journal of Social Sciences, 2017, 8 (2): 63 -69.

[36] Smirnova A. S., Zavertiaeva M. A. Which Came First, CEO Compensation or Firm Performance? The Causality Dilemma in European Companies [J]. Research in International Business and Finance, 2017 (42): 658 -673.

[37] Sheikh, Shah, Akbar. Firm Performance, Corporate Governance and Executive Compensation in Pakistan [J]. Applied Economics, 2018, 50 (18): 2012 -2027.

[38] Aabo T., Jacobsen M. L., Stendys K. Pay Me with Fame, Not Mammon: CEO Narcissism, Compensation, and Media Coverage [J]. Finance Research Letters, 2021: 102495.

[39] Boubaker S., Hasan M. M., Habib A. Organization Capital, Tournament Incentives and Firm Performance [J]. Finance Research Letters, 2021: 102468.

[40] Chukwuma N. J., Famba T., Sun H., et al. The Effect of Firm Performance on CEO Compensation: The Moderation Role of SOE Reform [J]. SN Business & Economics, 2021, 1 (11): 158 – 190.

[41] Chen X., Torsin W., Zhang D. The Anglo – Saxon Premium in Foreign CEO Compensation [J]. Finance Research Letters, 2021: 102572.

[42] Kweh Q. L., Tebourbi I., Lo H., et al. CEO Compensation and Firm Performance: Evidence from Financially Constrained Firms [J]. Research in International Business and Finance, 2022 (61): 101671.

[43] Jensen M. C., Meckling W. H. Theory of the Firm: Managerial Behavior, Agency Costs and Ownership Structure [J]. Journal of Financial Economics, 1976, 3 (4): 305 – 360.

[44] Palia D. The Endogeneity of Managerial Compensation in Firm Valuation: A Solution [J]. The Review of Financial Studies, 2001, 14 (3): 735 – 764.

[45] Sun J., Cahan S. F., Emanuel D. Compensation Committee Governance Quality, Chief Executive Officer Stock Option Grants, and Future Firm Performance [J]. Journal of Banking & Finance, 2009, 33 (8): 1507 – 1519.

[46] Flammer C., Bansal P. Does a Long – Term Orientation Create Value? Evidence from a Regression Discontinuity [J]. Strategic Management Journal, 2017, 38 (9): 1827 – 1847.

[47] Tai Y. Is Adoption of Restricted Stock Grants Related with Firm Performance? [J]. Asia Pacific Management Review, 2018, 23 (2): 137 – 147.

[48] Zolotoy L. , O Sullivan D. , Martin G. P. The Social Context of Compensation Design: Social Norms and the Impact of Equity Incentives [J]. Human Resource Management, 2018, 57 (5): 1233 - 1250.

[49] Chen Y. , Tian G. G. , Yao D. T. Does Regulating Executive Compensation Impact Insider Trading? [J]. Pacific - Basin Finance Journal, 2019 (56): 1 - 20.

[50] Zhu C. , Zhang T. , Li S. Why More Restricted Stocks, Less Stock Options? ——An Explanation Based on the Preference of Regulators of China? [J]. Journal of Asian Economics, 2021 (77): 101399.

[51] Fama E. F. , Jensen M. C. Separation of Ownership and Control [J]. Journal of Law and Economics, 1983, 26 (2): 301 - 325.

[52] Morck R. , Shleifer A. , Vishny R. W. Management Ownership and Market Valuation: An Empirical Analysis [J]. North - Holland, 1988 (20): 293 - 315.

[53] McConnell J. J. , Servaes H. Additional Evidence on Equity Ownership and Corporate Value [J]. North - Holland, 1990, 27 (2): 595 - 612.

[54] Coles J. L. , Lemmon M. L. , Felix Meschke J. Structural Models and Endogeneity in Corporate Finance: The Link Between Managerial Ownership and Corporate Performance [J]. Journal of Financial Economics, 2012, 103 (1): 149 - 168.

[55] Kim E. H. , Lu Y. CEO Ownership, External Governance, and Risk - Taking [J]. Journal of Financial Economics, 2011, 102 (2): 272 - 292.

[56] Fabisik K. , Fahlenbrach R. , Stulz R. M. , et al. Why are Firms with More Managerial Ownership Worth Less? [J]. Journal of Financial Economics, 2021, 140 (3): 699 - 725.

[57] Shen C. H. , Zhang H. CEO Risk Incentives and Firm Performance Following R&D Increases [J]. Journal of Banking & Finance, 2013, 37 (4): 1176 - 1194.

[58] Roger P., Schatt A. Idiosyncratic Risk, Private Benefits, and the Value of Family Firms [J]. Finance Research Letters, 2016 (17): 235 - 245.

[59] Yermack D. Flights of Fancy: Corporate Jets, CEO Perquisites, and Inferior Shareholder Returns [J]. Journal of Financial Economics, 2006, 80 (1): 211 - 242.

[60] Andrews A., Linn S., Yi H. Corporate Governance and Executive Perquisites [J]. Review of Accounting and Finance, 2017, 16 (1): 21 - 45.

[61] Grinstein Y., Weinbaum D., Yehuda N. The Economic Consequences of Perk Disclosure [J]. Contemporary Accounting Research, 2017, 34 (4): 1812 - 1842.

[62] Chen F., Huyghebaert N., Lin S., et al. Do Multiple Large Shareholders Reduce Agency Problems in State - Controlled Listed Firms? Evidence from China [J]. Pacific - Basin Finance Journal, 2019 (57): 101203.

[63] Ren X., Liu X., Tian Z. Excess Perks in SOEs: Evidence from China [J]. Asian - Pacific Economic Literature, 2020, 34 (2): 152 - 165.

[64] Alchian A. A., Demsetz H. Production, Information Costs, and Economic Organization [J]. The American Economic Review, 1972, 62 (5): 777 - 795.

[65] Fama E. F. Agency Problems and the Theory of the Firm [J]. Journal of Political Economy, 1980, 88 (2): 288 - 307.

[66] Rajan R. G., Wulf J. Are Perks Purely Managerial Excess? [J]. Journal of Financial Economics, 2006, 79 (1): 1 - 33.

[67] Caserta M., Ferrante L., Reito F. Who Pays for Workplace Benefits? [J]. The Manchester School, 2020, 88 (4): 556 - 574.

[68] Lambert R. A., Larcker D. F. An Analysis of the Use of Accounting and Market Measures of Performance in Executive Compensation Contracts [J]. Journal of Accounting Research, 1987 (25): 85 - 125.

[69] Jensen M. C. The Modern Industrial Revolution, Exit, and the Fail-

ure of Internal Control Systems [J]. The Journal of Finance, 1993, 48 (3): 831 -880.

[70] Yermack D. Higher Market Valuation of Companies with a Small Board of Directors [J]. Journal of Financial Economics, 1996, 40 (3): 185 - 211.

[71] Seo J. Board Effectiveness and CEO Pay: Board Information Processing Capacity, Monitoring Complexity, and CEO Pay - for - Performance Sensitivity [J]. Human Resource Management, 2017, 56 (3): 373 -388.

[72] Sun J. , Cahan S. The Effect of Compensation Committee Quality on the Association between CEO Cash Compensation and Accounting Performance [J]. Corporate Governance: An International Review, 2009, 17 (2): 193 - 207.

[73] Kent P. , Kercher K. , Routledge J. Remuneration Committees, Shareholder Dissent on CEO Pay and the CEO Pay - Performance Link [J]. Accounting and finance (Parkville), 2018, 58 (2): 445 -475.

[74] Kanapathippillai S. , Gul F. , Mihret D. , et al. Compensation Committees, CEO Pay and Firm Performance [J]. Pacific - Basin Finance Journal, 2019 (57): 101187.

[75] Ntim C. G. , Lindop S. , Thomas D. A. , et al. Executive Pay and Performance: The Moderating Effect of CEO Power and Governance Structure [J]. International Journal of Human Resource Management, 2019, 30 (6): 921 -963.

[76] Newman H. A. , Mozes H. A. Does the Composition of the Compensation Committee Influence CEO Compensation Practices? [J]. Financial Management, 1999, 28 (3): 78 -89.

[77] Florackis C. , Ozkan A. The Impact of Managerial Entrenchment on Agency Costs: An Empirical Investigation Using UK Panel Data [J]. European Financial Management, 2009, 15 (3): 497 -528.

[78] Baker G. P., Hall B. J. CEO Incentives and Firm Size [J]. Journal of Labor Economics, 2004, 22 (4): 767 – 798.

[79] Schaefer S. The Dependence of Pay – Performance Sensitivity on the Size of the Firm [J]. The Review of Economics and Statistics, 1998, 80 (3): 436 – 443.

[80] Cichello M. S. The Impact of Firm Size On Pay – Performance Sensitivities [J]. Journal of Corporate Finance, 2005, 11 (4): 609 – 627.

[81] Aggarwal R. K., Samwick A. A. The Other Side of the Trade – Off: The Impact of Risk On Executive Compensation [J]. Journal of Political Economy, 1999, 107 (1): 65 – 105.

[82] Dee C. C., Lulseged A., Nowlin T. S. Executive Compensation and Risk: The Case of Internet Firms [J]. Journal of Corporate Finance, 2005, 12 (1): 80 – 96.

[83] Bushman R. M., Smith A. J. Financial Accounting Information and Corporate Governance [J]. Journal of Accounting and Economics, 2001, 32 (1): 237 – 333.

[84] Iyengar R. J., Zampelli E. M. Does Accounting Conservatism Pay? [J]. Accounting and Finance (Parkville), 2010, 50 (1): 121 – 142.

[85] Choi H., Suh S. The Effect of Financial Reporting Quality on CEO Compensation Structure: Evidence from Accounting Comparability [J]. Journal of Accounting and Public Policy, 2019, 38 (5): 106681.

[86] 周业安. 经理报酬与企业绩效关系的经济学分析 [J]. 中国工业经济, 2000 (5): 60 – 65.

[87] 魏刚. 高级管理层激励与上市公司经营绩效 [J]. 经济研究, 2000 (3): 32 – 39.

[88] 李增泉. 激励机制与企业绩效——一项基于上市公司的实证研究 [J]. 会计研究, 2000 (1): 24 – 30.

[89] 张小宁. 经营者报酬、员工持股与上市公司绩效分析 [J]. 世

界经济，2002 (10)：57－64.

［90］朱德胜，岳丽君．管理者薪酬与企业绩效的相关性研究［J］．山东财政学院学报，2004 (6)：45－49.

［91］吴育辉，吴世农．高管薪酬：激励还是自利？——来自中国上市公司的证据［J］．会计研究，2010 (11)：40－48.

［92］扈文秀，穆庆榜．金融高管薪酬与公司绩效关系实证研究［J］．管理评论，2011，23 (10)：118－124.

［93］李文昌，王春雷．基于代理成本中介效应的高管薪酬激励与公司绩效关系研究［J］．财会通讯，2017 (21)：60－64.

［94］张昊民，何奇学．高管薪酬激励与组织绩效：基于管理者过度自信的“遮掩效应”［J］．现代财经（天津财经大学学报），2017，37 (6)：65－77.

［95］李建刚，张智霞．高管薪酬、风险承担与银行绩效的实证研究［J］．会计之友，2020 (20)：60－67.

［96］张文锋，谷方杰，刘磊．国有企业高管薪酬激励对企业绩效的影响效应研究［J］．财经问题研究，2021 (10)：122－129.

［97］张晖明，陈志广．高级管理人员激励与企业绩效——以沪市上市公司为样本的实证研究［J］．世界经济文汇，2002 (4)：29－37.

［98］刘斌，刘星，李世新，等．CEO 薪酬与企业业绩互动效应的实证检验［J］．会计研究，2003 (3)：35－39.

［99］李长江，冯正强，王国顺．薪酬激励与企业绩效的相关性实证研究［J］．经济管理，2004 (3)：57－60.

［100］杨大光，朱贵云，武治国．我国上市银行高管薪酬和经营绩效相关性研究［J］．金融论坛，2008，13 (8)：9－13.

［101］张栋，杨兴全．高管薪酬、内部差距与商业银行业绩［J］．中央财经大学学报，2015 (3)：62－71.

［102］李燕萍，孙红，张银．高管报酬激励、战略并购重组与公司绩效——来自中国 A 股上市公司的实证［J］．管理世界，2008 (12)：177－

179.

[103] 毕艳杰．家族高管与职业高管薪酬水平的差异及其对公司绩效的影响 [J]．财会通讯，2009 (3)：158－160.

[104] 李前兵．公司高管人员薪酬与绩效的相关性研究——基于家族企业与非家族企业的比较分析 [J]．技术经济与管理研究，2011 (4)：56－59.

[105] 周仁俊，杨战兵，李礼．管理层激励与企业经营业绩的相关性——国有与非国有控股上市公司的比较 [J]．会计研究，2010 (12)：69－75.

[106] 刘绍娓，陈超凡．高管薪酬与公司绩效相关性研究——基于中国上市公司数据的实证分析 [J]．价格理论与实践，2012 (6)：74－76.

[107] 谢获宝，陈春艳，付从荣．企业特征、高管薪酬结构与企业绩效 [J]．技术经济，2013，32 (4)：33－40.

[108] 李博，周妍，李子瑶．辽宁国企高管薪酬激励有效性的实证分析 [J]．辽宁大学学报（哲学社会科学版），2019，47 (4)：64－74.

[109] 葛广宇，陈佳妮，魏向杰．上市公司高管薪酬激励对企业绩效的影响研究——基于服装行业上市公司样本数据 [J]．现代管理科学，2021 (6)：70－79.

[110] 白智奇，张宁宁，张莹．高管薪酬契约参照与企业并购：并购溢价及并购绩效 [J]．经济与管理评论，2021，37 (1)：150－160.

[111] 张瑞君，李小荣，许年行．货币薪酬能激励高管承担风险吗 [J]．经济理论与经济管理，2013 (8)：84－100.

[112] 高磊．管理层激励、风险承担与企业绩效研究 [J]．财经理论研究，2018 (4)：1－18.

[113] 唐松，孙铮．政治关联、高管薪酬与企业未来经营绩效 [J]．管理世界，2014 (5)：93－105.

[114] 孙红梅，黄虹，刘媛．机构投资、高管薪酬与公司业绩研究 [J]．技术经济与管理研究，2015 (1)：50－55.

[115] 黄贤环．高管薪酬激励、内部控制有效性与公司业绩——来自

沪深 A 股上市公司的经验证据 [J]. 南京审计大学学报, 2016, 13 (3): 44-55.

[116] 盛明泉, 车鑫. 管理层权力、高管薪酬与公司绩效 [J]. 中央财经大学学报, 2016 (5): 97-104.

[117] 陈晓珊. 民营企业社会责任、高管薪酬与企业产出绩效——基于企业实际决策者视角的理论与实证分析 [J]. 浙江工商大学学报, 2017 (4): 85-98.

[118] 张静. 高管薪酬、社会责任和企业绩效相关性研究——来自房地产行业的数据 [J]. 兰州大学学报 (社会科学版), 2017, 45 (2): 158-167.

[119] 马惠娴, 佟爱琴. 卖空机制对高管薪酬契约的治理效应——来自融资融券制度的准自然实验 [J]. 南开管理评论, 2019, 22 (2): 61-74.

[120] 郭雪萌, 梁彭, 解子睿. 高管薪酬激励、资本结构动态调整与企业绩效 [J]. 山西财经大学学报, 2019, 41 (4): 78-91.

[121] 邱雪林, 刘豪. 高管绩效激励、管理者能力与企业绩效 [J]. 财会通讯, 2019 (30): 25-28.

[122] 李辰颖. 内部控制、环境绩效与高管薪酬业绩敏感性 [J]. 企业经济, 2019, 38 (10): 109-115.

[123] 孙诗璐, 汪文生. 资本市场开放与高管薪酬契约有效性——基于"沪港通"的准自然实验 [J]. 国际商务 (对外经济贸易大学学报), 2020 (4): 144-156.

[124] 史金艳, 郭思岑, 张启望, 等. 高管薪酬、强制性变更与公司绩效 [J]. 华东经济管理, 2019, 33 (2): 54-62.

[125] 孙世敏, 李玲格, 刘奕彤. 合谋掏空、业绩预期与高管薪酬契约有效性 [J]. 管理工程学报, 2020, 34 (6): 57-65.

[126] 王欣, 欧阳才越. 公司战略会影响高管薪酬契约有效性吗? [J]. 财经论丛 (浙江财经学院学报), 2021 (8): 81-90.

[127] 彭华, 王东方. 薪酬敏感度影响因素实证分析——以我国制造业上市公司为例 [J]. 金融理论与实践, 2021 (10): 92-100.

[128] 谌新民，刘善敏．上市公司经营者报酬结构性差异的实证研究[J]．经济研究，2003（8）：55－63.

[129] 俞鸿琳．国有上市公司管理者股权激励效应的实证检验［J］．经济科学，2006（1）：108－116.

[130] 陈文哲，石宁，梁琪，等．股权激励模式选择之谜——基于股东与激励对象之间博弈分析［J］．南开管理评论，2022，25（1）：189－203.

[131] 周建波，孙菊生．经营者股权激励的治理效应研究——来自中国上市公司的经验证据［J］．经济研究，2003（5）：74－82.

[132] 李维安，李汉军．股权结构、高管持股与公司绩效——来自民营上市公司的证据［J］．南开管理评论，2006（5）：4－10.

[133] 叶建芳，陈潇．我国高管持股对企业价值的影响研究——一项来自高科技行业上市公司的证据［J］．财经问题研究，2008（3）：101－108.

[134] 黄洁，蔡根女．股权激励效果和影响因素经验分析——基于两《办法》出台后实施股权激励的上市公司数据［J］．华东经济管理，2009，23（3）：111－116.

[135] 王传彬，崔益嘉，赵晓庆．股权分置改革后上市公司股权激励效果及影响因素研究分析［J］．统计与决策，2013（2）：183－186.

[136] 顾湘，朱丹．上市公司股权结构与经营绩效的实证研究［J］．统计与决策，2011（19）：160－162.

[137] 林大庞，苏冬蔚．股权激励与公司业绩——基于盈余管理视角的新研究［J］．金融研究，2011（9）：162－177.

[138] 罗婷，何云．股权激励与公司业绩关系研究——基于盈余管理对公司业绩修饰的视角［J］．河北经贸大学学报（综合版），2017，17（3）：68－74.

[139] 刘柏，卢家锐．股权激励、过度自信与公司业绩——基于盈余管理“噪音”的视角［J］．云南财经大学学报，2019，35（8）：88－101.

[140] 戴璐，宋迪．高管股权激励合约业绩目标的强制设计对公司管理绩效的影响［J］．中国工业经济，2018（4）：117－136.

[141] 周菲，杨栋旭．高管激励、R&D 投入与高新技术企业绩效——基于内生视角的研究［J］．南京审计大学学报，2019，16（1）：71－80.

[142] 许娟娟，陈志阳．股权激励模式、盈余管理与公司治理［J］．上海金融，2019（1）：42－49.

[143] 周云波，张敬文．经理人股权激励可以提升企业价值吗？——来自中国 A 股上市公司的证据［J］．消费经济，2020，36（1）：26－34.

[144] 付强，扈文秀，章伟果．管理层股权激励与企业未来盈余定价——来自中国资本市场的证据［J］．中国管理科学，2020，28（1）：19－31.

[145] 倪艳，胡燕．股权激励强度对企业绩效的影响——以 A 股上市公司为例［J］．江汉论坛，2021（4）：17－27.

[146] 陈冬华，陈信元，万华林．国有企业中的薪酬管制与在职消费［J］．经济研究，2005（2）：92－101.

[147] 卢锐，魏明海，黎文靖．管理层权力、在职消费与产权效率——来自中国上市公司的证据［J］．南开管理评论，2008（5）：85－92.

[148] 孙晓燕，于沛然．股权激励视角下管理层在职消费与企业绩效的相关性［J］．财会月刊（理论版），2015（5）：14－18.

[149] 郝颖，谢光华，石锐．外部监管、在职消费与企业绩效［J］．会计研究，2018（8）：42－48.

[150] 赵乐，王琨．薪酬管制、高管激励与公司业绩［J］．投资研究，2019，38（12）：133－148.

[151] 姬霖，魏书媛．媒体监督视角下在职消费对财务绩效影响研究［J］．会计之友，2020（14）：110－114.

[152] 褚剑，陈骏．“严监管”下审计监督的个体治理效应——基于地方国有企业高管超额在职消费的研究［J］．经济理论与经济管理，2021，41（5）：85－99.

[153] 梁彤缨，冯莉，陈修德．金字塔结构、在职消费与公司价值——来自中国上市公司的经验证据［J］．山西财经大学学报，2012，34（11）：75－83.

[154] 黎文靖，池勤伟．高管职务消费对企业业绩影响机理研究——基于产权性质的视角 [J]．中国工业经济，2015 (4)：122 - 134.

[155] 吴成颂，唐伟正，钱春丽．制度背景、在职消费与企业绩效——来自证券市场的经验证据 [J]．财经理论与实践，2015，36 (5)：62 - 69.

[156] 陈怡秀，孙世敏，屠立鹤．在职消费经济效应的影响因素——基于高管异质性视角的研究 [J]．经济管理，2017，39 (5)：85 - 100.

[157] 庄明明，李善民，史欣向．公共治理与国有企业价值——基于高管隐性激励视角的研究 [J]．中央财经大学学报，2019 (8)：54 - 68.

[158] 陈晓珊．异质性企业高管在职消费与货币薪酬的治理效应研究——兼论在职消费的"代理观"与"效率观" [J]．云南财经大学学报，2017，33 (1)：115 - 125.

[159] 匡卫华，刘艳霞，祁怀锦．在职消费：激励还是自利？——兼论政府"限薪令"的治理效果 [J]．会计之友，2019 (10)：38 - 43.

[160] 李健欣，蒋华林，马鹏．国有企业高管薪酬与股价崩盘风险——"有效管制"还是"过度约束"？[J]．中南财经政法大学学报，2021 (3)：58 - 68.

[161] 肖继辉，彭文平．上市公司总经理报酬业绩敏感性研究 [J]．财经研究，2004 (12)：34 - 43.

[162] 张必武，石金涛．董事会特征、高管薪酬与薪绩敏感性——中国上市公司的经验分析 [J]．管理科学，2005 (4)：32 - 39.

[163] 刘艳．董事会治理结构与上市公司高管薪酬关系的实证研究 [D]．长春：吉林大学，2007.

[164] 赵息，杜玉鹏．公司治理对高管薪酬激励敏感度的影响 [J]．软科学，2009，23 (11)：92 - 95.

[165] 臧兴东．上市公司高管薪酬的法律规制 [D]．重庆：重庆大学，2017：31 - 35.

[166] 沈小燕，王跃堂．薪酬委员会提高了公司薪酬业绩敏感度吗？[J]．上海财经大学学报，2014，16 (6)：71 - 80.

[167] 盛明泉，伍岳．高管年龄会影响其薪酬绩效敏感性吗？[J]．商业会计，2016 (18)：4－7.

[168] 张行，常崇江．不同继任模式下 CEO 任期对薪酬结构的影响研究——来自管理层权力、组合、学习和职业生涯效应的解释 [J]．南开管理评论，2019，22 (6)：188－199.

[169] 李洋，汪平，张丁．连锁董事网络位置、联结强度对高管薪酬黏性的治理：促进还是抑制？[J]．现代财经（天津财经大学学报），2019，39 (5)：56－72.

[170] 张耀伟，陈世山，刘思琪．董事会非正式层级与高管薪酬契约有效性 [J]．管理工程学报，2020，34 (3)：83－96.

[171] 马香品．企业绩效、公管职历与国有企业高管薪酬激励 [J]．社会科学家，2020 (9)：91－97.

[172] 卢锐．管理层权力、薪酬与业绩敏感性分析——来自中国上市公司的经验证据 [J]．当代财经，2008 (7)：107－112.

[173] 杨向阳，李前兵．管理层权力与薪酬业绩敏感性关系研究——以中国民营上市公司为例 [J]．中国注册会计师，2013 (4)：77－83.

[174] 徐细雄，刘星．放权改革、薪酬管制与企业高管腐败 [J]．管理世界，2013 (3)：119－132.

[175] 陈晓珊，匡贺武．“两职合一”真正起到治理作用了吗？[J]．当代经济管理，2018，40 (4)：22－29.

[176] 李豫湘，米江．家族控制、机构投资者与高管薪酬 [J]．重庆大学学报（社会科学版），2016，22 (5)：74－83.

[177] 李瑞，马德芳，祁怀锦．高管薪酬与公司业绩敏感性的影响因素——来自中国 A 股上市公司的经验证据 [J]．现代管理科学，2011 (9)：14－16.

[178] 郝以雪，高文亮，张正勇．上市公司总经理报酬业绩敏感性的影响因素研究 [J]．财会月刊，2011 (6)：3－6.

[179] 高文亮，张正勇．基于代理理论视角的总经理薪酬业绩敏感性

研究——来自中国上市公司的证据［J］. 南京财经大学学报, 2010（6）: 57－64.

［180］蔡明剑. 高管报酬业绩敏感性与业绩风险关系的研究［J］. 现代管理科学, 2010（11）: 116－119.

［181］王甲. 风险对上市公司高管薪酬—业绩敏感度的影响研究［D］. 成都: 西南财经大学, 2013: 47－48.

［182］廖惠甜. 高管性别、企业风险与薪酬绩效敏感性［D］. 南昌: 江西师范大学, 2018: 32－33.

［183］李芮萱, 王善平. 上市公司信息披露质量对高管薪酬契约的影响研究［J］. 财会通讯, 2018（18）: 17－20.

［184］唐雪松, 蒋心怡, 雷啸. 会计信息可比性与高管薪酬契约有效性［J］. 会计研究, 2019（1）: 37－44.

［185］张列柯, 张倩, 刘斌. 会计信息可比性影响高管薪酬契约的有效性吗?［J］. 中国软科学, 2019（2）: 110－127.

［186］洪昀, 谌珊, 姚靠华. 融资融券与高管薪酬契约有效性研究［J］. 科研管理, 2020, 41（4）: 229－238.

［187］方军雄. 高管超额薪酬与公司治理决策［J］. 管理世界, 2012（11）: 144－155.

［188］Nyberg A. J., Pieper J. R., Trevor C. O. Pay－for－Performance's Effect On Future Employee Performance［J］. Journal of Management, 2016, 42（7）:1753－1783.

［189］Schwering A., Sommer F., Uepping F., et al. The Social－Psychological Perspective on Executive Compensation: Evidence From a Two－Tier Board System［J］. Journal of Business Economics, 2021, 92（2）: 309－345.

［190］Deci E. L., Koestner R., Ryan R. M. A Meta－Analytic Review of Experiments Examining the Effects of Extrinsic Rewards on Intrinsic Motivation［J］. Psychological Bulletin, 1999, 125（6）: 692－700.

［191］Maltarich M. A., Nyberg A. J., Reilly G., et al. Pay－For－Performance, Sometimes: An Interdisciplinary Approach to Integrating Economic Rationality with Psychological Emotion to Predict Individual Performance [J]. Academy of Management Journal, 2017, 60 (6): 2155 -2174.

[192] Loureiro G., Makhija A. K., Zhang D. One Dollar CEOs [J]. Journal of Business Research, 2020 (109): 425 -439.

[193] 方军雄，于传荣，王若琪，等. 高管业绩敏感型薪酬契约与企业创新活动 [J]. 产业经济研究，2016 (4): 51 -60.

[194] 姜付秀，朱冰，王运通. 国有企业的经理激励契约更不看重绩效吗? [J]. 管理世界，2014 (9): 143 -159.

[195] 朱滔. 董事薪酬、CEO 薪酬与公司未来业绩: 监督还是合谋? [J]. 会计研究，2015 (8): 49 -56.

[196] Lobo G. J., Manchiraju H., Sridharan S. S. Accounting and Economic Consequences of CEO Paycuts [J]. Journal of Accounting and Public Policy, 2018, 37 (1): 1 -20.

[197] 高文亮. 大股东、CEO 薪酬激励与企业创新 [J]. 科技管理研究，2018, 38 (18): 100 -106.

[198] 蔡贵龙，柳建华，马新啸. 非国有股东治理与国企高管薪酬激励 [J]. 管理世界，2018, 34 (5): 137 -149.

[199] 霍晓萍，李华伟，孟雅楠，等. 混合所有制企业高管薪酬与创新绩效关系研究 [J]. 投资研究，2019, 38 (5): 142 -158.

[200] 徐长生，孔令文，倪娟. A 股上市公司股权激励的创新激励效应研究 [J]. 科研管理，2018, 39 (9): 93 -101.

[201] 辛清泉，谭伟强. 市场化改革、企业业绩与国有企业经理薪酬 [J]. 经济研究，2009, 44 (11): 68 -81.

[202] Jackson S. B., Lopez T. J., Reitenga A. L. Accounting Fundamentals and CEO Bonus Compensation [J]. Journal of Accounting and Public Policy, 2008, 27 (5): 374 -393.

[203] 方军雄. 我国上市公司高管的薪酬存在粘性吗? [J]. 经济研

究，2009，44（3）：110－124.

［204］张华荣，李波．管理层权力是否加剧了上市公司高管薪酬黏性？［J］．财经问题研究，2018（6）：66－72.

［205］陈修德，彭玉莲，吴小节．中国上市公司CEO薪酬黏性的特征研究［J］．管理科学，2014，27（3）：61－74.

［206］罗正英，詹乾隆，段姝．内部控制质量与企业高管薪酬契约［J］．中国软科学，2016（2）：169－178.

［207］张汉南，孙世敏，马智颖．高管薪酬黏性形成机理研究：基于掏空视角［J］．会计研究，2019（4）：65－73.

［208］方军雄．高管权力与企业薪酬变动的非对称性［J］．经济研究，2011，46（4）：107－120.

［209］李文贵，余明桂．所有权性质、市场化进程与企业风险承担［J］．中国工业经济，2012（12）：115－127.

［210］余明桂，李文贵，潘红波．管理者过度自信与企业风险承担［J］．金融研究，2013（1）：149－163.

［211］张梓靖，邢天才，苑莹．CEO自信度与企业风险承担——金融衍生品交易策略的中介作用［J］．东北大学学报（社会科学版），2020，22（6）：50－58.

［212］何瑛，于文蕾，杨棉之．CEO复合型职业经历、企业风险承担与企业价值［J］．中国工业经济，2019（9）：155－173.

［213］周耀东，余晖．国有垄断边界、控制力和绩效关系研究［J］．中国工业经济，2012（6）：31－43.

［214］薛有志，刘鑫．所有权性质、现金流权与控制权分离和公司风险承担——基于第二层代理问题的视角［J］．山西财经大学学报，2014，36（2）：93－103.

［215］赵卿，刘少波．制度环境、终极控制人两权分离与上市公司过度投资［J］．投资研究，2012，31（5）：52－65.

［216］冀玛丽，杜晓荣．终极控制人性质、异质机构投资者持股与企

业风险承担 [J]. 企业经济, 2017, 36 (3): 117 - 123.

[217] 张强, 王明涛. 机构投资者对企业创新的影响机制——来自中小创板上市公司的经验证据 [J]. 科技进步与对策, 2019, 36 (13): 1 - 10.

[218] Fernandes C., Farinha J., Martins F. V., et al. The Impact of Board Characteristics and CEO Power on Banks' Risk - Taking: Stable Versus Crisis Periods [J]. Journal of Banking Regulation, 2021, 22 (4): 319 - 341.

[219] 王振山, 石大林. 机构投资者、财务弹性与公司风险承担——基于动态面板 System GMM 模型的实证研究 [J]. 中央财经大学学报, 2014 (9): 64 - 72.

[220] Hilary G., Hui K. W. Does Religion Matter in Corporate Decision Making in America? [J]. Journal of Financial Economics, 2009, 93 (3): 455 - 473.

[221] John K., Litov L., Yeung B. Corporate Governance and Risk - Taking [J]. The Journal of Finance, 2008, 63 (4): 1679 - 1728.

[222] 孟焰, 赖建阳. 董事来源异质性对风险承担的影响研究 [J]. 会计研究, 2019 (7): 35 - 42.

[223] Habib A., Hasan M. M. Firm Life Cycle, Corporate Risk - Taking and Investor Sentiment [J]. Accounting and Finance, 2017, 57 (2): 465 - 497.

[224] Bebchuk L. A., Fried J. M. Executive Compensation at Fannie Mae: A Case Study of Perverse Incentives, Nonperformance Pay, and Camouflage [J]. Journal of Corporation Law, 2005, 30 (4): 807 - 822.

[225] Akram F., Iqbal S. An Empirical Analysis of Managerial Power and Executive Remuneration: Mediating Role of Firm Performance [J]. Journal of Poverty, Investment and Development, 2016 (22): 48 - 56.

[226] Tversky A., Kahneman D. Advances in Prospect Theory: Cumulative Representation of Uncertainty [J]. Journal of Risk and Uncertainty, 1992, 5 (4): 297 - 323.

[227] Kahneman D., Tversky A. Prospect Theory: An Analysis of Deci-

sion Under Risk [J]. Econometrica, 1979, 47 (2): 263 -291.

[228] Barberis N., Jin L. J., Wang B. Prospect Theory and Stock Market Anomalies [J]. The Journal of Finance, 2021, 76 (5): 2639 -2687.

[229] 黄秋风，唐宁玉，陈致津，等．变革型领导对员工创新行为影响的研究——基于自我决定理论和社会认知理论的元分析检验 [J]. 研究与发展管理，2017，29 (4): 73 -80.

[230] Fang M., Gerhart B. Does Pay for Performance Diminish Intrinsic Interest? [J]. The International Journal of Human Resource Management, 2012, 23 (6): 1176 -1196.

[231] Shaw J. D., Gupta N. Let the Evidence Speak Again! Financial Incentives are More Effective than We Thought [J]. Human Resource Management Journal, 2015, 25 (3): 281 -293.

[232] Garbers Y., Konradt U. The Effect of Financial Incentives on Performance: A Quantitative Review of Individual and Team - Based Financial Incentives [J]. Journal of Occupational and Organizational Psychology, 2014, 87 (1): 102 -137.

[233] 张春虎．基于自我决定理论的工作动机研究脉络及未来走向 [J]. 心理科学进展，2019，27 (8): 1489 -1506.

[234] Essen M. V., Otten J., Carberry E. J. Assessing Managerial Power Theory: A Meta - Analytic Approach to Understanding the Determinants of CEO Compensation [J]. Journal of Management, 2015, 41 (1): 164 -202.

[235] Demirkan I., Demirkan S., Kiessling T. S. Strategic Decision Making of Top Management: Earnings Management and Corporate Acquisitions [J]. Ieee Transactions On Engineering Management, 2022, 69 (4): 963 - 975.

[236] Pierce J. L., Gardner D. G. Self - Esteem within the Work and Organizational Context: A Review of the Organization - Based Self - Esteem Literature [J]. Journal of Management, 2004, 30 (5): 591 -622.

[237] 鲁桐，党印．公司治理与技术创新：分行业比较 [J]. 经济研究，2014，49 (6)：115 - 128.

[238] Tröster C.，Van Quaquebeke N.，Aquino K. Worse than Others but Better than Before：Integrating Social and Temporal Comparison Perspectives to Explain Executive Turnover Via Pay Standing and Pay Growth [J]. Human Resource Management，2018，57 (2)：471 - 481.

[239] 刘红霞，李辰颖．经理层声誉与薪酬关系研究——来自上市公司的经验证据 [J]. 经济与管理研究，2011 (5)：12 - 20.

[240] 袁春生，吴永明，韩洪灵．职业经理人会关注他们的市场声誉吗——来自中国资本市场舞弊行为的经验透视 [J]. 中国工业经济，2008 (7)：151 - 160.

[241] Judge T. A.，Piccolo R. F.，Podsakoff N. P.，et al. The Relationship between Pay and Job Satisfaction：A Meta - Analysis of the Literature [J]. Journal of Vocational Behavior，2010，77 (2)：157 - 167.

[242] Tekleab A. G.，Bartol K. M.，Liu W. Is It Pay Levels or Pay Raises that Matter to Fairness and Turnover? [J]. Journal of Organizational Behavior，2005，26 (8)：899 - 921.

[243] Worley C. G.，Iii B. On the Relationship between Objective Increases in Pay and Employees' Subjective Reactions [J]. Journal of Organizational Behavior，1992，13 (6)：559 - 571.

[244] Mitra A.，Gupta N.，Jenkins J. G. D. A Drop in the Bucket：When is a Pay Raise a Pay Raise? [J]. Journal of Organizational Behavior，1997，18 (2)：117 - 137.

[245] Mitra A.，Jenkins G. D.，Gupta N.，et al. The Utility of Pay Raises/Cuts：A Simulation Experimental Study [J]. Journal of Economic Psychology，2015 (49)：150 - 166.

[246] Mitra A.，Tenhiälä A.，Shaw J. D. Smallest Meaningful Pay Increases：Field Test，Constructive Replication，and Extension [J]. Human

Resource Management, 2016, 55 (1): 69 -81.

[247] Taylor, Shelley E. Asymmetrical Effects of Positive and Negative Events: The Mobilization - Minimization Hypothesis [J]. Psychological Bulletin, 1991, 110 (1): 67 -85.

[248] Duffy M. K., Ganster D. C., Pagon M. Social Undermining in the Workplace [J]. Academy of Management Journal, 2002, 45 (2): 331 -351.

[249] Lee D., Rupp N. G. Retracting a Gift: How Does Employee Effort Respond to Wage Reductions? [J]. Journal of Labor Economics, 2007, 25 (4): 725 -761.

[250] Kube S., Maréchal M. A., Puppe C. Do Wage Cuts Damage Work Morale? Evidence From a Natural Field Experiment [J]. Journal of the European Economic Association, 2013, 11 (4): 853 -870.

[251] Gagné M., Deci E. L. Self - Determination Theory and Work Motivation [J]. Journal of Organizational Behavior, 2005, 26 (4): 331 -362.

[252] 吕长江，赵宇恒．国有企业管理者激励效应研究——基于管理者权力的解释 [J]. 管理世界，2008 (11): 99 - 109.

[253] 刘星，徐光伟．政府管制、管理层权力与国企高管薪酬刚性 [J]. 经济科学，2012 (1): 86 - 102.

[254] 朱滔．国有企业董事长领薪安排与管理层薪酬激励——基于“委托 - 监督 - 代理”三层代理框架的研究 [J]. 当代财经，2020 (7): 124 - 137.

[255] 张瑞君，程玲莎．管理者薪酬激励、套期保值与企业价值——基于制造业上市公司的经验数据 [J]. 当代财经，2013 (12): 117 - 128.

[256] 罗莉，胡耀丹．内部控制对上市公司高管薪酬黏性是否有抑制作用？——来自沪深两市 A 股经验证据 [J]. 审计与经济研究，2015, 30 (1): 26 -35.

[257] Gerhart B., Rynes S. L. Compensation: Theory, Evidence, and Strategic Implications [M]. Sage Publications, Inc, 2003.

[258] Wu B. H. T., Mazur M. Managerial Incentives and Investment Policy in Family Firms: Evidence from a Structural Analysis [J]. Journal of Small Business Management, 2018, 56 (4): 618 -657.

[259] Hou W., Lovett S., Rasheed A. Stock Option Pay Versus Restricted Stock: A Comparative Analysis of Their Impact on Managerial Risk - Taking and Performance Extremeness [J]. Strategic Organization, 2020, 18 (2): 301 - 329.

[260] 杨青，黄彤，Toms Steven，等．中国上市公司 CEO 薪酬存在激励后效吗？[J]. 金融研究，2010 (1): 166 -185.

[261] 李珍．业绩衰退下高管薪酬变动对企业绩效的影响研究 [J]. 财会通讯，2019 (36): 34 -38.

[262] Petersen M. A. Estimating Standard Errors in Finance Panel Data Sets: Comparing Approaches [J]. The Review of Financial Studies, 2009, 22 (1): 435 -480.

[263] 姜付秀，伊志宏，苏飞，等．管理者背景特征与企业过度投资行为 [J]. 管理世界，2009 (1): 130 -139.

[264] 蔡地，万迪昉．政府干预、管理层权力与国企高管薪酬 - 业绩敏感性 [J]. 软科学，2011, 25 (9): 94 -98.

[265] Dechow P. M., Sloan R. G., Sweeney A. P. Detecting Earnings Management [J]. The Accounting Review, 1995, 70 (2): 193 -225.

[266] Dechow P. M., Kothari S. P., Watts R. L. The Relation between Earnings and Cash Flows [J]. Journal of Accounting and Economics, 1998, 25 (2): 133 -168.

[267] Roychowdhury S. Earnings Management through Real Activities Manipulation [J]. Journal of Accounting and Economics, 2006, 42 (3): 335 - 370.

[268] 王燕妮，周琳琳．家族企业的高管激励与研发投入关系研究——基于家族所有权和控制权视角 [J]. 南开经济研究，2016 (6): 94 -105.

［269］尹美群，盛磊，李文博．高管激励、创新投入与公司绩效——基于内生性视角的分行业实证研究［J］．南开管理评论，2018，21（1）：109－117.

［270］赵世芳，江旭，应千伟，等．股权激励能抑制高管的急功近利倾向吗——基于企业创新的视角［J］．南开管理评论，2020，23（6）：76－87.

［271］卢闯，孙健，张修平，等．股权激励与上市公司投资行为——基于倾向得分配对方法的分析［J］．中国软科学，2015（5）：110－118.

［272］姜英兵，于雅萍．谁是更直接的创新者？——核心员工股权激励与企业创新［J］．经济管理，2017，39（3）：109－127.

［273］李春瑜．国有控股企业限薪影响及股权激励调节作用［J］．北京理工大学学报（社会科学版），2021，23（2）：101－111.

［274］李寿喜．产权、代理成本和代理效率［J］．经济研究，2007（1）：102－113.

［275］柴才，黄世忠，叶钦华．竞争战略、高管薪酬激励与公司业绩——基于三种薪酬激励视角下的经验研究［J］．会计研究，2017（6）：45－52.

［276］邵建平，赵倩．加薪兑现时间与员工心理预期满足度变化模型研究——基于案例视角的研究［J］．软科学，2015，29（8）：111－115.

［277］Carter S.，McBride M. Experienced Utility Versus Decision Utility：Putting the ‘S’ in Satisfaction［J］. Journal of Socio－Economics，2013（42）：13－23.

［278］Schaubroeck J.，Shaw J. D.，Duffy M. K.，et al. An Under－Met and Over－Met Expectations Model of Employee Reactions to Merit Raises.［J］. Journal of Applied Psychology，2008，93（2）：424－434.

［279］Xiong G.，Wang X. T.，Li A. Leave or Stay as a Risky Choice：Effects of Salary Reference Points and Anchors on Turnover Intention［J］. Frontiers in Psychology，2018（9）：686－696.

［280］Ehrenberg R. G.，Smith R. S. Modern Labor Economics：Theory and Public Policy [M]. Taylor and Francis, 2016.

[281] Korman A. K., Glickman A. S., Frey R. L. More is Not Better: Two Failures of Incentive Theory [J]. Journal of Applied Psychology, 1981, 66 (2): 255 - 259.

[282] Fang H., Nofsinger J. R., Quan J. The Effects of Employee Stock Option Plans on Operating Performance in Chinese Firms [J]. Journal of Banking & Finance, 2015 (54): 141 - 159.

[283] 吴成颂，周炜. 高管薪酬限制、超额薪酬与企业绩效——中国制造业数据的实证检验与分析 [J]. 现代财经（天津财经大学学报），2016，36 (9): 75 - 87.

[284] 高梦捷，柳志南. 民营企业金字塔结构、高管超额薪酬与薪酬辩护 [J]. 中国软科学，2019 (9): 166 - 174.

[285] 张勇. 高管超额薪酬与企业会计信息可比性——基于薪酬辩护理论视角 [J]. 会计与经济研究，2020，34 (3): 50 - 67.

[286] MITRA A., GUPTA N., JENKINS J. G. D. A Drop in the Bucket: When is a Pay Raise a Pay Raise? [J]. Journal of Organizational Behavior, 1997, 18 (2): 117 - 137.

[287] Matsunaga S. R., Park C. W. The Effect of Missing a Quarterly Earnings Benchmark on the CEO's Annual Bonus [J]. The Accounting Review, 2001, 76 (3): 313 - 332.

[288] Gao H., Harford J., Li K. CEO Pay Cuts and Forced Turnover: Their Causes and Consequences [J]. Journal of Corporate Finance, 2012, 18 (2): 291 - 310.

[289] Baker G. P. Incentive Contracts and Performance Measurement [J]. The Journal of Political Economy, 1992, 100 (3): 598 - 614.

[290] 刘斌，刘星，李世新，等. CEO 薪酬与企业业绩互动效应的实证检验 [J]. 会计研究，2003 (3): 35 - 39.

[291] 潘爱玲，吴倩，李京伟. 高管薪酬外部公平性、机构投资者与

并购溢价 [J]. 南开管理评论, 2021, 24 (1): 39 -49.

[292] 沈真真, 李明辉. 薪酬管制与国企高管行为——基于“不作为”和“乱作为”视角 [J]. 北京工商大学学报 (社会科学版), 2021, 36 (3):50 -65.

[293] Morrison E. W., Phelps C. C. Taking Charge at Work: Extrarole Efforts to Initiate Workplace Change [J]. Academy of Management Journal, 1999, 42 (4): 403 -419.

[294] Eisenhardt K. M. Agency Theory: An Assessment and Review [J]. The Academy of Management Review, 1989, 14 (1): 57 -74.

[295] Hirshleifer D., Thakor A. V. Managerial Conservatism, Project Choice, and Debt [J]. The Review of Financial Studies, 1992, 5 (3): 437 -470.

[296] Lumpkin G. T., Dess G. G. Clarifying the Entrepreneurial Orientation Construct and Linking It to Performance [J]. The Academy of Management Review, 1996, 21 (1): 135 -172.

[297] 王菁华, 茅宁. 企业风险承担研究述评及展望 [J]. 外国经济与管理, 2015, 37 (12): 44 -58.

[298] Zhou B., Li Y., Sun F., et al. Executive Compensation Incentives, Risk Level and Corporate Innovation [J]. Emerging Markets Review, 2021 (47): 100798.

[299] 周泽将, 马静, 胡刘芬. 高管薪酬激励体系设计中的风险补偿效应研究 [J]. 中国工业经济, 2018 (12): 152 -169.

[300] Armstrong C., Nicoletti A., Zhou F. S. Executive Stock Options and Systemic Risk [J]. Journal of Financial Economics, 2021 (9): 1 -50.

[301] 任广乾, 冯瑞瑞, 甄彩霞. 国有控股、高管激励与企业创新效率 [J]. 经济体制改革, 2022 (2): 187 -194.

[302] 国务院国有资产监督管理委员会. 中央企业负责人经营业绩考核办法 [EB/OL]. http: //www. sasac. gov. cn/n2588030/n2588954/c10652

592/content. html, 2019.

[303] 徐经长，乔菲，张东旭．限薪令与企业创新：一项准自然实验 [J]. 管理科学，2019，32 (2)：120 - 134.

[304] 唐清泉，甄丽明．管理层风险偏爱、薪酬激励与企业 R&D 投入——基于我国上市公司的经验研究 [J]. 经济管理，2009，31 (5)：56 - 64.

[305] 刘万丽．高管短期薪酬、风险承担与研发投资 [J]. 中国软科学，2020 (7)：178 - 186.

[306] Sanders W. G., Hambrick D. C. Swinging for the Fences: The Effects of CEO Stock Options on Company Risk Taking and Performance [J]. The Academy of Management Journal, 2007, 50 (5): 1055 - 1078.

[307] 刘志远，官小燕．风险承担与企业绩效："险中求胜" 的财务逻辑 [J]. 财会月刊，2021 (22)：12 - 20.

[308] Haleblian J., Devers C. E., McNamara G., et al. Taking Stock of What We Know about Mergers and Acquisitions: A Review and Research Agenda [J]. Journal of Management, 2009, 35 (3): 469 - 502.

[309] 佟岩，王茜，曾韵，等．并购动因、融资决策与主并方创新产出 [J]. 会计研究，2020 (5)：104 - 116.

[310] Shinkle G. A., McCann B. T. New Product Deployment: The Moderating Influence of Economic Institutional Context [J]. Strategic Management Journal, 2014, 35 (7): 1090 - 1101.

[311] Henderson J., Cool K. Learning to Time Capacity Expansions: An Empirical Analysis of the Worldwide Petrochemical Industry, 1975 - 1995 [J]. Strategic Management Journal, 2003, 24 (5): 393 - 413.

[312] Larcker D. F. The Association Between Performance Plan Adoption and Corporate Capital Investment [J]. Journal of Accounting and Economics, 1983, 5 (1): 3 - 30.

[313] Rajgopal S., Shevlin T. Empirical Evidence on the Relation be-

tween Stock Option Compensation and Risk Taking [J]. Journal of Accounting & Economics, 2002, 33 (2): 145 - 171.

[314] Cohen D. A., Dey A., Lys T. Z. Corporate Governance Reform and Executive Incentives: Implications for Investments and Risk Taking [J]. Contemporary Accounting Research, 2013, 30 (4): 1296 - 1332.

[315] Chan H. L., Kawada B., Shin T., et al. CEO - employee Pay Gap and Firm R&D Efficiency [J]. Review of Accounting and Finance, 2020, 19 (2): 271 - 287.

[316] Zhu D. H., Chen G. Narcissism, Director Selection, and Risk - Taking Spending [J]. Strategic Management Journal, 2015, 36 (13): 2075 - 2098.

[317] Shi W., Connelly B. L., Mackey J. D., et al. Placing Their Bets: The Influence of Strategic Investment on CEO Pay - for - Performance [J]. Strategic Management Journal, 2019, 40 (12): 2047 - 2077.

[318] Ma R., Hou W., Priem R., et al. Does Restricted Stock Turn CEOs into Risk - Averse Managers? Insights from the Regulatory Focus Theory [J]. Long Range Planning, 2022, 33 (2): 102 - 165.

[319] 吕峻. 管理层激励结构、研发投资与公司价值 [J]. 投资研究, 2019, 38 (7): 105 - 118.

[320] Barker V. L., Mueller G. C. CEO Characteristics and Firm R&D Spending [J]. Management Science, 2002, 48 (6): 782 - 801.

[321] Scoresby R. B., Withers M. C., Ireland R. D. The Effect of CEO Regulatory Focus on Changes to Investments in R&D [J]. Journal of Product Innovation Management, 2021, 38 (4): 1 - 20.

[322] 李春涛, 宋敏. 中国制造业企业的创新活动: 所有制和 CEO 激励的作用 [J]. 经济研究, 2010, 45 (5): 55 - 67.

[323] Huang Y., Wu M., Liao S. The Relationship between Equity - Based Compensation and Managerial Risk Taking: Evidence from China [J].

Emerging markets finance & trade, 2013, 49 (2): 107 - 125.

[324] 郭淑娟，张文婷，李竹梅．产权性质、技术创新投入与高管薪酬 [J]. 企业经济，2017，36 (7): 93 - 98.

[325] 俞静，蔡雯．高管激励对企业创新影响的实证分析——基于分析师关注的中介效应研究 [J]. 技术经济，2021，40 (1): 20 - 29.

[326] 王靖宇，刘红霞．央企高管薪酬激励、激励兼容与企业创新——基于薪酬管制的准自然实验 [J]. 改革，2020 (2): 138 - 148.

[327] Bargeron L. L. , Lehn K. M. , Zutter C. J. Sarbanes - Oxley and Corporate Risk - Taking [J]. Journal of Accounting and Economics, 2010, 49 (1): 34 - 52.

[328] 陈宇新，孙长江．高管薪酬对公司投资决策影响分析——来自中国上市公司的经验证据 [J]. 财会通讯，2014 (15): 58 - 60.

[329] Amin A. , Jain P. , Upadhyay A. CDS, CEO Compensation, and Firm Value [J]. Finance Research Letters, 2021: 102445.

[330] 张鸣，郭思永．高管薪酬利益驱动下的企业并购——来自中国上市公司的经验证据 [J]. 财经研究，2007 (12): 103 - 113.

[331] 傅颀，汪祥耀，路军．管理层权力、高管薪酬变动与公司并购行为分析 [J]. 会计研究，2014 (11): 30 - 37.

[332] Croci E. , Petmezas D. Do Risk - Taking Incentives Induce CEOs to Invest? Evidence from Acquisitions [J]. Journal of Corporate Finance, 2015 (32): 1 - 23.

[333] Grinstein Y. , Hribar P. CEO Compensation and Incentives: Evidence from M&a Bonuses [J]. Journal of Financial Economics, 2004, 73 (1): 119 - 143.

[334] Benischke M. H. , Martin G. P. , Gomez - Mejia L. R. , et al. The Effect of CEO Incentives on Deviations from Institutional Norms in Foreign Market Expansion Decisions: Behavioral Agency and Cross - Border Acquisitions [J]. Human Resource Management, 2020, 59 (5): 463 - 482.

[335] Giau Bui D., Chen Y., Lin C., et al. Risk - Taking of Bank CEOs and Corporate Innovation [J]. Journal of International Money and Finance, 2021 (115): 102387.

[336] Cohen L., Diether K. B., Malloy C. Misvaluing Innovation [J]. The Review of Financial Studies, 2013, 26 (3): 635 - 666.

[337] Hirshleifer D., Low A., Teoh S. H. Are Overconfident CEOs Better Innovators? [J]. The Journal of Finance, 2012, 67 (4): 1457 - 1498.

[338] Curtis A., McVay S., Toynbee S. The Changing Implications of Research and Development Expenditures for Future Profitability [J]. Review of Accounting Studies, 2020, 25 (2): 405 - 437.

[339] Kim S. The Near - Term Financial Performance of Capital Expenditures: A Managerial Perspective [J]. Managerial Finance, 2001, 27 (8): 48 - 62.

[340] Jiang C. H., Chen H. L., Huang Y. S. Capital Expenditures and Corporate Earnings: Evidence from the Taiwan Stock Exchange [J]. Managerial Finance, 2006, 32 (11): 853 - 861.

[341] Kim S., Saha A., Bose S. Do Capital Expenditures Influence Earnings Performance: Evidence from Loss - Making Firms [J]. Accounting and Finance, 2021, 61 (S1): 2539 - 2575.

[342] Nguyen P. Corporate Governance and Risk - Taking: Evidence from Japanese Firms [J]. Pacific - Basin Finance Journal, 2011, 19 (3): 278 - 297.

[343] S. P. K., Ted E. L., Andrew J. L. Capitalization Versus Expensing: Evidence on the Uncertainty of Future Earnings from Capital Expenditures Versus R&D Outlays [J]. Review of Accounting Studies, 2002, 7 (4): 355 - 382.

[344] Amir E., Guan Y., Livne G. The Association of R&D and Capital Expenditures with Subsequent Earnings Variability [J]. Journal of Business

Finance & Accounting, 2007, 34 (1 -2): 222 -246.

[345] Hall B. H., Jaffe A., Trajtenberg M. Market Value and Patent Citations [J]. The Rand Journal of Economics, 2005, 36 (1): 16 -38.

[346] Datta S., Datta M. I., Raman K. Executive Compensation and Corporate Acquisition Decisions [J]. The Journal of Finance, 2001, 56 (6): 2299 -2336.

[347] Boubakri N., Cosset J., Saffar W. The Role of State and Foreign Owners in Corporate Risk - Taking: Evidence from Privatization [J]. Journal of Financial Economics, 2013, 108 (3): 641 -658.

[348] Faccio M., Marchica M., Mura R. CEO Gender, Corporate Risk - Taking, and the Efficiency of Capital Allocation [J]. Journal of Corporate Finance, 2016 (39): 193 -209.

[349] 朱玉杰，倪骁然．机构投资者持股与企业风险承担 [J]. 投资研究, 2014, 33 (8): 85 -98.

[350] 温忠麟，张雷，侯杰泰，等．中介效应检验程序及其应用 [J]. 心理学报, 2004 (5): 614 -620.

[351] 温忠麟，叶宝娟．有调节的中介模型检验方法：竞争还是替补？[J]. 心理学报, 2014, 46 (5): 714 -726.

[352] 连玉君，廖俊平．如何检验分组回归后的组间系数差异？[J]. 郑州航空工业管理学院学报, 2017, 35 (6): 97 -109.

[353] 林毅夫，李志赟．政策性负担、道德风险与预算软约束 [J]. 经济研究, 2004 (2): 17 -27.

[354] 徐悦，刘运国，蔡贵龙．高管薪酬黏性与企业创新 [J]. 会计研究, 2018 (7): 43 -49.

[355] 卢馨，李瑞红，方睿孜．高管晋升激励与国有企业创新投入的关系研究 [J]. 经济与管理, 2019, 33 (3): 86 -92.

[356] 孙永祥．所有权、融资结构与公司治理机制 [J]. 经济研究, 2001 (1): 45 -53.

[357] 黎文靖，岑永嗣，胡玉明．外部薪酬差距激励了高管吗——基于中国上市公司经理人市场与产权性质的经验研究 [J]．南开管理评论，2014，17 (4)：24 -35.

[358] 李小燕，陶军．高管薪酬变化与并购代理动机的实证分析——基于国有与民营上市公司治理结构的比较研究 [J]．中国软科学，2011 (5)：122 -128.

[359] 张楠，卢洪友．薪酬管制会减少国有企业高管收入吗——来自政府“限薪令”的准自然实验 [J]．经济学动态，2017 (3)：24 -39.

[360] Jiang L., Kling G., Bo H. Does Executive Compensation Affect Firms' Acquisition Decisions? Evidence from China [J]. Asia Pacific Business Review, 2020 (10): 1 -18.

[361] 王亚，李桂华，李园园，等．转型背景下中国制造业的创新激励："行政型"激励还是"经济型"激励——基于制造业不同产权上市企业的对比研究 [J]．中国科技论坛，2021 (4)：75 -84.

[362] Wang J., Deng J. Research on the Effect of Executive Incentive Institutional Innovation on the Cost of Equity - Evidence from Chinese Listed Companies [J]. Frontiers in Psychology, 2021 (12): 1 -17.

[363] 应千伟，何思怡．CEO 的财会教育经历有价值吗——基于并购绩效视角的证据 [J]．会计研究，2021 (6)：42 -58.

[364] Loewenstein G., Sicherman N. Do Workers Prefer Increasing Wage Profiles? [J]. Journal of Labor Economics, 1991, 9 (1): 67 -84.

[365] Awaguchi D., Ohtake F. Testing the Morale Theory of Nominal Wage Rigidity. [J]. Industrial and Labor Relations Review, 2007, 61 (1): 59 -74.

后　记

本书是在本人博士学位论文的基础上，结合最新研究成果修改而成的，算是对过去10年求学生涯的一个总结。回顾过往，艰辛过程历历在目，有太多的感谢需要表达。

首先，感谢我的博士生导师——李春玲教授。和李老师认识始于2006年底的入职面试，当时我硕士毕业后参加系里组织的招聘面试，后来顺利入职，成为李老师的同事。刚参加工作，李老师对我从工作和生活上极具照顾。李老师渊博的专业知识、敬业的工作精神、真挚的关心关爱，是我学习的榜样。2014年，我考入李老师门下，在职攻读博士学位，正式成为李老师学生。博士求学期间，切实感受到李老师的师者风范。从博士论文开始的架构确定，到数据采集与整理，再到论文初稿的多次修改，都是在李老师的辛苦指导下完成的。尤其是论文后期的修改指导中，深夜发来的一段段说明、一句句标注、一条条信息能够看到李老师忙碌而又负责的身影。我从李老师身上学到的不只是知识和能力，更重要的是人生态度。我个人属于悲观主义者，遇事会过多考虑一些消极因素，以致在工作和学习中瞻前顾后。而李老师是乐观主义者，总是提醒我看待事情要多看积极的一面，要把握主动权，即使只有1%的希望也要付出100%的努力。博士论文的写作对我来说，犹如在黑夜里行路，前进道路曲折，以致多次产生放弃的想法，而李老师每次的鼓励话语："你可以的""你不能放弃"，犹如黑夜里的一束光，指引着我前行的方向。如果没有李老师的教导、支持和鼓励，我的博士学习阶段可能早就终止了。千言万语也无法表达对李老师的敬意和谢意，唯有在未来的工作中，把李老师的乐观主义和勇往直前精神传承下去。

其次，感谢关心和支持我的各位师长、同事和朋友。感谢燕山大学经济管理学院会计系臧秀清教授、于维洋教授、宋效中教授、陈晶璞教授、王佳教授、宣杰教授、张玉兰教授、韩楠副教授、梁寒冰副教授、林春雷博士一直以来对我工作和博士论文写作的支持与鼓励。感谢我的好搭档汤景辉博士，在我博士论文写作期间为我分担了很多工作事务，使我可以有更多的时间和精力完成博士论文。感谢李念博士、李冉冉博士、胡玉才博士、任莉莉博士、郝佳佳博士、袁润森博士对于我博士论文写作的帮助和指导，你们的意见对我博士论文和书稿的完成具有重要意义。感谢科研科房俊峰老师、闫冬梅老师在论文送审和答辩过程中的付出和帮助。感谢靖鲲鹏教授、毛清华教授、张亚明教授一直以来对我博士论文进展的关心和指导，你们的每一次关心都激励着我完成博士论文写作。

感谢参加我博士论文各阶段答辩的评委专家。感谢答辩评委燕山大学的赫连志巍教授、翁钢民教授、张亚明教授、王玖河教授、张敬伟教授、潘宏亮副教授、中国海洋大学的房巧玲教授和北京联合大学的鲍新中教授、徐鲲教授，你们宝贵的意见使我的论文更加完善，并完成最后的收官。

感谢我的中学好友邢少磊，三年同窗，六年同寝。每次见面和时常的电话问候，督促着我完成了博士论文，感谢对我学习和生活上的关心和支持。

感谢中国财政经济出版社会计分社编审付克华、编辑叶彤等老师在书稿的修改过程中提出的宝贵意见，正是你们的辛勤工作，使本书能够顺利出版。

最后，感谢我的家人。感谢我的父亲和母亲，在我求学之路上的支持和付出，养育之恩，无以为报。感谢我的妻子李建英一直以来的包容和支持，没有你的辛苦付出，我无法完成最后这一求学阶段。感谢我的两个孩子——王寅瑞（童童）和王子瑞（瑞瑞），希望你们能够健康、快乐成长，将来能够更多地奉献社会。

一路走来，帮助和支持我的人太多，原谅我无法把所有名字展现在这里，但是我会永远心存感激，谢谢你们。

作者

2024 年 2 月